Elisabeth Haberleitner
Elisabeth Deistler
Robert Ungvari

Führen, Fördern, Coachen

Elisabeth Haberleitner
Elisabeth Deistler
Robert Ungvari

Führen, Fördern, Coachen

So entwickeln Sie die Potenziale Ihrer Mitarbeiter

2., aktualisierte Auflage

REDLINE WIRTSCHAFT

Bibliografische Information der Deutschen Nationalbibliothek
Die Deutsche Nationalbibliothek verzeichnet diese Publikation in der Deutschen Nationalbibliografie. Detaillierte bibliografische Daten sind im Internet über http://dnb.d-nb.de abrufbar.

ISBN 978-3-636-01483-2

Unsere Web-Adresse:
www.redline-wirtschaft.de

Cover und Umschlagabbildung: Atelier Seidel – Verlagsgrafik, Teising
Druck: Holzhausen, Wien
Printed in Austria

Inhalt

Eine Gebrauchsanweisung

Führungskräfte haben's schwer!

Und gerade in Zeiten großer Veränderungen in Individuen, Organisationen und Kulturen ist Führungsarbeit herausfordernder denn je. In unseren Seminaren mit Führungskräften unterschiedlichster Branchen und Hierarchiestufen erleben wir täglich hautnah, wie sehr Führungskräfte in ihrem Wunsch, dieser Herausforderung gerecht zu werden, an die Grenzen herkömmlicher Führungsmodelle stoßen. Das Bedürfnis, ihren Mitarbeitern qualifizierte Begleiter und damit ihren Unternehmen Garanten des Erfolgs zu sein, ist diesen Führungskräften hoch anzurechnen und zeugt von einer verantwortungsvollen Haltung.

Wir sind davon überzeugt, dass unser Coachingansatz als Kombination von bestimmten Einstellungen und Instrumenten eine Antwort auf die Frage nach einem erfolgreichen Führungsmodell bietet. Begeisterte Berichte unserer Seminarteilnehmer bestätigen dies und haben uns veranlasst, dieses Buch als eine Art Leitfaden zu schreiben, der die Inhalte unserer Seminare möglichst praxisnah und umsetzbar zusammenfasst. Es basiert auf der Erfahrung, dass Erfolg in der Führungsarbeit unserer Zeit nicht durch noch mehr Anstrengung, durch „mehr vom selben", erreichbar ist. Es bedarf der Öffnung für neue Wege, um der Herausforderung erfolgreich begegnen zu können und gleichzeitig die Lebensqualität für Führungskräfte und Mitarbeiter zu steigern.

Sicher haben Sie als Führungskraft schon immer viele Aspekte von Coaching bewusst oder intuitiv gelebt. Aufgrund von Gesprächen mit so vielen Menschen in unterschiedlichsten Branchen und Positionen sind wir dennoch überzeugt, dass sich unser Ansatz sehr stark von der in weiten Teilen des Wirtschaftslebens praktizierten Führungsarbeit unterscheidet.

Natürlich kann dieses Buch keine Gebrauchsanweisung wie für das Bedienen von Maschinen sein, kein Rezept nach der Art: „So funktioniert Ihr Mitarbeiter, wie Sie es wollen." Dieser Anspruch wäre anmaßend, ein solches Angebot höchst naiv.

Wie in einer Gebrauchsanweisung sollen Sie jedoch hilfreiche und alltagstaugliche Tipps für den etwas anderen Umgang mit Ihren Mitarbeitern erhalten, eine leicht verständliche und anwendbare Anleitung, die Sie bei Bedarf immer wieder zur Hand nehmen können. Viele Erfahrungen und Beispiele aus den Berichten unserer Seminarteilnehmer bieten zusätzliche

Unterstützung bei der praktischen Umsetzung. (Herzlichen Dank dafür an alle Teilnehmer!) Wir empfehlen, dem Aufbau des Buches zu folgen und die Kapitel „Grundannahmen“ und „Grundhaltungen“ vor dem Abschnitt „Werkzeuge“ zu lesen. Sie werden erkennen, dass die Anwendung der Werkzeuge allein, ohne die entsprechenden Einstellungen integriert zu haben, eine völlig andere Wirkung entfalten würde – eine Wirkung, die bestimmt nicht unserer Absicht entspräche. Im Anhang finden Sie vertiefende Informationen zu einzelnen Themen. Sie entscheiden selbst, welche davon Sie gleich, später oder vielleicht gar nicht lesen, weil Sie diese Themen schon aus einem anderen Zusammenhang kennen.

Mit manchen Aussagen werden wir vielleicht provokant erscheinen. Dies geschieht nicht aus Arroganz oder um anzugreifen und zu verletzen, sondern um persönliche Betroffenheit zu schaffen, eine Betroffenheit, die wir als eine wichtige Voraussetzung für Entwicklung und Noch-Besser-Werden erachten.

Wir laden Sie herzlich ein, neugierig und offen auf die Inhalte zuzugehen. Erlauben Sie sich diese Betroffenheit, Sie besitzen damit bereits essenzielle Eigenschaften eines guten Coaches.

Dieses Buch soll Ihnen ein praxisorientierter Begleiter auf dem Weg zur Führungskraft als Coach sein und Sie ermutigen, sich auf dieses spannende Abenteuer einzulassen. Seien Sie versichert: Ihr persönlicher Nutzen daraus wird Ihren Einsatz mehr als rechtfertigen! Viel Spaß dabei!

Elisabeth Deistler
Elisabeth Haberleitner
Robert Ungvari

PS: Wir sind davon überzeugt, dass Frauen wie Männer gleichermaßen gute Voraussetzungen für erfolgreiche Coaches und Mitarbeiter besitzen. Der Einfachheit halber haben wir uns aber erlaubt, im Verlauf des Buches nur in der männlichen Form von Führungskräften und Mitarbeitern zu sprechen, obwohl wir natürlich beide Geschlechter meinen.

Warum Coaching?

Wirtschaftliches Umfeld

Aus dem Führungsalltag des Herrn P.:

Der Mitarbeiter, Herr A., kommt zu seiner Führungskraft, Herrn P.
A.: „Herr Chef, ich hab' da ein Problem."
P. (denkt sich: Nicht schon wieder! Immer werde ich aus meiner Arbeit gerissen.): „Was gibt's denn schon wieder?"
A.: „Na, Sie wissen ja, der Kunde K. regt sich bei jeder Gelegenheit auf. Und jetzt hat er mich gerade angerufen, weil er die Lieferung nicht ins Haupthaus, sondern in die Zweigstelle haben möchte und das zum gleichen Preis. Geht das?"
P. (denkt sich: Ich komm' mir vor wie im Kindergarten. Um jede Kleinigkeit muss ich mich selber kümmern, sonst funktioniert gar nichts): „Das müssen wir zuerst durchrechnen, ob sich das rentiert."
A.: „Hmm."
P. (denkt sich: Bevor ich dem das jetzt erkläre, mach' ich es lieber selber): „Ach wissen Sie, ich rechne mir das heute Abend schnell durch und rufe den K. morgen an. Ich sage Ihnen dann Bescheid, was Sie tun sollen." (denkt sich: Schon wieder Überstunden, aber es geht halt nicht anders. Womit hab' ich solche unselbständigen Mitarbeiter verdient?)

Kommen Ihnen solche und ähnliche Gedanken und Situationen bekannt vor? In diesem Fall befinden Sie sich in bester Gesellschaft. Denn traditionell basiert Mitarbeiterführung auf der Trennung zwischen Entscheidungs- und Ausführungskompetenz. Einer denkt, und 20 arbeiten. Durch diese klassische Rollenaufteilung haben sich destruktive Kontrollmechanismen und Strategien zu deren Umgehung entwickelt. Probleme werden außerdem häufig auf einer anderen Ebene bearbeitet und entschieden, als sie entstanden sind. Dies führt meist zu erhöhtem Zeit- und Kostenaufwand, der bisher wohl allgemein als unausweichlich akzeptiert wurde. Zusätzlich gehen zwischen den Ebenen oft wesentliche Informationen verloren. Diese werden von den handelnden Personen aller Hierarchiestufen durch vermeintliches Wissen und Interpretationen ersetzt. Irrtümer und Missverständnisse sind das Ergebnis, erhebliche Qualitätseinbußen die Folge.

Diese „Machen Sie das so!"-Führungskultur hat darüber hinaus Mitarbeiter herangebildet, die ihre persönliche Kreativität und ihre Lösungskompetenz in der Arbeitswelt auf Sparflamme reduzieren. Die Mitarbeiter leben ihr verantwortungsvolles Engagement und ihr Bedürfnis nach Selbstverwirklichung vielfach in Freizeitaktivitäten aus („freizeitorientierte Schonhaltung"). Umfragen haben ergeben, dass die Fähigkeiten der Mitarbeiter nur zu höchstens 30 Prozent genutzt werden. Der persönliche Einsatz hinsichtlich Einfallsreichtum, Kreativität und neuer Lösungen ist häufig der Spitze des Unternehmens vorbehalten. Daran ändern auch firmeninterne Vorschlagswesen nichts, die von Führungskräften aus unterschiedlichsten Gründen zumindest halbherzig, wenn nicht sogar kontraproduktiv verwendet werden. Ideen verschwinden unbeachtet und unkommentiert in Schreibtischladen oder werden von Führungskräften sogar als die eigenen nach oben verkauft. Damit versuchen Vorgesetzte, die eigene Machtposition abzusichern und Konkurrenz in den eigenen Reihen zu verhindern. So schmälern sie unter Garantie die Lust der Mitarbeiter, mehr als nur einen „Dienst nach Vorschrift" zu leisten.

Künftig wird der Wettbewerb immer neue und höchste Anforderungen an das Leistungsvermögen und die Flexibilität von Unternehmen und deren Mitarbeiter stellen. Produkte werden immer ähnlicher und austauschbarer, der Erfolg eines Unternehmens wird zunehmend von der Service- und Beratungsqualität bestimmt werden. Aus der Globalisierung, der Notwendigkeit von Expansion, aus kürzeren Produktzyklen und vor allem auch aufgrund von höheren Kundenansprüchen entsteht zunehmend Druck. Dazu kommen noch dezentrale Strukturen und größere Führungsspannen. Viele Unternehmen stoßen im Umgang mit diesen Herausforderungen an ihre Grenzen. Ihre Ratlosigkeit macht von Tag zu Tag deutlicher, dass jede Form von Arbeitsteilung überholt ist, in der nicht jeder Mitarbeiter Gesamtverantwortung übernimmt und sein Potenzial voll einbringt. Dieser Wandel verlangt geradezu nach einem „ge-wandel-ten" Mitarbeiter (und damit nach „ge-wandel-ten" Führungskräften!).

In diesem Buch erfahren Sie, wie Herr P. als „ge-wandel-te" Führungskraft das obige Gespräch ganz anders führen könnte (und damit dazu beiträgt, Herrn A. zu einem „ge-wandel-ten" Mitarbeiter zu entwickeln) ...

Der „ge-wandel-te" Mitarbeiter

Der „ge-wandel-te" Mitarbeiter (und auch die „ge-wandel-te" Führungskraft!) muss in der Lage sein, auf komplexe und spezifische Anforderungen selbstverantwortlich und eigeninitiativ zu reagieren. Er muss es wollen (Motivation), können (Qualifikation) und dürfen (Erlaubnis, Freiraum).

Er ist bereit, im Team zu kommunizieren und zu kooperieren und dort vorhandene Synergien zu nutzen. Er ist beziehungsfähig und hat die Kompetenz, mit Konflikten konstruktiv umzugehen. Er achtet andere Menschen und deren Meinungen.

Veränderungen sind für ihn Chancen, die er mit Umsicht, Flexibilität und Risikobereitschaft wahrnimmt. Er hinterfragt kritisch und sucht ständig nach Verbesserungsmöglichkeiten. Er plant vorausschauend und setzt seine gestalterische Kraft in praktische Lösungen um. Er ist aufmerksam gegenüber Impulsen aus der Umwelt und holt sich laufend Informationen vom Markt.

Er hat Vertrauen in seine eigenen Fähigkeiten und setzt diese selbstbewusst ein. Neugier und Offenheit für alles Neue zeichnen ihn aus. Er ist lernfähig und bereit, sich selbst und sein Verhalten zu reflektieren.

Er ist engagiert und stellt sein Wissen aktiv zur Verfügung. Er denkt und handelt wie ein Mitunternehmer und übernimmt Verantwortung für das Gelingen des Gesamten.

Sind Sie bereits von solchen Mitarbeitern umgeben? Oder sehen Sie sich vielmehr tagtäglich mit äußerst „schlappen" Mitarbeitern konfrontiert? Im Gegensatz zu obigem Idealtypus des „ge-wandel-ten" Mitarbeiters nutzen diese nur Bruchteile ihrer äußeren Möglichkeiten und inneren Potenziale (die ihnen oft selber gar nicht bewusst sind) und sind damit für die aktuelle Arbeitswelt nicht gerüstet. Sie verfügen über eingeschränkte Wahrnehmungsfähigkeit, was die eigenen Gefühle und inneren Vorgänge anbelangt. Sie sind nur an reproduzierendes Denken und Handeln gewohnt und können nur nach Vorschriften arbeiten. Sie neigen dazu, verschlossen zu sein und Fehler zu vertuschen oder sie nicht als die ihren darzustellen, sobald sie dann doch zutage treten. Diese Mitarbeiter wünschen sich aufgrund ihrer Erfahrungen einen „Leithammel", der ihnen sagt, wo es langgeht, den sie gleichzeitig jedoch frustriert kritisieren, boykottieren und beschuldigen, ihre Selbstverwirklichung zu behindern.

Der Erziehungsprozess zu solchen Mitarbeitern hat wohl in unterschiedlichen Lebensphasen stattgefunden: im Elternhaus, in der Schule, an den Universitäten. Am Arbeitsplatz setzt er sich meist verstärkend fort. Bevormundung und Frontalberieselung ohne geförderte Eigeninitiative sind auch dort häufig an der Tagesordnung. Die Mitarbeiter erhalten kaum Informationen über Zusammenhänge, es fehlt an Transparenz und Einbindung in Entscheidungsprozesse. Obwohl man Teamarbeit fordert, werden noch immer Einzelkämpfer belohnt. Engagement wird erwartet, doch Anerkennung fehlt. Statt dem Mitarbeiter Erfolg zu ermöglichen, profilieren sich Führungskräfte auf Kosten ihrer „Untergebenen".

Das Verhalten der Mitarbeiter ist als Ergebnis dieses Entwicklungsweges durchaus nachvollziehbar. Dennoch fällt es Führungskräften verständlicherweise schwer, „schlappe“ Mitarbeiter zu akzeptieren und auf Basis dieser Akzeptanz eine behutsame Entwicklung hin zum „ge-wandel-ten“ Mitarbeiter in Gang zu setzen. Statt dessen halten sie z. B. durch autoritären Druck oder ungeeignete Motivierungsstrategien (Incentives, Gehaltserhöhungen und Ähnliches) den unerwünschten Zustand aufrecht. Resignation ist oft die Folge: „Mit diesen Mitarbeitern ist einfach nichts zu machen! Ich bin von lauter Kindern (Idioten, Schläfern etc.) umgeben! Es nützt ja sowieso alles nichts! Ich habe schließlich Wichtigeres zu tun, als meine Leute zu therapieren!“ Schließlich endet dieser Prozess häufig mit der Trennung von solchen Mitarbeitern.

Im Gegensatz zu den Produktionsfaktoren Boden, Arbeit und Kapital bildet das Potenzial der Mitarbeiter nämlich eine Ressource, auf die Unternehmensführer nicht so ohne weiteres Zugriff haben. Das Potenzial an Wissen, Kreativität, Motivation etc. steckt in den Köpfen und Herzen der Mitarbeiter. Es bedarf mehr als nur finanzieller Anreize, um die Bereitschaft der Mitarbeiter zu wecken, dieses Potenzial einzubringen. Eine Sichtweise, die in Managementkreisen noch wenig verbreitet ist.

Parallel zu dieser Gruppe von „schlappen“ Mitarbeitern entstand in den letzten Jahren bereits ein neuer Mitarbeiter-Typ, der in der Managementliteratur als „gold collar worker“ bezeichnet wird. Diese Menschen sind hochspezialisierte und hochmotivierte Fachkräfte und als solche auf dem Arbeitsmarkt heiß umworben („war for talent“). Sie werden nicht ausgewählt, sie sind es zunehmend selbst, die sich ihre Arbeitsstelle aussuchen. Und zwar nach anderen Kriterien, als es bisher üblich war.

Veränderte Werte

Nicht Geld und Karriereaussichten sind es, die solche „Professionals“ für eine Firma einnehmen. Wo kann ich am besten lernen? Wo wird meine Entwicklung optimal gefördert? Wo kann ich optimal mitgestalten? Wo stimmt das Corporate Image? Wo stimmt die Mitarbeiterführung? Wo finde ich Sinn in der Aufgabe? Solche und ähnliche Fragen entscheiden über die Attraktivität eines Arbeitsplatzes und eines Unternehmens.

Für immer mehr Menschen wird Lernen zu einem entscheidenden Merkmal eines motivierenden Arbeitsumfeldes. Das gezielte Fördern individueller Entwicklung – sowohl fachlich wie auch persönlich – wird zu einer wichtigen Grundlage erfolgreicher Personalpolitik. Viele Personalentwickler tragen diesem Trend bereits Rechnung. Sie sind in der Umsetzung jedoch von den Führungskräften abhängig, die im täglichen Kontakt mit den Mitarbeitern stehen. Während früher das Lernen vor allem in Kursen und Seminaren, das Arbeiten jedoch im Betrieb stattfand, kommt es jetzt zunehmend zu einer Integration dieser beiden Bereiche. Gelernt wird immer mehr am Arbeitsplatz, „on-the-job", problem- und erfahrungsorientiert. Schulungsmaßnahmen sind besser auf die Bedarfslage abgestimmt, sie werden firmenintern vor- und nachbereitet, idealerweise durch die Führungskräfte selbst. Dadurch steigt der Lerntransfer.

Entwicklung wird von der jungen Generation auch nicht mehr automatisch mit „Aufstieg" gleichgesetzt. Die Karriere im Fahrstuhl senkrecht nach oben hat viel von ihrem früheren Glanz verloren. Junge Leute wägen Vor- und Nachteile der Karriere kritisch ab und bewerten sie zum Teil anders, als das in früheren Generationen häufig der Fall war. Macht und Sozialprestige haben für sie nicht mehr den gleichen Stellenwert. Qualifizierte Fachexperten erkennen ihre Funktionen immer mehr als einflussreich und begehrenswert, ohne dass sie jedoch klassische Führungsaufgaben übernehmen wollen. Sie nutzen ihre soziale Kompetenz im Umgang mit ihren Kollegen und Kunden bzw. als Mitglieder von Projektteams. Auch die lebenslange Bindung an ein Unternehmen ist für diese meist gut ausgebildeten jungen Menschen nicht mehr so wichtig. Sie entscheiden täglich neu, ob ihr Anspruch an Entwicklung und förderliche Umgebung noch erfüllt wird, oder ob es an der Zeit ist, sich auf dem Arbeitsmarkt neu umzusehen.

Die Verschiebung von materiellen zu immateriellen (postmateriellen) Werten und Motiven lässt sich an zahlreichen Studien ablesen, die darlegen, dass sich die Ansprüche an die Arbeit gewandelt haben. Waren früher Kriterien wie Einkommen und Aufstiegsmöglichkeiten bedeutend, ist es heute wichtig, eine abwechslungsreiche Tätigkeit zu haben, Ideen einbringen zu können und Kontakte zu Menschen zu pflegen.

Vertiefende Informationen zum Thema „Motivation" finden Sie im Anhang.

Die Herausforderung für die Führungskraft

Das eingangs gezeichnete wirtschaftliche Umfeld, der allgemeine Wertewandel und beide hier beschriebenen Mitarbeitergruppen (mit allen Schattierungen zwischen diesen Extremen) bedingen eine radikale Änderung der Führungsrolle, damit sich Unternehmen erfolgreich behaupten können. Der Vorgesetzte darf nicht länger Arbeit verteilen und verwalten, nicht mehr nur steuern und machen. Er darf nicht länger nur anweisen, weil nicht mehr er allein wissen kann, wo es langgeht.

Er ist nicht länger „Arzt" des Mitarbeiters, der weiß, was ihm fehlt und die Rezepte kennt, ihn zu heilen. Er muss weg von seiner angestammten Rolle als operativer Feuerwehrmann und Machthaber, als derjenige, der dafür sorgt, dass Mitarbeiter das tun, was der Chef für richtig hält. Möglichst geringe Informationsweitergabe, die dafür sorgte, als Führungskraft unentbehrlich zu sein, kann nicht länger Führungsstrategie bleiben. Einsame Entscheidungen ohne weitere Erklärung, die jegliche Mitwirkung der Mitarbeiter auf ein Minimum reduzieren, sind nicht länger tragbar, wenn die Vielfalt der Fähigkeiten Voraussetzung für das Überleben ist. Die Führungskraft darf nicht länger die Kompetenzen der Mitarbeiter „stehlen", indem sie ungefragt gut gemeinte Ratschläge unterjubelt und Entscheidungen umwirft. Diese Spielarten öffentlicher Entmündigung führen dazu, dass Geführte aufhören zu denken.

Im Gegensatz dazu muss die Führungskraft heute vielmehr in der Lage sein, die Fähigkeiten ihrer Mitarbeiter zu erkennen und auszubauen. Sie muss ihren Leuten helfen, ihre Potenziale optimal zu nutzen, auch wenn manche Mitarbeiter ihren Nutzen daraus nur nach anfänglichem Zögern erkennen. Sie muss lernen zu differenzieren, um den jeweiligen Reifegrad ihrer Mitarbeiter zu erfahren und das eigene Verhalten darauf abzustimmen. Ausgehend von diesem individuellen Stand jedes Mitarbeiters muss die Führungskraft die qualifizierte Begleitung einer fachlichen und persönlichen Entwicklung bieten. Die größte aller Führungssünden besteht darin, Mitarbeiter klein zu halten. Nur mit „großen" Leuten lassen sich große Dinge anstellen. Firmen sind am wenigsten gefährdet, wenn ihre Mitarbeiter „mitmischen", d. h. wenn sie ihre eigene Meinung haben und diese äußern, wenn sie die Möglichkeit haben, jederzeit Kritik anzubringen und bei Entscheidungen mitzuwirken.

Dazu braucht es Führungskräfte, die starke Partner um sich nicht nur dulden, sondern diese sogar anstreben und fördern. Dieses Begleiten und Fördern individuellen Wachstums geschieht durch das Schaffen einer vertrauensvollen Atmosphäre und die sinnvolle Delegation von interessanten, herausfordernden Aufgaben und Verantwortungen. Es umfasst partnerschaftliche Zielvereinbarungen, offene und auf Gegenseitigkeit beruhende Feedback-Gespräche über Leistungsergebnisse und persönliche Zusammenarbeit, aber auch das gemeinsame Erarbeiten von Perspektiven für die weitere berufliche Laufbahn. Nichts begeistert Menschen mehr als ihr eigener Fortschritt. Wer als Vorgesetzter etwas dafür tut, hat Mitarbeiter, die ihr Bestes geben.

Die erfolgreiche Führungskraft ist zunehmend Dirigent. Dirigent sein bedeutet nicht etwa, der beste Geiger oder Meister eines jeden Instruments sein zu wollen, sondern sich auf seine eigene wichtige Rolle zu konzentrieren: anderen den Takt vorzugeben und für eine möglichst perfekte Symphonie und einen schönen Klang zu sorgen. Ein Dirigent muss den Überblick bewahren, die Kunden als Publikum im Auge haben und wissen, dass seine Musiker die eigentlichen Stars sind, die er „leiten" und zu noch schöneren Tönen ermutigen darf. Ruhm und Anerkennung erlangt der Dirigent dadurch, dass *auch* andere *mit* in den Vordergrund gerückt werden. Die Führungskraft ist „Dienstleister" ihrer Mitarbeiter und interessiert an deren Erfolg. Oder, wie Laotse es ausdrückt: „Wer Menschen führen will, muss hinter ihnen gehen." Erstklassige Führungskräfte sind bekanntlich von erstklassigen Mitarbeitern umgeben, zweitklassige in der Regel nur von drittklassigen.

Wem nützt Coaching?

Nutzen für den Mitarbeiter

Der Mitarbeiter, der die Möglichkeit hat, eigenverantwortlich Erfolgserlebnisse zu erringen, selbst Entscheidungen zu treffen und sich dabei stetig lernend weiterzuentwickeln, wird damit in seinem Selbstwert und Selbstvertrauen gefördert. Er erkennt den Wert seines Beitrages zum Gesamtwerk. Die Begleitung durch seine Führungskraft gibt ihm dabei Sicherheit. Er erlebt Coaching als persönlich nutzbringend, weil er dadurch den Sinn in seinem Arbeitsleben und seine Motivation findet und steigert. Er fühlt sich mehr als bisher in seiner ganzen Person wertgeschätzt und ist positiv überrascht von seinen Fähigkeiten, die ihm vielleicht selber bisher nicht bewusst waren.

Seine Grundbedürfnisse nach Entwicklung, Selbstverwirklichung, Einflussnahme und Anerkennung werden dadurch befriedigt. Das Arbeitsklima verbessert sich generell, weil respektvoller Umgang miteinander und Teamarbeit zur Selbstverständlichkeit geworden sind. Darüber hinaus erkennt der Mitarbeiter mit zunehmendem Selbstbewusstsein, dass er sich den Wunsch nach Sicherheit inmitten sich ständig verändernder Lebensbedingungen auch selbst erfüllen kann, dass er nicht so sehr auf Vorgesetzte angewiesen ist, die ihm den Weg ebnen und für ihn sorgen. Er ist auf Grund seiner Fähigkeiten und seiner Persönlichkeit unabhängig und in der Lage, sich in unterschiedlichsten Situationen zurecht zu finden.

Nutzen für die Führungskraft

Wenn Sie Ihre Mitarbeiter coachen, entwickeln diese sich weiter und übernehmen viel mehr Verantwortung, damit auch mehr und andere Aufgaben. Im Alltag merken Sie diese Veränderung an einem größeren Zeitpotenzial für Ihre eigentlichen Aufgaben: Statt wie bisher ständig im operativen Tagesgeschäft als Experte, Feuerwehrmann, Antreiber und Kontrolleur der Mitarbeiter verstrickt sein zu müssen, können Sie sich als coachende Führungskraft vermehrt strategischen Überlegungen und der gezielten Entwicklung ihrer Mitarbeiter widmen. Damit erhöht sich die Leistungsfähigkeit der Organisation (Abteilung, Gruppe) enorm. Ein Erfolg, der letztlich auch wieder Ihr Erfolg sein wird.

Sie entwickeln sich selbst gemeinsam mit Ihren Mitarbeitern, sobald Sie sich entschließen, Coaching als Grundeinstellung und Verhaltensform anzunehmen. Sie überwinden die Isolation des einsamen Entscheidungsträgers und treten in eine partnerschaftliche, respektvolle Beziehung zu Ihren Mitarbeitern. Die coachende Führungskraft wandelt sich vom vermeintlich fehlerlosen und jederzeit starken „Fels in der Brandung" zu einem „normalen" Menschen, der sich auch erlauben darf, Dinge und sich selbst zu hinterfragen, zu zweifeln, loszulassen und sich zu entspannen. Sie kann sich am Erfolg ihrer Mitarbeiter und der damit verbundenen Motivation und Loyalität erfreuen und sich deren Unterstützung – auch ohne Zwang und Manipulation – zunehmend sicher sein. Und es kostet so viel weniger Energie, zu vertrauen statt zu kontrollieren!

Coaching fordert natürlich die Bereitschaft, andere stark und erfolgreich zu machen. Es setzt das Aufgeben vom Machtanspruch herkömmlicher Führung und damit verbundener Gewohnheiten voraus – jedoch mit der Belohnung, sich kraft natürlicher Autorität zu profilieren und als zukunftsweisender Leader hoch anerkannt zu sein.

Welche Hindernisse sich auf diesem Weg, der eine vermeintliche „Entmachtung" des Vorgesetzten und ein neues Selbstverständnis als Dienstleister für die Mitarbeiter beinhaltet, entgegenstellen können, welche Ängste diese Veränderung auch in der Führungskraft selbst hervorrufen kann, wird noch Thema unserer weiteren Betrachtungen sein.

Nutzen für das Unternehmen und seine Kunden

Aus Sicht des Unternehmens dient Coaching einer generellen Leistungs- und Produktivitätsverbesserung. Coaching bewirkt, dass Individuen und Gruppen mehr und mehr ihr Potenzial nutzen, was wiederum für das Überleben des Unternehmens immer notwendiger wird. Der angestrebte Wandel der Führungskultur kann also aus Unternehmenssicht durchaus pragmatisch begründet werden (Ergebnisorientierung).

Die wirtschaftliche Organisation, das Unternehmen, das auf Überleben und Profit ausgerichtet ist, ist mit Hilfe seiner motivierten Mitarbeiter besser in der Lage, seine Ziele zu erreichen. Im Gegensatz zu früher sind Menschen jedoch heute nur mehr dann bereit, sich für die Ziele des Unternehmens zu engagieren, wenn auch ihre eigenen Bedürfnisse nach sinnvoller Tätigkeit bei gleichzeitiger Betonung ausgleichender Freizeitgestaltung akzeptiert und gefördert werden.

Niemand gibt sein Privatleben morgens beim Portier ab, wenn er zur Arbeit kommt. Eine Trennung in private und berufliche Person ist letztlich unmöglich. Das Privatleben beeinflusst das berufliche Umfeld und umgekehrt. Dieses Zusammenspiel muss von der Unternehmensführung akzeptiert, ja genutzt werden, wie es in den Vereinigten Staaten bereits weitgehend praktiziert wird. Motivierte Führungskräfte und Mitarbeiter, deren eigene Ziele und Interessen mit denen der Organisation möglichst deckungsgleich sind, sorgen mit guter Arbeit dafür, dass Zusammenarbeit reibungslos funktioniert und Kosten möglichst niedrig gehalten werden. Das kreative Potenzial für praktische Problemlösungen erhöht sich. Die Beteiligten reagieren auf Herausforderungen flexibel und mit Eigeninitiative. Die Mitarbeiter bilden mit ihrem permanenten Wachstum eine lernende Organisation, die als Voraussetzung für ein Bestehen unter sich verändernden Bedingungen gilt.

Das Unternehmen kann attraktive Arbeitsplätze für „gold collar worker" bieten, ein Umstand, der wiederum die Wettbewerbsposition stärkt. Und jeder einzelne Mitarbeiter wird je nach seiner persönlichen Entwicklungsstufe und gemäß seinen Aufgaben mehr und mehr Fähigkeiten entfalten. Er bringt sich zunehmend ein und übernimmt als Mitunternehmer Verantwortung für das Gelingen des Ganzen.

Nicht zuletzt wird das Unternehmen durch Coaching auch für seine Kunden attraktiver: Der Kunde wird es genießen, mit Menschen Kontakt zu haben, die in einem guten Klima arbeiten und ihre positive Energie in die Kundenbeziehung einbringen. Die durch Coaching geänderte Einstellung Menschen gegenüber führt zu partnerschaftlichen Beziehungen, in denen sich der Kunde verstanden, wertgeschätzt und akzeptiert fühlt. Darüber hinaus sind Coachingwerkzeuge in jedem Verkaufsgespräch analog anwendbar. Sie erleichtern es, Bedürfnisse und Erwartungen des Kunden bewusst zu machen und konkret zu erfahren. Schlussendlich befriedigen eigenverantwortliche und motivierte Mitarbeiter diese Kundenbedürfnisse rasch und individuell.

Was verstehen wir unter Coaching?

In diesem Buch werden ausschließlich die Coachingaktivitäten behandelt, die Sie als Führungskraft in Ihre Führungstätigkeit integrieren können. Es geht also nicht um externes Coaching, das von einem jahrelang geschulten Experten im Rahmen von punktuellen Einzel- oder Teamcoachings ausgeübt wird. Externes Coaching ist sinnvoll, um Einzelpersonen oder Gruppen in bestimmten – meist besonders schwierigen – Lebens- oder Arbeitssituationen zu unterstützen.

Hier ist die Rede von einer im beruflichen Alltag ständig wiederkehrenden Interaktion zwischen Ihnen und Ihren Mitarbeitern. Sie zeigt sich einerseits in einer ganz bestimmten Haltung des Vorgesetzten dem Mitarbeiter gegenüber und wird andererseits von bestimmten hilfreichen Verhaltensweisen getragen. Darüber hinaus konzentrieren wir uns bezüglich der Verhaltensweisen vor allem auf die Interaktion zwischen einer Führungskraft und einem Mitarbeiter, ohne hier ausführlich auf die Parallelen und Besonderheiten im Umgang mit ganzen Teams einzugehen.

Coaching setzt eine stetige Selbstreflexion der Führungskraft hinsichtlich ihrer Rolle, ihrer persönlichen Haltung zu den Mitarbeitern und zu sich selbst sowie hinsichtlich der eigenen sozialen und kommunikativen Kompetenz voraus. Sollten Sie der Meinung sein, dass Sie umfassende psychologische oder gar therapeutische Kenntnisse bräuchten, um als Coach Ihrer Mitarbeiter tätig sein zu können, wollen wir Sie beruhigen. Um in der von uns hier behandelten Art zu coachen, müssen Sie keineswegs ein „Psychoguru" sein. Viel wichtiger ist es hingegen, dass Sie mehr über sich selbst erfahren. Sich mit sich selbst auseinanderzusetzen heißt nicht, sich ständig zu analysieren. Es bedeutet viel mehr, sich selbst zuzuhören, sich die eigenen Reaktionen bewusst zu machen und zu reflektieren, von welchen inneren Überzeugungen diese Reaktionen getragen sind. Jede Art von Selbst- reflexion bringt zusätzlich großen persönlichen Nutzen auf dem Weg der Selbstentwicklung.

Wer andere kennt, ist klug,
wer sich selbst kennt, ist weise.

Laotse

Nur wer sich selbst managt, kann andere führen.

Warren Bennis

Es genügt jedenfalls nicht, sich einige clevere Techniken anzueignen, um die oben angeführten Vorteile von Coaching zu erreichen! Anregungen und Übungen zur Selbstreflexion in diesem Buch können Ihnen dabei hilfreich sein.

Coaching in unserem Sinne heißt, die Potenziale aller Mitarbeiter auf ihren jeweiligen Entwicklungsstufen zu entfalten, damit diese ihre Leistungen optimieren können. Coaching setzt die Fähigkeit eines Menschen frei, seine eigene Leistung selbststeuernd zu steigern. Es hilft ihm eher zu lernen, als dass es etwas lehrt. Coaching bedeutet, dass die Führungskraft in der Wahrnehmung ihrer Führungsaufgaben und in der täglichen Arbeit den Umgang mit ihren Mitarbeitern so gestaltet, dass diese ihre Möglichkeiten erkennen, erweitern und somit ihre Leistungsfähigkeit und ihre Motivation erhöhen können.

Nach herkömmlichen Führungsmodellen soll die Führungskraft ihre Mitarbeiter motivieren. Wir sehen das anders: Nach unserem Verständnis ist die Führungskraft dazu aufgerufen, ein vertrauensvolles Klima und den bestmöglichen Rahmen zu schaffen, in dem ihre Mitarbeiter ihre Eigenmotivation finden, aktivieren und steigern können.

Als Vorgesetzter unterstützen Sie Ihren Mitarbeiter gezielt dabei, seine Aufgaben noch besser (im Sinne der Zielerreichung), möglichst selbständig und in Hinblick auf eine schrittweise Ausweitung der Aufgabenpalette erfüllen zu können. Automatisch führt das zu Erfolgserlebnissen und Spaß an der Arbeit, für Sie und Ihren Mitarbeiter gleichermaßen.

Im Coaching geht es um die Einschätzung von Leistungspotenzialen der Mitarbeiter, das gemeinsame Erarbeiten und Formulieren von Zielen und Aufgaben, die gemeinsame Definition von Verantwortlichkeiten, Methoden und Kontrollpunkten und den regelmäßigen Austausch von Erwartungen und Feedback.

Wir sind davon überzeugt, dass der Bedarf an Coaching durch die Führungskraft immer vorhanden ist. Jeder Mensch hat das Grundbedürfnis nach Entwicklung, wobei der individuelle Ausgangspunkt sehr unterschiedlich sein kann. Abhängig von dieser jeweiligen Entwicklungsstufe wird das Entwicklungsbedürfnis eine andere Form der Befriedigung verlangen. Im kontinuierlichen Gespräch spezifizieren Führungskraft und Mitarbeiter, was dafür konkret erforderlich ist. Darüber hinaus ist jede Begegnung mit Menschen, die auf einer entsprechenden Grundhaltung basiert, dieser Entwicklung förderlich und damit in unserem Sinne schon eine Form von Coaching.

Coaching
ist ein Prozess,
bei dem die Führungskraft
dem Mitarbeiter hilft
zu lernen,
wie er Aufgaben/Probleme
selber lösen kann!

Merkmale von Coaching

Coaching ist durch folgende Merkmale charakterisiert:

- Coaching ist ein Instrument der Personalentwicklung durch die Führungskraft am Arbeitsplatz.
- Durch Coaching wird eine Entwicklung der Person in Gang gesetzt, die sowohl an der Aufgabenreife (Fähigkeiten, Fertigkeiten) als auch an der psychologischen Reife (Selbstvertrauen, Mut, Motivation, Sinn des Tuns, Bereitschaft zur Übernahme von Verantwortung) in Bezug auf den jeweiligen Arbeitsplatz ansetzt.
- Durch Coaching soll eine dauerhafte Verbesserung der Arbeitsresultate erzielt werden.
- Coaching ist ein vertraulicher Prozess zwischen dem Vorgesetzten und dem jeweiligen Mitarbeiter im Sinne eines Noch-Besser-Werdens. Grundlage dafür ist eine partnerschaftliche Beziehung zwischen beiden.
- Coaching heißt „Fordern und Fördern", nicht „Liebsein und Verwöhnen".
- Coaching ist die Unterstützung bei der Problemlösung, und zwar in einer Form, die die Lösungskompetenz des Mitarbeiters fördert und entwickelt („Hilfe zur Selbsthilfe").
- Coaching ist ein Prozess, der endet, wenn das gemeinsame Ziel zwischen Vorgesetztem und Mitarbeiter erreicht ist. Meist wird die Zusammenarbeit zwischen coachender Führungskraft und Mitarbeiter von einer Aufeinanderfolge von vielen Coachingprozessen geprägt sein bzw. wird die Einstellung und das zugrunde liegende Menschenbild keine zeitliche Beschränkung erfahren.
- Coaching erfordert von der Führungskraft sowohl soziale Kompetenz, Selbstkompetenz, Kenntnisse über die effiziente Führung eines Coachinggesprächs als auch ein gewisses Maß an Aufgabenkompetenz.

Damit können Defizite rechtzeitig entdeckt und ein Programm zur Leistungsverbesserung erstellt werden.

- Durch Coaching wird der Mitarbeiter vom Betroffenen zum Beteiligten, der sich seiner eigenen Gestaltungsmöglichkeiten bewusst wird und zunehmend Vertrauen in seine eigenen Fähigkeiten erlangt und diese Fähigkeiten auch im Sinne der Zielerreichung einsetzt.
- Coaching ist ein gemeinsamer Entwicklungsprozess zwischen dem Vorgesetzten und dem Mitarbeiter und kann somit nicht verordnet werden. Zwangscoaching kann es nicht geben, da der Mitarbeiter letztlich die Verantwortung trägt, was er mit den Entwicklungsangeboten der Führungskraft macht. Der Mitarbeiter trägt allerdings auch die Verantwortung für die Konsequenzen, die eine Ablehnung des Angebots nach sich ziehen kann.
  Niemand kann Sie als Führungskraft jedoch daran hindern, mit einer dem Coaching maßgeblich verbundenen Einstellung (siehe Kapitel „Grundhaltungen“) und einem dem Coaching adäquaten Verhalten (siehe Kapitel „Werkzeuge“) zu agieren!

Heute ergreift meistens noch die Führungskraft die Initiative für das Mitarbeitercoaching. Im Zuge der gesellschaftlichen Entwicklung hin zu mehr Eigenverantwortung wird der Mitarbeiter zunehmend auch von sich aus die Entwicklungsunterstützung von Seiten des Vorgesetzen fordern und begrüßen.

Coaching bedarf eines starken Vertrauensverhältnisses zwischen dem Vorgesetzten und dem Mitarbeiter. Dies können Sie damit verdienen, dass Sie mit den Erkenntnissen aus dem Coachingprozess sorgsam umgehen und diese nicht in anderen Zusammenhängen gegen die Interessen des Mitarbeiters einsetzen. Vor allem aber bedeutet dies, von Anbeginn die Ziele und Erwartungen klar darzulegen, die von Ihrer Seite in den Coachingprozess eingebracht werden.

Während nämlich Coaching durch einen externen, unabhängigen Coach durch Kriterien wie Freiwilligkeit des Gecoachten, Zieldefinition durch den Gecoachten und (je nach Beratungsansatz) symmetrische Beziehung zwischen Coach und Gecoachtem definiert ist, gelten in unserem Fall der Führungsarbeit andere Regeln:

Sie sind als coachende Führungskraft – im Gegensatz zum externen Berater – angehalten, die Unternehmensziele und die Zielvorgaben des von Ihnen verantworteten Arbeitsbereichs stets im Auge zu haben und den Coachingprozess daran zu orientieren. Deshalb wird es Ihre Aufgabe sein, eine tragfähige Übereinkunft zu treffen, in welcher Ihre Erwartungen, die Ihrer Mitarbeiter und die der Organisation, in der Sie sich bewegen, aufeinander abgestimmt werden. Dabei muss eine coachende Führungskraft klar vermitteln, welche Anforderungen und Erwartungen an ihren Partner sie aus ihrer Rolle und Perspektive für vorgegeben und unverzichtbar hält, welche modifiziert werden können oder zur Disposition stehen. Nur mit dieser Klarheit kann der Rahmen abgesteckt werden, innerhalb dessen – trotz einer grundsätzlich asymmetrischen Beziehung – ein bestimmtes Maß an Offenheit und Vertrauen, an Partnerschaftlichkeit und Freiwilligkeit möglich wird.

Coaching zielt natürlich, ob geplant oder ungeplant, auf Verhaltensänderung ab. Diese Tatsache wird von manchen Kritikern umgehend mit Manipulation in Zusammenhang gebracht. Der Vorwurf, es ginge ja gar nicht um den Menschen, sondern ausschließlich um Leistungssteigerung, wird dann laut. Wir streiten auch gar nicht ab, dass es um Leistungssteigerung geht. Und eine vernünftige Führungskraft, die sich im Sinne unseres Coachingverständnisses verhält, wird dies ebenso wenig tun. Doch im Gegensatz zur Manipulation herkömmlicher Führungsmodelle findet der Mitarbeiter im Coachingprozess selbst seinen persönlichen Nutzen in dieser Leistungssteigerung und will daher von sich aus sein Leistungspotenzial entfalten.

Coaching in unserem Sinne wird demnach als offene Lernpartnerschaft zwischen Führungskraft und Mitarbeiter gelebt. Die Ziele, Interessen und Bedürfnisse beider kommen klar auf den Tisch. Unverrückbare Rahmenbedingungen werden unmissverständlich kommuniziert. Gerade diese Kriterien machen einen respektvollen, fairen Umgang zwischen Erwachsenen möglich. Sie schließen aus, dass der Mitarbeiter vorsätzlich gegen seine Bedürfnisse und ohne sein Wissen beeinflusst wird.

Bei all dem steht die Person des Mitarbeiters im Mittelpunkt – dies allerdings immer bezogen auf seine professionelle Rolle und die damit verbundenen Aufgaben. Die Grenze zum privaten Lebensbereich des Mitarbeiters sollte – wenn überhaupt – nur mit Zustimmung des Mitarbeiters überschritten werden. Dies führt auch zu einer essenziellen Unterscheidung zu externen Beratungsformen wie zum Beispiel Lebens- und Sozialberatung bzw. Psychotherapie: Der Fokus liegt eindeutig im beruflichen Umfeld und im lösungsorientierten Blick in die Zukunft, ohne die allgemeine psychische Konzeption und deren Hintergrund zu behandeln.

Trotz aller Vorteile von Coaching heißt die Devise von jetzt an nicht „Coaching statt Führen"! Vielmehr lautet die Frage für coachende Führungskräfte: „Welche meiner Tätigkeiten sind Führung, welche sind operative Aufgaben? In welchen Führungssituationen kann Coaching sinnvoll und nützlich sein und in welchen nicht?"

Führen und Coachen

Die Abbildung 1 zeigt das Umfeld, in das Führungstätigkeit eingebettet ist: Der Markt stellt Anforderungen an die Organisation und erwartet eine entsprechende Leistung. Um diese Leistung erbringen zu können, erstellt die Organisation Anforderungsprofile für die Mitarbeiter und erwartet entsprechend professionelles Verhalten von ihnen (Einzelleistungen, Teamarbeit, Engagement, Lösungskompetenz etc.). Die Führungskraft ist Schaltstelle in diesem Leistungsprozess, der zusätzlich durch die Gesellschaft und ihren Wandel beeinflusst wird. Sie hat für die Stabilität der Organisation in diesem Spannungsfeld zu sorgen.

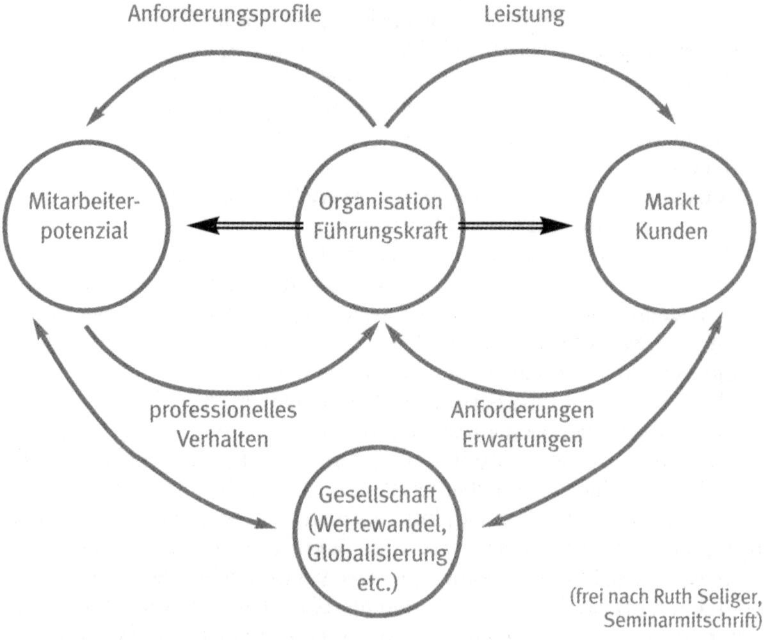

Abbildung 1: Der Leistungsprozess

In dieser Funktion gilt es, sowohl den Anforderungen der Mitarbeiter als auch denen der Organisation gerecht zu werden. Die Kunst besteht darin, ein Gleichgewicht zwischen den Bedürfnissen der Organisation, der Gruppenmitglieder und der Führungskraft selbst herzustellen, was von allen Beteiligten – im Erfolgsfall – als „gerechter sozialer Austausch" erlebt und geschätzt wird.

(frei nach Fritz B. Simon, Seminarmitschrift)

Abbildung 2: Fürsorge – Ordnung

Führungsarbeit ist durch das Zusammenführen der beiden Prinzipien „Fürsorge" und „Ordnung" charakterisiert. Während manche Berufsgruppen sich ganz auf den Menschen und seine Bedürfnisse konzentrieren können (z. B. Psychologen und externe Coaches) und andere beinahe ausschließlich dem Prinzip Ordnung verpflichtet sind (z. B. Fluglotsen), besteht die Herausforderung an die Führungskraft in der Abstimmung beider Elemente. Coaching in die Führungsarbeit zu integrieren, ist unserer Meinung nach der Versuch, diesen Abstimmungsprozess möglichst optimal zu gestalten.

Praktisch wirkt sich diese Abstimmungstätigkeit in unterschiedlichsten Aufgaben aus. Sie alle sind dem Ziel untergeordnet, den Erfolg des Gesamtunternehmens sicherzustellen.

Coaching ist jener Teil der Führungsarbeit, bei dem die Entwicklung der Mitarbeiter im Zentrum steht. Es gilt, die Mitarbeiter innerhalb der festgesetzten und klar kommunizierten Rahmenbedingungen (z. B. Ziele, Ressourcen) zu möglichst optimalen Leistungen zu begleiten. Damit erweitert sich die Palette der Führungsaufgaben um das Thema Personalentwicklung. Die Führungskraft wird zum Personalentwickler vor Ort und somit die Brücke zur zentralen Personalentwicklungs- oder Ausbildungsabteilung (Abb. 3).

Sobald die Führungskraft Coaching mit all seinen Grundannahmen und -haltungen in ihr Tun integriert hat, zeigt dies über die bewusste Mitarbeiterentwicklung hinaus auch Auswirkungen auf andere Aspekte der Führungsarbeit. Sie wird wohl weiterhin organisieren, entscheiden, anweisen, kontrollieren, bewerten etc. Das Spektrum für die Anwendung von

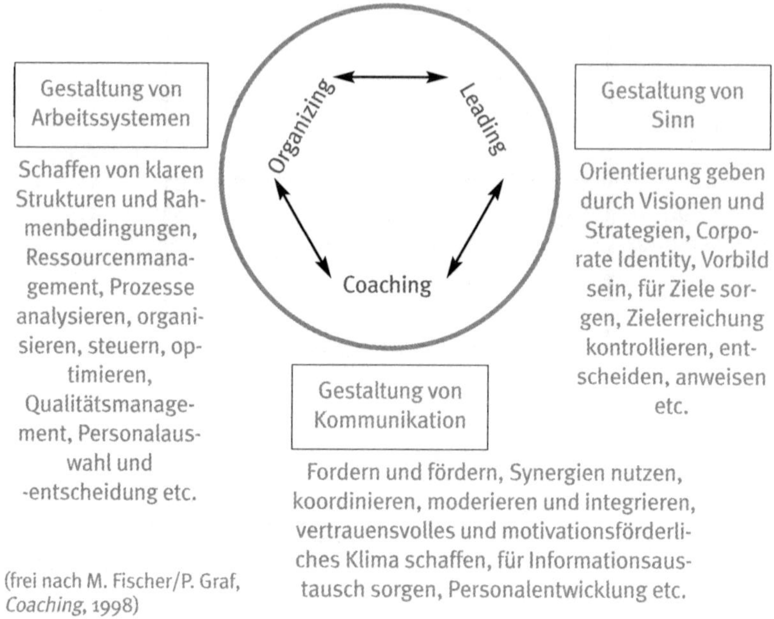

Abbildung 3: Führung aus systemischer Sicht

Coaching wird jedoch zunehmend breiter. Immer mehr kann mittels Coaching erreicht werden, immer seltener hat die Führungskraft das Gefühl, anweisen und kontrollieren zu müssen. Durch die verbesserte Beziehung zwischen Führungskraft und Mitarbeitern wird Kontrolle immer mehr durch Vertrauen ersetzt. Durch mehr Zutrauen in die Fähigkeit der Mitarbeiter wächst deren Lösungskompetenz, und immer weniger Hilfestellung von Seiten der Führungskraft ist nötig. Steigende wechselseitige Akzeptanz wird Widerstände abbauen und die Motivation erhöhen.

Natürlich sind die Grundhaltungen von Coaching weder mit einem autoritären Führungsstil („ich sage, du tust") noch mit einem Laisser-faire-Stil („ich sage nichts, du tust, was du willst") vereinbar. Es geht nicht länger darum, sich in der Führungsarbeit zwischen Härte oder völliger Freiheit zu entscheiden. Es gilt vielmehr, Klarheit in Bezug auf Rahmenbedingungen und Anforderungen zu zeigen und den Mitarbeitern gleichzeitig eine qualifizierte Unterstützung zu bieten, diesen Anforderungen gerecht werden zu können.

Eine Anleitung dafür zu geben, welche Führungsaufgaben besser mit bzw. ohne Coaching zu lösen sind, scheint unmöglich. Ob Coaching zielführend ist, hängt sowohl von der Art der Aufgabe als auch von der jeweiligen Situation, den aktuellen Rahmenbedingungen und den handelnden Personen ab. Die Führungskraft muss in jeder Situation beide Varianten hinsichtlich ihres Nutzens für die Zielerreichung abwägen, die jeweiligen Nachteile einkalkulieren und sich daraufhin bewusst für Führungsarbeit mit oder ohne Coaching entscheiden. Eine veränderte Einstellung Menschen gegenüber beeinflusst Führungsaktivitäten in jedem Fall.

Beispiel 1: Lösungsfindung

Angenommen, es gibt aus der Erfahrung der Führungskraft für eine Problemstellung bereits eine bewährte Lösung.

- In manchen Situationen (z. B. Krise) kann es sinnvoll sein, den Mitarbeiter mit den entsprechenden Erklärungen anzuweisen, das Problem auf diese erprobte Art zu lösen.
  Möglicher Nachteil:
  geringeres Erfolgserlebnis und wenig Identifikation mit der Lösung für den Mitarbeiter, da sie nicht von ihm selbst stammt; mögliches Verbesserungspotenzial wird nicht ausgeschöpft.
  Möglicher Vorteil:
  zeitsparend, risikoarm.
  Innerer Dialog für die Entscheidung im Sinne des Coachingansatzes: Ich habe meine Motivation, eine Anweisung zu geben, eingehend reflektiert. Im Interesse des Gesamtsystems und unter den gegebenen Rahmenbedingungen bin ich zu folgendem Entschluss gekommen: In diesem Fall ist es das Beste, dass du, lieber Mitarbeiter, den vorhandenen Lösungsweg anwendest, obwohl ich dir grundsätzlich zutraue, eine bessere Lösung zu finden.
  Im Gegensatz dazu könnte der innere Dialog vor einer Anweisung aus herkömmlichem Führungsverständnis wie folgt lauten: Ich weiß wie immer, was das Beste ist, und daher, Mitarbeiter, tu, was ich dir sage! (Mitarbeiter als Befehlsempfänger)
- In anderen Situationen hilft die Führungskraft in ihrer Funktion als Coach dem Mitarbeiter, eine eigene, möglicherweise bessere Lösung zu finden.
  Möglicher Nachteil:
  Die Erarbeitung der Lösung kostet zunächst mehr Zeit, eine neue Lösung ist risikoreicher, weil sie noch nicht erprobt ist.
  Möglicher Vorteil:

Fortschritt wird möglich, da eine bessere Lösung entstehen kann; Identifikation des Mitarbeiters mit seiner eigenen Lösung; die Lösungskompetenz des Mitarbeiters wird erweitert und der Führungskraft bewusst; Erfolgserlebnis für den Mitarbeiter führt zu mehr Selbstvertrauen und Motivation; Nützen des vorhandenen Potenzials.

Beispiel 2: Steuerung von Prozessen

- Die Führungskraft steuert und entscheidet in ihrer Funktion als Koordinator und Prozessverantwortlicher allein und gibt dann Anweisungen. Mögliche Vor- und Nachteile siehe Beispiel 1.
- Die Führungskraft steuert und entscheidet in ihrer Funktion als Koordinator, Prozessverantwortlicher und Coach nach gemeinsamer Analyse mit den Mitarbeitern.
  Möglicher Nachteil: die Entscheidung kann auch gegen die Interessen Einzelner ausfallen, Konsens ist nicht immer möglich; Zeitinvestition.
  Möglicher Vorteil: Sowohl der Überblick und ein eventueller Informationsvorsprung der Führungskraft als auch die Lösungskompetenz der Mitarbeiter werden genutzt, womit die Interessen des Gesamtsystems optimal gewahrt sind. Mitarbeiter fühlen sich wertgeschätzt und integriert, was ihr Engagement steigert.

Beispiel 3: Zieldefinition

- Angenommen, Konzernvorgaben oder wirtschaftliche Gegebenheiten verlangen die Erreichung eines unumstößlichen Zieles (Umsatzziel, Personalstand, Konzernsprache Englisch, Einführung einer neuen Technologie, Standortveränderung usw.).
  Es ist dann die Pflicht der Führungskraft, dieses Ziel mit Klarheit und Bestimmtheit als unverrückbare Rahmenbedingung darzustellen und dafür nötige Informationen zu geben. Coaching kann dem Mitarbeiter helfen, den Nutzen der Zielerreichung zu erkennen und dem Finden von optimalen Lösungswegen dienen.
- Angenommen, eine gemeinsame Zielfindung mit dem Mitarbeiter ist möglich und nicht durch Vorgaben eingeschränkt (z. B. bei Karriereplanung, Kompetenz- und Persönlichkeitsentwicklung, Ausbildungsplanung, Erweiterung der Aufgabenpalette; Umsatzziele, sofern sie nicht vorgegeben sind, sondern auf die Potenziale der Mitarbeiter abgestimmt werden können).
  Coaching hilft beim Erkennen von Mitarbeiterpotenzialen und vermeidet dadurch Unter- und Überforderung. Der Mitarbeiter ist in höherem Maße motiviert, ein selbst mitgestaltetes Ziel zu erreichen.

Natürlich werden Sie als Führungskraft aufgrund Ihrer Verantwortung auch weiterhin manchmal Entscheidungen treffen müssen, die bei Mitarbeitern auf wenig Gegenliebe stoßen. Wird Ihre Art zu führen jedoch grundsätzlich wertschätzend, entwicklungsfördernd und beteiligend erlebt, entsteht eine überaus tragfähige Beziehung. Mitarbeiter, die stets das Gefühl haben, dass ihre Person und ihre Fähigkeiten akzeptiert und als wertvoll einbezogen werden, sind durchaus auch bereit, notwendige Entscheidungen und deren manchmal schmerzliche Konsequenzen mitzutragen, ohne ihre Motivation zu verlieren.

Einladung zur Selbstreflexion

Damit Sie sich als Führungskraft der eigenen Motive bewusst werden und in jeder Führungssituation eine qualifizierte Entscheidung für oder gegen Coaching treffen können, sind folgende Fragen hilfreich:

- Was sind die offiziellen Zielvorgaben und Verhaltensregeln, welche die Beziehung zwischen mir und meinem Coachingpartner bestimmen und begrenzen?
- Welche davon habe ich selber aufgestellt?
- Von welchen von diesen glaube ich nur, dass sie mir vorgegeben wurden?
- Aus welchem Grund halte ich selbst aufgestellte Regeln aufrecht? Dienen sie hauptsächlich dazu, meine Machtposition abzusichern?
- Inwieweit bin ich bereit, mich auf die Mitarbeiter, ihre Sichtweisen und Eigenheiten einzulassen?
- Wann gibt es wirklich Zeitdruck oder wie oft dient dieser als gute Ausrede?
- Inwieweit traue ich dem Mitarbeiter eine bessere Lösung zu?
- Was bedeutet es für mich, wenn der Mitarbeiter eine bessere Lösung findet als ich?
- Was macht es mir so schwer, meine eigene Lösung zurückzunehmen?
- Bei welchen Gelegenheiten kommt es vor, dass ich mich mit meiner eigenen Lösung profilieren will?
- Wie hoch ist meine Risikobereitschaft, mich auf eine andere Lösung einzulassen?

Grundannahmen im Coaching

Unser Coachingverständnis basiert auf einer Reihe von Grundannahmen, die stark vom systemischen Ansatz geprägt sind. Der systemische Ansatz ist Grundlage eines psychotherapeutischen Verfahrens, das sich in seiner Betrachtung nicht nur auf die Einzelperson konzentriert, sondern Beziehungen zwischen Menschen in den Mittelpunkt stellt. Systemische Sichtweisen sind darum bemüht, die Probleme von Menschen in ihrer Vernetzung zu anderen zu verstehen.

Wir haben davon jene Elemente ausgewählt und adaptiert, die auch in der nichttherapeutischen Arbeit zwischen Führungskraft und Mitarbeitern hilfreich und zweckmäßig sind.

Der systemische Ansatz scheint uns am besten geeignet, der Komplexität unserer Zeit gerecht zu werden. Er hat sich in unseren Seminaren und in der praktischen Arbeit vieler Führungskräfte bewährt. Mit Hilfe dieser Grundannahmen können Führungskräfte ihr angestammtes Berufsfeld um wertvolle Perspektiven erweitern, ohne zu „Psycho-Experten" werden zu müssen.

Wir behaupten damit nicht, dass diese Grundannahmen die einzig möglichen sind.

Jeder Mensch ist ein einzigartiges Individuum

Jeder Mensch ist einzigartig und sollte die Möglichkeit bekommen, seine Einzigartigkeit zu zeigen und zu leben. Er braucht den geeigneten Rahmen, um seine besonderen Fähigkeiten entwickeln zu können. Statt diese Individualität als wertvolle Ressource zu achten und zu nützen, versuchen Führungskräfte oft mit viel Energie, den Mitarbeiter in ein Schema zu pressen, das ihnen „passend" erscheint.

Natürlich ist es auch für jede Führungskraft wichtig, sich ihre Einzigartigkeit und damit ihre individuellen Eigenschaften (Stärken und Schwächen) bewusst zu machen. Dies kann durch Beschäftigung mit der eigenen Person (Selbstreflexion) und mit Hilfe von Feedback geschehen. Erst wenn sie sich in ihrer Einzigartigkeit liebevoll annehmen kann, ist sie in der Lage, selbstbewusst und wertschätzend auf andere zuzugehen. Dieses Selbstbewusstsein ermöglicht ihr in der Folge auch, ihre eigenen Entwicklungspotenziale (z. B. Schwächen) zu erkennen und sie zu akzeptieren, statt sie zu verdrängen. Sie wird bereit sein, an sich zu arbeiten.

Jeder Mensch nimmt die Welt anders wahr

Im zwischenmenschlichen Bereich gibt es keine „objektive Wahrheit". Wir leben in subjektiven, konstruierten Wirklichkeiten, die sehr unterschiedlich sein können. Obwohl in einem gemeinsamen Kulturkreis gewisse Übereinstimmungen entstehen, konstruiert doch jeder „seine Realität" (Konstruktivismus).

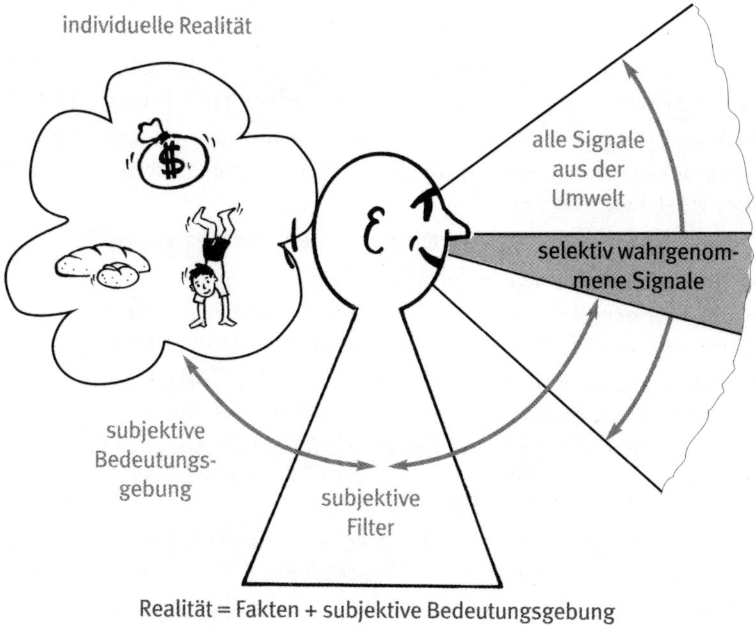

Abbildung 4: Konstruktion der „Realität"

Diese Realitätskonstruktion erfolgt in drei Schritten:

In einem ersten Schritt nehmen wir Fakten wahr, die mit unseren Sinnen (Sehen, Hören, Riechen, Schmecken, Tasten) erfassbar sind. Da unsere Wahrnehmung jedoch durch individuelle Filter eingeschränkt ist, wählen wir von allen auf uns einwirkenden Signalen der Umwelt nur ganz bestimmte aus (selektive Wahrnehmung). Die jeweiligen Filter hängen von unseren persönlichen Erfahrungen und der jeweiligen momentanen Befindlichkeit ab. Sie schützen uns vor einer Überforderung durch die Informationsflut und dienen gleichzeitig dazu, unseren Fokus auf Fakten zu richten, die uns im Moment wichtig scheinen. Unterschiedliche Filter führen zu einer unterschiedlichen Auswahl der Fakten.

Beispiele:

Sie gehen an einer Bäckerei vorbei. In hungrigem Zustand werden Sie den Duft des frischen Gebäcks wahrnehmen. Kommen Sie gerade vom Mittagessen, fällt Ihnen die Bäckerei vielleicht gar nicht auf.

Ein Mann und eine Frau betrachten das gleiche Schaufenster. Die Wahrscheinlichkeit ist sehr hoch, dass sie unterschiedliche Dinge wahrnehmen.

Missverständnisse können bereits entstehen, weil wir unterschiedliche Fakten wahrnehmen und diese zu „den einzig vorhandenen Fakten" erklären.

Im zweiten Schritt geben wir den wahrgenommenen Fakten eine bestimmte Bedeutung, ein Vorgang, der nicht beobachtbar ist und gegenseitiges Verstehen weiter erschwert.

Beispiel: Eltern beobachten ihr Kind, das einen Handstand macht.

- Fakten: Das Kind macht den Handstand.
- Bedeutungsgebung durch den Vater: Ich bin stolz auf die Fähigkeiten meines Kindes, es wird ein guter Sportler, ist so mutig wie ich etc.
- Bedeutungsgebung durch die Mutter: Das ist gefährlich, so ein Unfug, wenn es sich verletzt, muss ich Pflegeurlaub nehmen etc.

Die Bedeutungsgebung erfolgt individuell. Jedes Faktum erhält unseren eigenen Sinn („Eigen-Sinn"), der von vielen Faktoren abhängt. Nur wenige dieser Faktoren sind uns bewusst.

Im dritten Schritt komplettiert ein – je nach gegebener Bedeutung „passendes" – Gefühl unsere Wirklichkeitskonstruktion (Vater – Freude, Mutter – Sorge).

Nur ein geringer Teil unseres Verhaltens und unserer Motive ist uns also bewusst (der Teil des Eisbergs oberhalb der Wasseroberfläche). Der weit größere Teil läuft unbewusst ab (der Teil unterhalb der Wasseroberfläche). Durch alle Erfahrungen unseres bisherigen Lebens haben wir bestimmte Normen, Werte, Glaubensmuster, Vorurteile etc. verinnerlicht, oft ohne sie zu reflektieren. Als Kinder waren wir von unseren Eltern abhängig und hatten kaum eine Chance zu überleben, ohne ihnen zu entsprechen. Es war daher eine sehr gute Strategie, uns instinktiv anzupassen. Diese Anpassung

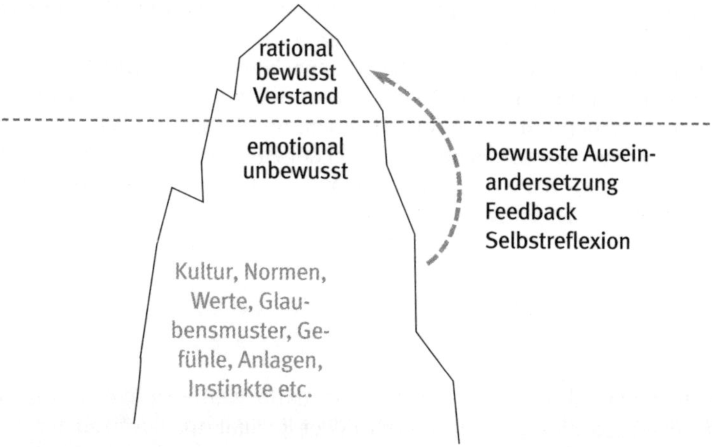

Abbildung 5: Eisbergmodell

geschieht, indem wir die Werte und das Verhalten der Eltern übernehmen oder in die so genannte Rebellion gehen, also das genaue Gegenteil leben. Beides ist eine Reaktion auf unsere Eltern. Als Erwachsene haben wir aber die Chance, uns bewusst mit den übernommenen Werten, Einstellungen und Gefühlen auseinanderzusetzen, um sie dem Verstand zugänglich zu machen. Eine Einladung dazu finden Sie unter „Antreibertest" im Anhang.

Durch diese bewusste Auseinandersetzung in der Selbstreflexion erhalten wir Zugang zu unserer Wirklichkeitskonstruktion und damit zu den Bedeutungen, die wir den Fakten zuschreiben. Wir sind dann auch in der Lage, übernommene Werte nach ihrer Stimmigkeit für unser Erwachsenendasein auszuwählen, was unsere Bedeutungsgebung und damit die Wirklichkeitskonstruktion verändern kann.

Beispiel: Eine Führungskraft macht sich bewusst, dass ihr Perfektionismus aus einer übertriebenen Ordnungsliebe der Eltern resultiert und in manchen Arbeitssituationen wenig hilfreich ist. Sie versuchte bisher, jede Form von Unordnung auszuschalten, was zu einer negativen Haltung im Umgang mit kreativen Mitarbeitern führte. Die bewusste Auseinandersetzung mit ihrem Perfektionismus ermöglicht ihr jetzt, bei Bedarf sehr genau zu sein, ohne jedoch das Potenzial von kreativem Chaos zu unterdrücken. Die Bedeutung der kreativen Mitarbeiter wird sich in der Wirklichkeitskonstruktion der Führungskraft verändern.

Je besser eine Führungskraft ihre eigene Wirklichkeitskonstruktion kennt, desto eher wird es ihr möglich sein, sich auf die Konstruktionen anderer (z. B. ihrer Mitarbeiter) einzulassen.

Jeder Mensch konstruiert sich also seine Wirklichkeit und ist damit für seine Realität selbst verantwortlich! Wie wir die Welt individuell sehen, bilden wir in so genannten „inneren Landkarten" ab. Diese sind, wie alle anderen Landkarten auch, nicht die Wirklichkeit selbst. Sie bestimmen und steuern unser Verhalten. Indem wir unsere Landkarten in Sprache umwandeln, teilen wir der Umwelt unsere Realität mit.

It is as you tell it.
– Die Wahrheit ist immer abhängig
von den Menschen, die sie sagen.

Zu Missverständnissen kommt es immer dann, wenn wir davon ausgehen, dass unsere Landkarte identisch ist mit der Realität und damit auch mit der Realität aller anderen. Wir verhalten uns dann so, als wäre unsere Bedeutungsgebung (Interpretation) die einzig mögliche und damit allgemeingültig.

I tell it as it is. – Ich sage die Wahrheit.

Auf Grund der Annahme „Jeder Mensch nimmt die Welt anders wahr" gilt:

- Unsere inneren Landkarten sind individuell und daher für uns immer „richtig". Sie können jedoch von Mensch zu Mensch sehr unterschiedlich sein.
- Es gibt nicht „wahr" oder „falsch", sondern „in meiner Landkarte richtig" und „in der Landkarte des anderen richtig".
- Missverständnisse entstehen durch Unterschiede in den Landkarten.
- Unterschiede sind keine „Störungen", sondern unvermeidbar und daher zu respektieren („kreativ missverstehen"). Es geht nicht darum, festzustellen, wer Recht hat (entweder – oder), sondern um die Akzeptanz, dass beide Wirklichkeitskonstruktionen „richtig" sind (sowohl – als auch). Diese Haltung ermöglicht eine Ergänzung und Bereicherung für beide.
- Der Anspruch, einander „richtig" zu verstehen, ist nicht erfüllbar. Ziel ist es vielmehr, die unterschiedlichen Landkarten *möglichst genau* kennen zu lernen, um ihre Besitzer verstehen zu können.

Wie bereits dargestellt, hängt es von unseren Erfahrungen und der gerade aktuellen Situation ab, worauf wir unsere Aufmerksamkeit richten. Dies führt dazu, dass wir in der Landkarte unserer Wirklichkeit nicht immer alle „Wege" sehen. Sie erscheinen eingeschränkt oder verzerrt. Sind wir z. B. sehr verärgert, sehen wir vor allem negative Aspekte. Sie verstellen uns die Sicht auf Positives und damit auf konstruktive Lösungswege. Ist jemand beispielsweise sehr verliebt, nimmt er unangenehme Eigenschaften des Partners meist durch die „rosarote" Brille, also verzerrt, wahr.

Im Coaching hilft die Führungskraft dem Mitarbeiter, den wahrgenommenen Fakten geänderte oder zusätzliche Bedeutungen zu geben, Verzerrungen und Einschränkungen aufzuheben. Die Landkarte wird angereichert und verfeinert, wodurch dem Mitarbeiter neue „Wege" und damit weitere Handlungsoptionen zur Verfügung stehen. Das Instrumentarium dafür finden Sie im Kapitel „Werkzeuge".

Der Konstruktivismus ist eng mit dem systemischen Denkmodell verbunden. Dieses funktioniert nach anderen Regeln als herkömmliches mechanistisches Denken, weil es das Umfeld und wechselseitige Beeinflussungen als entscheidende Prinzipien berücksichtigt.

Gegenüberstellung mechanistisches – systemisches Denken

	mechanistisches Modell	systemisches Modell
Organisation	Organisationen sind Maschinen, die aus zahlreichen Teilen bestehen.	Organisationen sind lebende soziale Systeme, vergleichbar mit Organismen, die mit ihren Umwelten (z. B. Märkten) im Austausch stehen. Sie mobilisieren von sich aus Kräfte, um in dieser Umwelt zu überleben (analog den Selbstheilungskräften von Menschen und Natur). Die Bestandteile von Organisationen sind ihrerseits meist wieder Systeme (Subsysteme).

Denk-muster	Ursache-Wirkungsprinzip	Vernetzung, Kreisläufe, wechselseitige Abhängigkeiten
Funktionsweise	Die Arbeitsweise der Maschine und ihrer einzelnen Teile funktioniert linear nach Input-Output-Regeln. Sie ist daher berechenbar, steuerbar und planbar.	Jede Änderung an einem Teil des Systems bewirkt (über Kreisprozesse) automatisch eine Änderung des Gesamtsystems. Diese Komplexität ist nicht erfassbar. Es ist nicht möglich, sie zu planen. Eine Annäherung an diese Komplexität ist zu erreichen, wenn Beziehungen und Zusammenhänge zwischen den Teilen berücksichtigt werden.
Prognosen	Vorhersagen der Zukunft sind möglich.	Die Zukunft kann nicht vorhergesagt werden. Es gibt aber Denkmöglichkeiten für eine zukünftige Entwicklung (Szenarien).
Devise	Alles ist planbar und machbar. Auswirkung: große Überraschung, wenn Ungeplantes eintritt. Nicht eingeplante Möglichkeiten bleiben ungenützt.	Das Leben steckt voller Unsicherheiten und Widersprüche. Auswirkung: Unvorhergesehenes wird einkalkuliert. Neugier und Flexibilität für die Nutzung von allem, was kommt.

Führungskraft	Die Führungskraft ist der Macher. Sie weiß am besten, wie alles geht und führt daher mittels Anweisungen.	Die Führungskraft ist Entwickler und Gestalter des Systems und seiner Teile. Sie wirkt wie ein Katalysator.
Bedeutung von Problemen bzw. Krisen	Widersprüche, Konflikte und Fehler sind Störungen, die nicht passieren dürften – sie müssen beseitigt werden.	Widersprüche, Konflikte und Fehler sind als „Störungen" willkommen. Sie zeigen Veränderungspotenzial auf und sind damit eine Chance für Entwicklung.
„Reparatur" von Fehlern	Funktioniert eine Maschine nicht ordnungsgemäß, dann wird der schadhafte Teil entweder repariert (z. B. ein Mitarbeiter wird in eine Ausbildung geschickt) oder durch einen Ersatzteil (z. B. neuer Mitarbeiter) ausgetauscht.	Ein „fehlerhafter" Teil ist Symptom für ein „fehlerhaftes" System. Wird er „repariert" oder ausgetauscht, wirkt sich das auf sehr viele Teile der Organisation aus. Der Gesamtzustand kann danach sogar schlechter sein als zuvor. Es ist daher wichtig, das Gesamtsystem zu betrachten und bei jeder Veränderung immer auch deren Auswirkungen auf das System zu beachten.
Verfahren	Suche nach Schuldigen; es gibt Opfer und Täter.	Es gibt keine Schuldigen und Unschuldigen, sondern nur Beteiligte an einer Situation. Jeder hat seinen Anteil daran und daher auch Möglichkeiten, etwas zu verändern. Der „Schuldige" ist Symptomträger der Entwicklung des Gesamtsystems.

	Es wird nach den Kriterien „richtig oder falsch" entschieden und gehandelt.	Es wird nach den Kriterien „in einer Situation mehr oder weniger hilfreich" entschieden und gehandelt.
Kommunikationsmodell	Im Sinne des „Maschinendenkens" aus der Nachrichtentechnik ist Kommunikation die Übertragung von Informationen von einem „Sender" zu einem „Empfänger" (Input-Output-Vorgang). Läuft der Prozess gut ab (was selten genug vorkommt), dann kommt die Information „richtig" an. Ansonsten liegt eine Störung vor. „Sender" oder „Empfänger" müssen lernen, „richtig" zu kommunizieren. Vorteil dieses Modells von Kommunikation ist seine Handlichkeit. Da damit komplexe Problemstellungen nicht mehr bearbeitbar sind, verliert es zusehends an Nützlichkeit.	Kommunikation vollzieht sich zwischen Menschen, die „eigen-sinnig" sind und selbst bestimmen, was für sie „Sinn macht". Dieser individuelle Sinn ist für die jeweilige Person immer richtig. Informationen entstehen erst durch die Sinngebung einer Person und sind von deren Sinngebung abhängig. Informationen können daher nicht von einer Person zu einer anderen übertragen werden, ohne dabei den Sinn zu verändern. Sobald die Information ankommt, erhält sie vom Empfänger dessen Sinn, der für ihn wieder richtig ist. Die Information ändert sich. Kommunikation verläuft kreisförmig. Alle Beteiligten sind stets Akteure und Beobachter zugleich. Die an der Kommunikation beteiligten Personen, z. B. Führungskraft und Mitarbeiter, beeinflussen einander abwechselnd gegenseitig, indem sie sich aufeinander beziehen.

Systemisches Denken verändert also auch unsere Sichtweise von Kommunikation.

Kommunikation aus systemischer Sicht

Aus den zahlreichen Signalen der Umwelt wählt eine Person A Teile aus und nimmt sie wahr (siehe auch Abb. 4). Sie verarbeitet die wahrgenommenen Eindrücke, indem sie ihnen eine Bedeutung zuschreibt und einen entsprechenden Eintrag in ihrer Landkarte vornimmt.

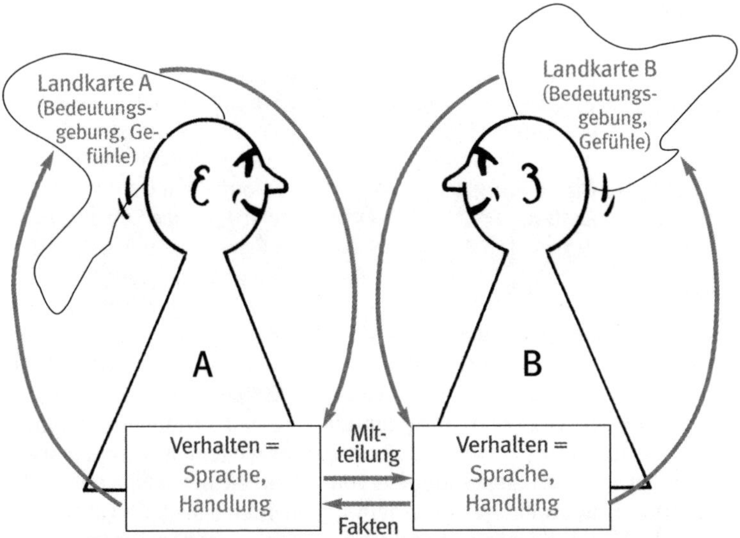

Abbildung 6: Kommunikation aus systemischer Sicht

Durch die Übersetzung von Teilen ihrer Landkarte in Verhalten teilt sich Person A einer Person B mit. Diese Kommunikation erfolgt mittels Sprache oder Handlung. Eine Mitteilung ist also ein Ausschnitt einer individuellen Landkarte, der in Verhalten umgewandelt wurde.

Person B versucht Person A zu verstehen, indem sie die (oder Teile der) Mitteilung wahrnimmt und sie mit einem Sinn versieht. Welche Bedeutung Person B der Mitteilung von Person A gibt, hängt wiederum von deren Erfahrungen ab („Eigen-Sinn"). Jedenfalls erfolgt wieder ein Eintrag, diesmal in die individuelle Landkarte von Person B.

Person B übersetzt ihrerseits Teile ihrer Landkarte in Verhalten und teilt sich damit Person A mit, was diese wieder wahrnimmt usw.

Abbildung 7

Daraus folgt, dass unsere Beurteilung des Verhaltens anderer nicht nur von deren tatsächlichem Verhalten abhängt, sondern vielmehr Produkt unserer subjektiven Bedeutungsgebung ist. Diese Erkenntnis sollte uns entsprechend vorsichtig im Umgang mit Urteilen werden lassen.

Es gilt, zuerst die eigene Landkarte zu prüfen und zu erkennen, „mit welchen Farben“ wir unser Bild vom anderen gemalt haben (was hat das mit mir zu tun?).

Lernen aus systemischer Sicht

Auch für einen Lernprozess gelten – aus systemischer Sicht – ähnliche Prinzipien wie für das eben dargestellte Kommunikationsmodell. Lernen und Lehren ist kein geradliniger Input-Output-Vorgang von der „wissenden“ Führungskraft zum „nichtwissenden“ Mitarbeiter. Wissen und Können sind nicht von einem Kopf zum anderen übertragbar, genauso wenig wie die Bedeutung einer Mitteilung unverändert von einem Sender zu einem Empfänger gelangen kann.

Die Führungskraft kann also Lernprozesse nicht erzeugen und schon gar keine bestimmten Ergebnisse garantieren. Ihre Aufgabe liegt vielmehr darin, Situationen zu schaffen, in denen der Mitarbeiter durch ein gewisses Maß an „Störung" angeregt wird, selbst Wissen zu erarbeiten und mit seinem Verhalten zu experimentieren.

Der Coach unterstützt den Mitarbeiter dabei, sein eigenes Verhalten und dessen Auswirkungen zu betrachten und die dahinterstehende Wirklichkeitskonstruktion (Wahrnehmung und Bedeutungsgebung) zu erforschen (hilfreiche Fragetechniken siehe Kapitel „Werkzeuge").

Der Mitarbeiter entscheidet dann, ob und inwieweit er diese Wirklichkeitskonstruktion und die damit verbundenen Verhaltensweisen beibehalten oder verändern will. Jede Veränderung schafft Wissen. Lernen geschieht also im Kopf des Mitarbeiters aufgrund seiner eigenen Reflexion.

Ein Problem ist, was jemand als solches definiert

Jeder „konstruiert" sich seine „Realität" durch die Bedeutung, die er Wahrnehmungen gibt. Daher definiert sich auch jeder seine Probleme selbst. Probleme existieren nicht an sich, sondern sind etwas Subjektives (ein Kollege könnte eine Situation ganz anders sehen). Probleme bleiben aufrecht, solange die gegebene Bedeutung die gleiche bleibt.

Im Umgang mit Problemen neigen wir dazu, Schuldige und Ursachen zu suchen. Wir erklären etwas willkürlich zu einer Ursache und verwenden unsere Energie darauf, sie zu bekämpfen (z. B. „Der andere soll sich ändern."). Statt dessen wäre es hilfreich, einen Weg zu suchen, mit den Auswirkungen des Problems anders (besser) umzugehen.

Auch hier gilt es, mittels Coaching den Mitarbeiter dabei zu unterstützen, die „problematische" Bedeutung der Situation zu verändern und die Aufmerksamkeit auf den Umgang mit den Auswirkungen zu richten (siehe Kapitel „Werkzeuge").

Menschen können sich nur selbst verändern

Menschen versuchen oft, andere durch überzeugen, gut zureden, belohnen, bestrafen etc. zu verändern. Dies geschieht in Partnerschaften gleichermaßen wie in Beziehungen zwischen Führungskraft und Mitarbeitern. Erfahrungsgemäß erzeugt Druck jedoch Gegendruck. Die Person, die verändert werden soll, setzt Widerstand entgegen. Frustration auf beiden Seiten ist die Folge.

Aus systemischer Sicht ist gezielte Veränderung nur bei sich selbst möglich. Nur über eine Veränderung des eigenen Verhaltens können wir indirekt das Verhalten der Umwelt beeinflussen, wobei die Auswirkungen auf andere nicht vorhersehbar und planbar sind.

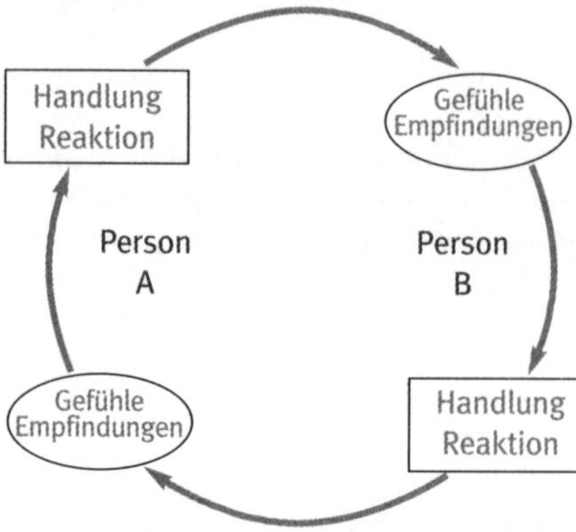

Quelle:
Thomas Christoph,
Klärungshilfe: Konflikte im Beruf,
1998

Abbildung 8: Der Teufelskreis

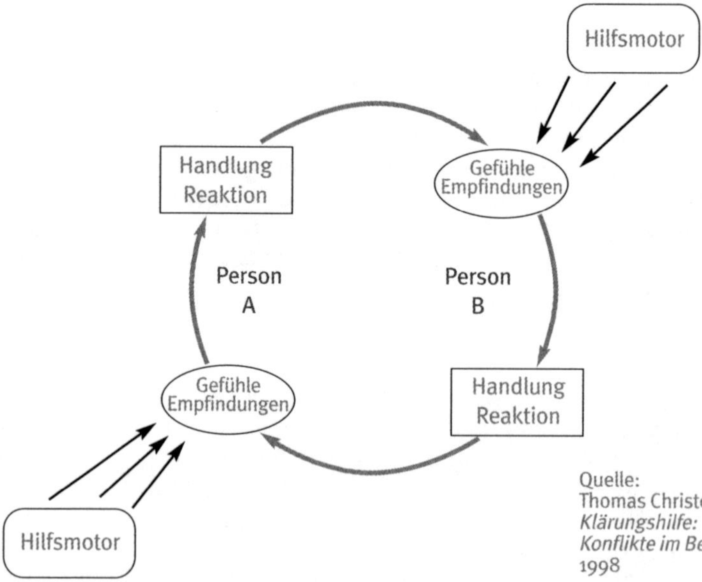

Quelle:
Thomas Christoph,
Klärungshilfe: Konflikte im Beruf,
1998

Abbildung 9: Teufelskreis mit Hilfsmotor

Wir neigen jedoch dazu, auf einen bestimmten Reiz von außen (Verhalten eines anderen) immer auf die gleiche Art zu reagieren (Reiz-Reaktions-Automatik). Entsteht daraus ein Problem, geben wir gerne dem anderen die Schuld. Wir machen uns nicht bewusst, dass unser eigenes Verhalten auch beim anderen bestimmte Empfindungen und Reaktionen hervorruft. Der andere ist also genauso wenig oder genauso viel Ursache des Problems wie wir selbst. Wir befinden uns beide im so genannten Teufelskreis (Abb. 8).

In einem Teufelskreis fühlt sich jeder als das einzige Opfer, ohne zu berücksichtigen, dass auch alle anderen Beteiligten Opfer der Situation sind. Er fühlt sich im Recht, was ihn legitimiert, gegen die bösen Taten des anderen zu Felde zu ziehen. „Täter" und Verursacher des Problems sind immer die anderen.

Verstärkend können Gefühle aus vergleichbaren früheren Situationen zu „Hilfsmotoren" des Kreislaufs werden („Ich bin ein gebranntes Kind, mir spielt man immer so übel mit") (Abb. 9).

Folgende Aussagen können Anzeichen dafür sein, dass Personen in einem Teufelskreis stecken:

- Ich muss ja so ... sein, weil der andere so ... ist. (Jede Aktion ist eine Reaktion auf den anderen. Die Schuld liegt immer beim anderen, man reagiert höchstens auf die „bösen" Taten, angefangen hat immer der andere.)
- Die Situation (Konflikt, Überlastung, Bösartigkeit des Kollegen etc.) wird immer schlimmer (mehr von der gleichen, scheinbar einzig möglichen Aktion bewirkt mehr von der gleichen Reaktion, Aktionen werden immer heftiger, Eskalation).
- Es ist doch immer das Gleiche mit dem (Wiederholungen, es dreht sich im Kreis).

Um die Handlung des jeweilig anderen (die vermeintliche Ursache des Problems) zu verändern, verstärken beide Akteure zunehmend das eigene Verhalten (mehr vom selben). Die Situation verschlimmert sich dadurch immer mehr.

Der Coach kann dabei helfen, den Teufelskreis bewusst zu machen und zu analysieren. Dem Mitarbeiter wird es erst dann möglich, das Reiz-Reaktionsmuster zu durchbrechen und das eigene Verhalten zu verändern. Automatisch beeinflusst er damit auch die Reaktionen des anderen, der Teufelskreis löst sich auf. Ein „Engelskreis" kann entstehen, indem sich die Beteiligten gegenseitig fördernd beeinflussen.

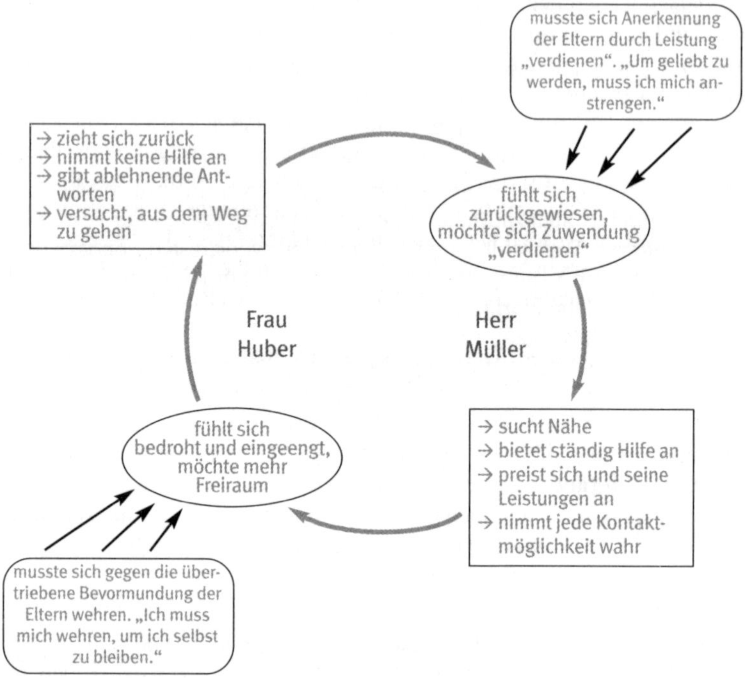

Abbildung 10: Beispiel für einen Teufelskreis

Natürlich können Teufelskreise auch zwischen Führungskraft und Mitarbeiter entstehen. Jede Reaktion eines Mitarbeiters ist eine Form von Feedback für das Verhalten der Führungskraft. Statt den Mitarbeiter verändern zu wollen, liegt es an der Führungskraft, ihr eigenes Verhalten und damit die Reaktionen darauf zu verändern. Unerwünschtes Verhalten des Mitarbeiters ist eine Einladung an die Führungskraft, neue Möglichkeiten in ihrem Denken und Tun zu suchen, um andere Auswirkungen zu erzielen.

Wer Wandel erreichen will,
muss ihn vorleben.

Mahatma Gandhi

Kleine Änderungen können große Wirkung haben

Aufgrund der wechselseitigen Abhängigkeiten zwischen den Teilen eines Systems hat jede Veränderung Auswirkungen auf das Gesamtsystem. Werden bei Problemlösungen nur einzelne Personen und nicht auch deren Umfeld (System) mit einbezogenen, besteht die Gefahr, dass erarbeitete Lösungen nicht umgesetzt werden können oder nach ihrer Umsetzung nicht den gewünschten Erfolg bringen. So kann etwa ein ähnliches Problem an einer anderen Stelle auftauchen oder insgesamt sogar eine Verschlechterung eintreten. Was zählt, sind nicht die Lösungen an sich, sondern deren Auswirkungen im System, die es zu prüfen gilt. Dadurch können mögliche unerwünschte Nebenwirkungen vorbeugend berücksichtigt und durch gegensteuernde Maßnahmen reduziert werden.

Entscheidend für die Wirkung einer Maßnahme ist also nicht der Grad der Anstrengung. Während sich große Anstrengungen oft nicht oder kaum auswirken, können kleine, unspektakuläre Veränderungen beachtliche Wirkungen erzielen.

Für eine Veränderung im Gesamtsystem kann es genügen, dass ein Teil etwas ändert. Da alle anderen Teile auf diese Veränderung reagieren, sich einstellen müssen, verändern sie sich ihrerseits. Eine Kettenreaktion entsteht.

Sobald die Führungskraft ihr Verhalten in Richtung Coaching verändert und ihren Mitarbeitern anders begegnet, löst auch sie eine Kettenreaktion aus. Oft genügt es, ein Gespräch nur etwas anders zu führen, um einen weitreichenden Veränderungsprozess in Gang zu setzen.

Jede Veränderung hat ihren Preis

Jede Veränderung ist mit mehr oder weniger Aufwand verbunden und hat somit ihren Preis. Es gilt, sich diesen Preis bewusst zu machen und zu entscheiden, ob die Bereitschaft vorhanden ist, ihn zu zahlen. Diese Bereitschaft ist abhängig vom Nutzen, der aus der Veränderung erwartet wird, in Relation zum geforderten Preis (Kosten/Nutzen-Analyse).

Manche Veränderungen brauchen Zeit, um ihre Wirkung im System zu entfalten. Für die Führungskraft als Coach ist es daher trotz Zeitdruck und innerer Unruhe lohnend, geduldig und konsequent zu sein (Preis), bis sich der Erfolg einstellt (Nutzen).

Neue Wege entstehen nur,
wenn wir uns Zeit und Kraft nehmen,
neue Schritte zu gehen.

Menschen sind prinzipiell „vollkommen", nicht „defizitär"

Jeder Mensch kann

- seine Aufgaben selbst erledigen und seine Probleme selbst lösen,
- Entscheidungen treffen,
- Verantwortung für sein Handeln übernehmen,
- und aus diesen Fähigkeiten Nutzen ziehen.

Wir alle haben ein unermessliches Potenzial für Wachstum und Entfaltung und den Wunsch, uns zu entwickeln, in uns. Unterschiedliche Erfahrungen können dieses Bedürfnis einschränken bzw. blockieren, obwohl die Tendenz zur Entwicklung dennoch ständig in uns steckt. Mitarbeiter fühlen sich dadurch oft selbst defizitär und verhalten sich dementsprechend. Aus diesem Verhalten schließen Führungskräfte oft vorschnell ein tatsächliches Defizit ihrer Mitarbeiter und behandeln sie entsprechend, was deren defizitäres Verhalten wiederum verstärkt.

Durch Coaching kann die Führungskraft den Mitarbeiter anregen, seine Aufmerksamkeit von den Defiziten auf seine Fähigkeiten zu lenken.

Es ist zielführender, sich mehr auf die Stärken und positiven Seiten eines Mitarbeiters zu konzentrieren, als nur zu versuchen, seine vermeintlichen Defizite zu bekämpfen („Stärken stärken").

Menschen neigen dazu, sich entsprechend der Erwartungen anderer zu verhalten

Unsere Einstellung anderen Menschen gegenüber beeinflusst in hohem Maß deren Verhalten. Erwarten wir, dass ein anderer Erfolg haben wird, trauen wir ihm also viel zu, wirkt sich dies günstig auf seine Erfolgschancen aus. Trauen wir einem Menschen wenig zu, tragen wir zu seinem Misserfolg bei, unabhängig davon, ob wir diese Einstellung verbalisieren oder nicht.

Die Erwartungshaltung von Führungskräften hat folglich großen Einfluss auf die Entwicklung und Leistung der Mitarbeiter. Dieses Phänomen der „Self-fulfilling prophecies" (Vorhersagen, die ihre eigene Erfüllung verursachen) hat J.S. Livingston als „Pygmalioneffekt der Führung" beschrieben (Vertiefende Informationen zum Thema „Pygmalioneffekt" finden Sie im Anhang).

R.K. Sprenger hat erhoben, dass Nicht-Zutrauen an der Spitze der Skala der Demotivierung in der Chef-Mitarbeiter-Beziehung steht. Nicht-Zutrauen ist daher Auslöser eines Demotivierungszyklus (Teufelskreis), der stets bei der Führungskraft selbst beginnt (siehe Abb. 11 auf der nächsten Seite).

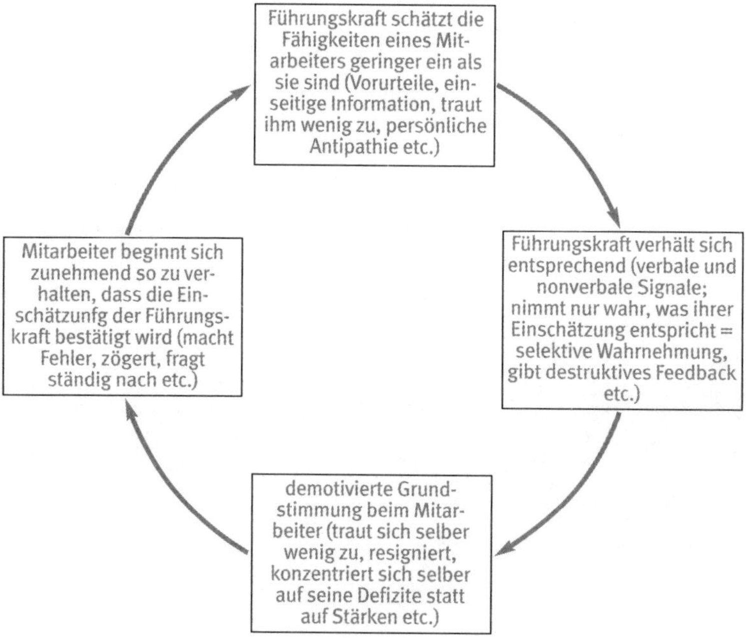

Abbildung 11: Demotivierungszyklus

Führungskräfte machen meist ausschließlich den Mitarbeiter für dessen Leistungsschwäche verantwortlich. Im Sinne des Coachings hinterfragt sie jedoch, wie sie den Mitarbeiter mit ihrer Einstellung und ihrem Verhalten dahingehend beeinflusst. Durch eine Veränderung ihrer Einstellung hat sie es in der Hand, den Demotivationszyklus zu unterbrechen und in einen Motivationszyklus (Engelskreis) umzuwandeln (siehe Abb. 12 auf der nächsten Seite).

Jede Führungskraft
hat die Mitarbeiter, die sie verdient.

Zugegeben: diese Aussage mag ein wenig gewagt klingen. Natürlich ist es nicht Ihre „Schuld", wenn Sie ein Team übernehmen, das im Moment nicht die gewünschte Leistung bringt. Doch jede Führungskraft, die nach ein bis zwei Jahren mit ihren Mitarbeitern noch immer nicht zufrieden ist, sollte sich die Frage stellen: „Was ist mein Beitrag zu dieser Situation?"

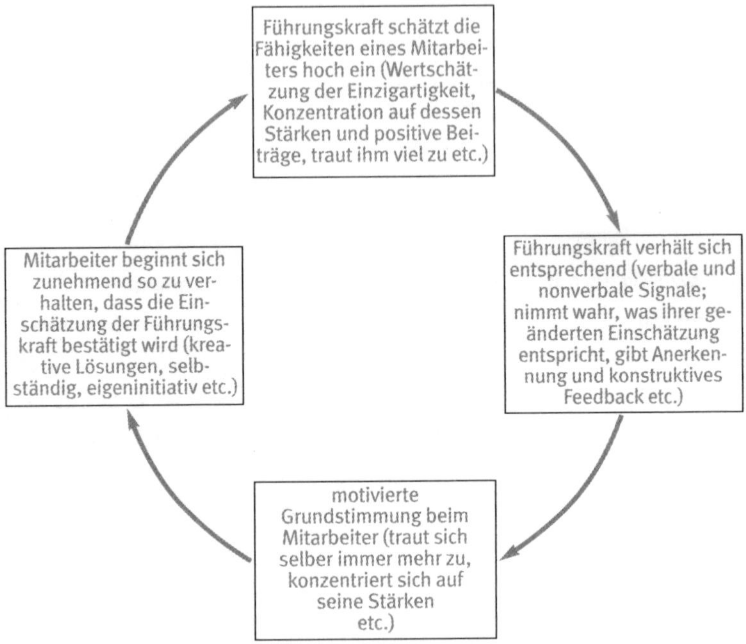

Abbildung 12: Motivierungszyklus

Darüber hinaus beeinflussen nicht nur tatsächliche, sondern auch vermutete Erwartungen unser Verhalten. Bereits wenn der Mitarbeiter vermutet, die Führungskraft erwarte ein bestimmtes Verhalten von ihm, versucht er bewusst oder unbewusst, diesen Erwartungen gerecht zu werden. Entsprechen die vermuteten Erwartungen nicht den tatsächlichen der Führungskraft, erhält weder die Führungskraft das Gewünschte, noch der Mitarbeiter Anerkennung für seine Anstrengungen. Frustration auf beiden Seiten ist die Folge. Der regelmäßige Austausch von konkreten Erwartungen ist daher eine unabdingbare Voraussetzung für effiziente Zusammenarbeit.

Vertiefende Informationen zum Thema „Erwartungen" finden Sie im Kapitel „Werkzeuge" unter „Erwartungsaustausch".

Jeder Mensch hat zu jedem Zeitpunkt Spielräume und ist für sich verantwortlich

Menschen neigen oft dazu, sich als Opfer von äußeren Umständen (anderen Menschen, Rahmenbedingungen etc.) zu fühlen, ohnmächtig und hilflos. Diese Opferhaltung äußert sich in Sprache und Verhalten:

Opfersprache	Gestaltersprache
Ich kann nichts tun.	Ich suche Alternativen.
So bin ich halt.	Ich kann mich auch anders verhalten.
Er macht mich verrückt.	Was hat das mit mir zu tun, dass er mich verrückt macht? Ich bin für meine Gefühle verantwortlich.
Das werden sie mir nicht erlauben.	Was kann ich tun, um sie zu überzeugen?
Ich muss das tun.	Ich will das tun! Oder: Ich will das nicht tun und trage die Konsequenzen .
Ich kann nicht ...	Will ich es überhaupt? Wenn ja, was brauche ich, um es zu schaffen? Ich hole mir, was ich brauche.
Eigentlich müsste man ...	Was ist zu tun? Wer tut es? Was davon kann und will ich tun?
Wenn doch der andere ...	Ich werde ... (und beeinflusse damit den anderen)
Der andere ist schuld.	Was ist mein Beitrag? Was trägt der andere bei?

Opferverhalten	Gestalterverhalten
Jammern	Analyse und Suche nach Alternativen und Lösungen
Anklagen	Eigenen Beitrag hinterfragen
Resignation	Engagement

Diese Opferhaltung verstellt den Blick auf Handlungsspielräume, die jedem in allen Situationen zur Verfügung stehen. Es steht uns frei, sie zu nutzen oder den eigenen Gestaltungsbereich einzuengen, indem wir darauf verzichten. Die Verantwortung für diese Entscheidung können wir nicht abgeben.

Es gibt so vieles, was uns betrifft und betroffen macht (Gesundheit, Familie, Atomkrieg, wirtschaftliche Gegebenheiten, Probleme am Arbeitsplatz etc.). Auf manches haben wir direkt oder indirekt großen Einfluss („Circle of Influence"), auf anderes kaum („Circle of Concern").

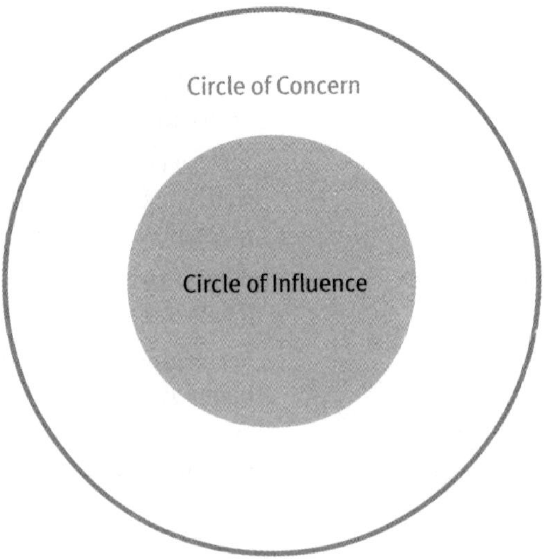

Quelle: Stephen R. Covey, *The 7 Habits of Highly Effective People*, 1999

Abbildung 13: Circle of Concern – Circle of Influence

Direkter Einfluss: unter meiner Kontrolle (z. B. Rauchen, Ernährung, Interessen, Auswahl meiner Informationsquellen). Es liegt an mir, diese Dinge zu gestalten, ich habe die Wahl, an mir und meinen Gewohnheiten zu arbeiten und etwas zu verändern.

Indirekter Einfluss: auch von anderen abhängig (z. B. Gestaltung von Beziehungen). Durch die Änderung meines Verhaltens beeinflusse ich das Verhalten anderer.

Kaum Einfluss: vorwiegend von anderen abhängig (z. B. Konzernvorgaben, Globalisierung). Was ich tun kann, ist die Tatsachen zu akzeptieren und ihnen eine andere Bedeutung zu geben (z. B. nicht mehr einschränkend und bedrohlich, sondern auch chancenreich und entwicklungsfördernd). Diese Sichtweise entlastet mich und ermöglicht mir, die dadurch gewonnenen Energien gestalterisch zu nützen.

Menschen in typischer Opferhaltung lenken ihre Aufmerksamkeit vor allem auf jene Bereiche, die sie zwar betreffen, jedoch kaum beeinflussen können.

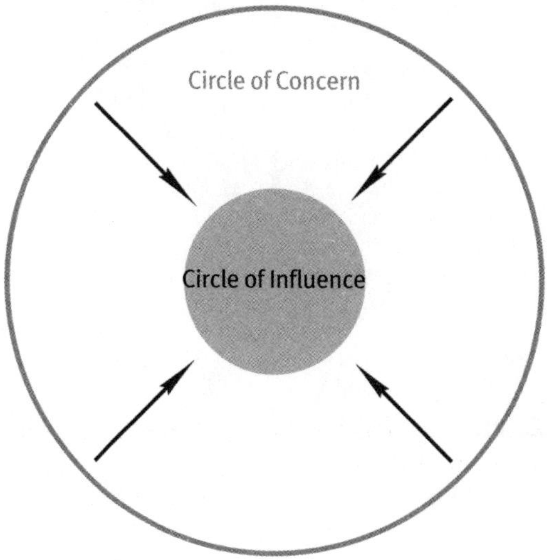

Quelle: Stephen R. Covey, *The 7 Habits of Highly Effective People*, 1999

Abbildung 14: Typische Opferhaltung

Dadurch verfügen sie über immer weniger Energie für all das, was sie doch beeinflussen könnten. Der „Circle of Influence“ wird in ihrer Wirklichkeitskonstruktion immer kleiner.

Der typische Gestalter lenkt seine Aufmerksamkeit und Anstrengungen auf jene Dinge, die er direkt oder indirekt beeinflussen und damit verändern kann. In kaum veränderbaren Situationen richtet er seinen Fokus auf die darin enthaltenen Chancen. In jedem Fall vergrößert er subjektiv seinen Einflussbereich.

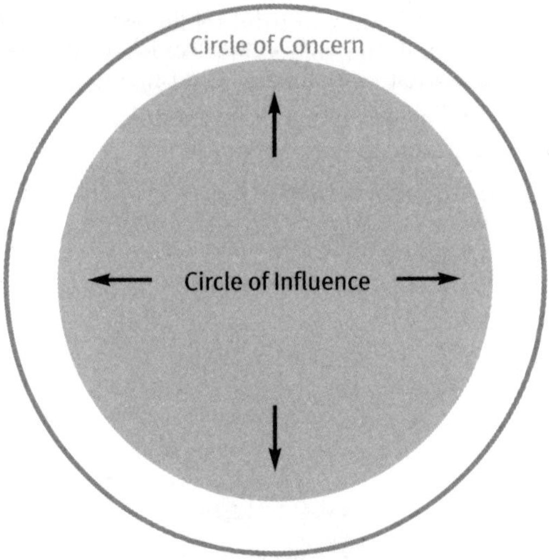

Quelle: Stephen R. Covey, *The 7 Habits of Highly Effective People*, 1999

Abbildung 15: Typische Gestalterhaltung

Die Führungskraft kann nur dann coachen, wenn sie sich selbst als Gestalter begreift und dementsprechend handelt. Mittels Coaching werden in Folge auch die Mitarbeiter ihre eigenen gestalterischen Kräfte zunehmend erkennen und entfalten.

Kontrolle ist gut, Vertrauen ist besser

Im Gegensatz zu dieser Grundannahme handeln Führungskräfte häufig nach dem Slogan „Vertrauen ist gut, Kontrolle ist besser“.

Kontrollierbar ist nur, was einmal in einem Plan festgelegt wurde. Mit durchgängiger Kontrolle soll die herrschende Komplexität in einen Plan gepresst und nicht Planbares als unerwünschte „Störung“ möglichst ausgeschaltet werden. Der verständliche Wunsch, Sicherheit herzustellen und Fehler gänzlich zu vermeiden, engt Veränderungsspielräume von vornherein ein. Ressourcen und Mitarbeiterpotenziale, die nicht von Beginn an eingeplant wurden, bleiben ungenützt. Coaching erfordert hingegen die Bereitschaft der Führungskraft, Unsicherheiten auszuhalten und zu lernen, mit ihnen umzugehen. Durch Vertrauen zu den Mitarbeitern können möglichst viele Potenziale genutzt werden.

Übermäßige Kontrolle, die aufgrund fehlenden Vertrauens ausgeübt wird, erschwert dem Mitarbeiter, selbst Verantwortung zu übernehmen und erzeugt Druck. Gegendruck ist die Folge: Manche Mitarbeiter nutzen ihre Kreativität zum Erfinden von Umgehungsstrategien statt sie für die Lösungsfindung einzusetzen; andere reagieren auf die Einschränkung mit Frustration bis hin zur inneren Kündigung. Wieder andere passen sich an und wirken zufrieden. Sie hören auf, ihre Potenziale zu nutzen und verlernen, selbständig zu denken und zu handeln.

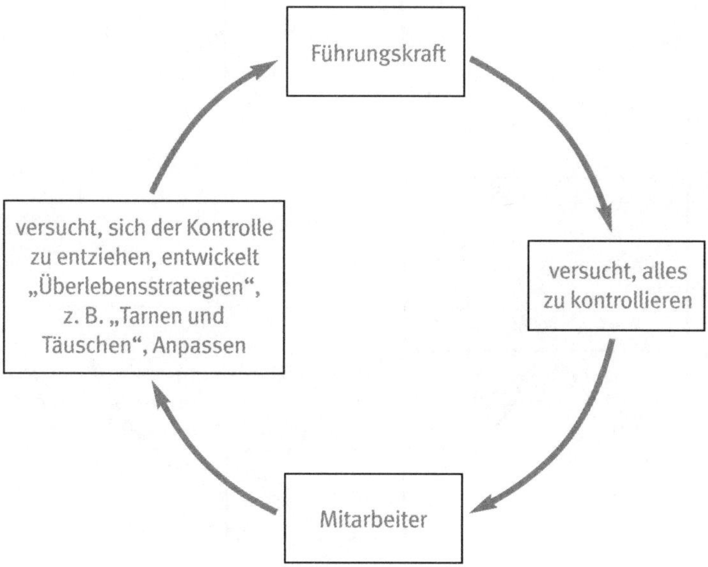

Abbildung 16: Kontrollkreislauf (Teufelskreis)

Kontrolle ist darüber hinaus sehr zeitintensiv, besonders bei angepassten Mitarbeitern, die ständig nach Anleitung, Entscheidungen etc. verlangen.

Es liegt an der Führungskraft, loszulassen und damit die Umwandlung des Kontroll- in einen Vertrauenskreislauf in Gang zu setzen.

Natürlich ist dies kein Aufruf, sich dem völligen Chaos hinzugeben. Coaching heißt weder, den Mitarbeiter sich selbst zu überlassen, noch alles widerspruchslos hinzunehmen. Kontrolle, die auf Vertrauen basiert und gleichzeitig Risiko minimiert, drückt sich in Gesprächen zu vereinbarten Terminen aus (Checkpoints, Meilensteine), bei denen gemeinsam Zwischenergebnisse, Teilziele, Abweichungen etc. überprüft und abgestimmt werden. Sie dienen der partnerschaftlichen Standortbestimmung auf dem Weg zum Ziel. Dies bietet ausreichend Orientierung und Sicherheit, um anschließend wieder eine Phase der Unsicherheit, des Entdeckens und Erforschens zulassen zu können.

Die Intensität von Kontrolle wird vom individuellen Entwicklungsstand des Mitarbeiters in Relation zum Schwierigkeitsgrad der Aufgabe abhängig sein.

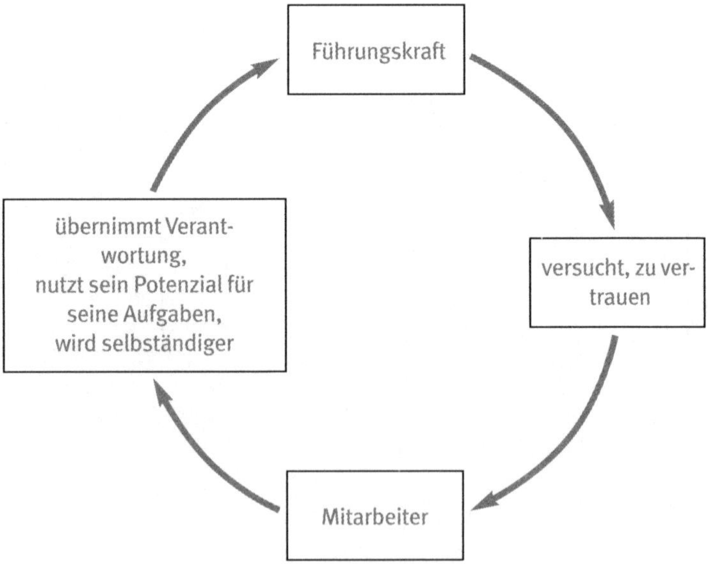

Abbildung 17: Vertrauenskreislauf (Engelskreis)

Jeder Mensch hat das Grundbedürfnis nach Anerkennung

Menschen streben nach (unterschiedlichen Arten von) Anerkennung und versuchen, dieses Bedürfnis auf ihre individuelle Weise zu befriedigen (siehe Kapitel „Antreibertest" im Anhang). Bleibt diese spezifisch benötigte Anerkennung aus, setzen Menschen Aktionen, um sich Aufmerksamkeit zu „erzwingen", wenn auch in Form von Kritik. (Mitarbeiter, der immer fragen kommt, zu spät kommt etc.)

Fehlendes Feedback führt auch häufig zur Annahme, die erbrachte Leistung entspräche nicht den Erwartungen („So komme ich nicht zu Anerkennung, ich muss etwas verändern"). Der Versuch, etwas zu verändern, hat leider oft schlechtere Leistungen zur Folge. Ehrlich gemeinte Anerkennung hingegen motiviert einen Menschen, sich anzustrengen, um neuerlich Anerkennung zu erhalten. Sie ermöglicht ihm, auch konstruktive Kritik als zusätzlichen Ansporn zu mehr Leistung annehmen zu können.

Es ist eine wesentliche Aufgabe der Führungskraft, mit Anerkennung und Kritik angemessen umzugehen (siehe Kapitel „Werkzeuge" unter „Feedback geben und nehmen").

Anerkannte Führungskräfte geben Anerkennung!

Veränderung ist zu jedem Zeitpunkt möglich

Prinzipiell ist Veränderung immer möglich, doch die Bereitschaft, sich auf Veränderung einzulassen, variiert.

Jeder Mensch hat sowohl das Streben nach Veränderung als auch das Verlangen nach Bewahren und Festhalten in sich. Beide Tendenzen sind je nach Charakter, Alter, Lebenssituation und Kontext (am Arbeitsplatz, im Sportverein, am Stammtisch etc.) unterschiedlich stark ausgeprägt.

Sich vor Veränderungen zu fürchten, ist eine menschliche Reaktion. Gerade zu Beginn eines Veränderungsprozesses ist ein gewisses Maß an Chaos und Unsicherheit unvermeidbar. Versuchen wir, dieses Chaos zu bekämpfen, belasten uns zusätzlich negative Emotionen (Angst, Ärger, Hilflosigkeit etc.). Es liegt an uns, mit Chaos konstruktiv umzugehen.

Jede Veränderung in Unternehmen läuft in Phasen ab, in denen sich die Mitarbeiter unterschiedlich kompetent wahrnehmen.

1. Schock, Überraschung

Der Mitarbeiter wird mit neuen, unerwarteten Bedingungen konfrontiert. Er zweifelt an seiner Kompetenz, da sich seine Fähigkeiten zwar in der ur-

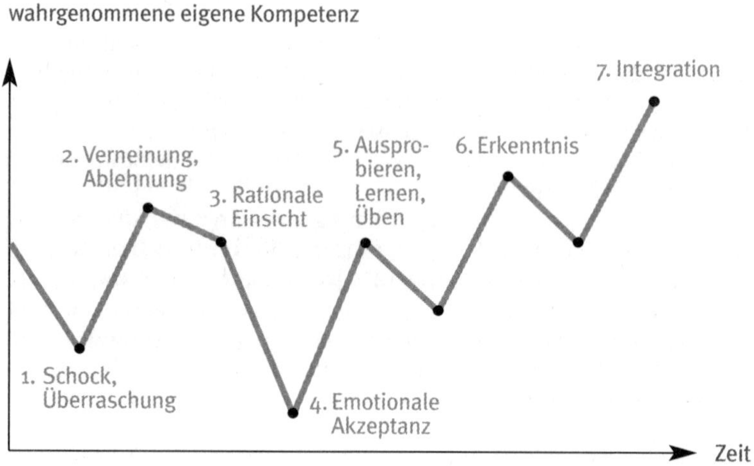

Quelle: Claudia Kostka, *Coachingtechniken*, 1998

Abbildung 18: Phasen der Veränderung

sprünglichen Situation bewährt haben, ihm für die veränderte Situation jedoch weniger geeignet erscheinen. Jede Neuerung führt also zunächst einmal zu Unsicherheit.

2. Verneinung, Ablehnung

Werte, Glaubenssätze und Einstellung liefern gute Gründe dafür, warum die Veränderung nicht vorgenommen werden soll. Der Mitarbeiter betrachtet die Situation als vorübergehend und negiert die Notwendigkeit, eigene Denk- und Verhaltensweisen zu verändern. Meist unbewusst setzt er diese Einstellung als Strategie ein, um sich wieder kompetenter zu fühlen. Häufig begleiten Schuldzuweisungen an andere diese Abwehrhaltung.

3. Rationale Einsicht

Sobald der Mitarbeiter die Notwendigkeit zur Veränderung doch erkennt, sinkt die wahrgenommene eigene Kompetenz wieder. Er sucht nach Wegen, die unangenehme Situation zu beenden, statt seine gestalterischen Möglichkeiten in der neuen Situation zu suchen (Opferhaltung). Frustration ist häufig die Folge.

4. Emotionale Akzeptanz

Der Mitarbeiter stellt seine eigenen Einstellungen, Werte und Glaubensmuster in Frage, um mit der veränderten Situation umgehen zu können. Er sucht nach neuen Fähigkeiten, Fertigkeiten und Gestaltungsmöglichkeiten und schätzt die eigene Kompetenz wieder erheblich höher ein.

Gelingt dieser Schritt nicht, lehnt er die Situation erneut ab, was den Veränderungsprozess verlangsamt oder ganz zum Stillstand bringt.

5. Ausprobieren, Lernen und Üben

Der Mitarbeiter probiert die neuen Fähigkeiten und Fertigkeiten und die damit verbundenen veränderten Verhaltensweisen aus und übt sie. Entscheidend für seine Risikobereitschaft ist, wie er und seine Umwelt mit Erfolg und Misserfolg umgehen. Dies beeinflusst auch seine Einschätzung der eigenen Kompetenz.

6. Erkenntnis

Durch Feedback sammelt der Mitarbeiter immer mehr Informationen, die ihm helfen, sein Verhalten immer besser an die neue Situation anzupassen. Er lernt zu entscheiden, wann es hilfreicher ist, die geänderten Denk- und Verhaltensweisen einzusetzen und wo die alten noch angemessen sind. Dadurch erhöht sich seine Verhaltensflexibilität. Er nimmt sich kompetenter wahr als vor der Veränderung, da sich sein Denk- und Verhaltensrepertoire erweitert hat.

7. Integration

Der Mitarbeiter integriert und verinnerlicht die neuen Denk- und Verhaltensweisen, sodass er sie selbstverständlich und weitgehend unbewusst einsetzt.

Verharrt ein Mitarbeiter in der Schock- und Ablehnungsphase, verpasst er die Chance für wirklich tiefgreifende Veränderungen. Möglicherweise hat er zwar die rationale Einsicht für die Notwendigkeit der Veränderung, sich selbst und sein Verhalten in Frage zu stellen, ist ihm jedoch nicht möglich. Verändern sollen sich andere!

Ein Coach begleitet seine Mitarbeiter durch die Phasen der Veränderung. Er wird sie emotional dort abholen, wo sie gerade stehen. So macht es beispielsweise in der Phase der Verneinung keinen Sinn, einen Mitarbeiter von den Vorteilen der Veränderung zu überzeugen. Es gilt vielmehr, den Betroffenen in seiner Ablehnung ernst zu nehmen und zu verstehen. In der schwierigen Phase der rationalen Einsicht kann der Coach den Mitarbeiter unterstützen, sich selbst konstruktiv in Frage zu stellen und vom Opfer zum Gestalter zu werden. Im Stress der Veränderungen sieht der Mitarbeiter vor allem das „Noch-Negative“ und das „Noch-zu-Verän- dernde“ – nicht aber, was er bereits geschafft hat. Der Coach reduziert die Unsicherheit, indem er Erfolge sichtbar macht. Durch Coaching verringert sich also die Dauer der einzelnen Phasen, die Veränderung wird beschleunigt.

Die Bereitschaft zur Veränderung hängt stark vom Nutzen ab, den sich der Mitarbeiter von der künftigen Situation erwartet. Der Coach erarbeitet schon im Vorfeld gemeinsam mit dem Mitarbeiter dessen Nutzen (siehe Kapitel „Ablauf eines Coachingprozesses“).

Als Führungskraft sind Sie heute mehr denn je gefordert, Veränderungsmanager zu sein und Ihre Mitarbeiter behutsam durch permanente Veränderungsprozesse zu begleiten. Der Mitarbeiter seinerseits kann durch diese Lernerfahrungen seine – heutzutage unerlässliche – Veränderungskompetenz erhöhen – ein Nutzen für den Mitarbeiter, da dies auch seinen Marktwert generell steigen lässt!

Hinter allem steht eine positive Absicht und ein bestimmter Nutzen

Verhält sich ein Mitarbeiter „problematisch“, tut er das nicht aus böser Absicht, sondern um einen oft ihm selbst nicht bewussten Nutzen zu erzielen (z. B. Anerkennung, Zuwendung, Sicherheit etc.). Stünde ihm eine andere Verhaltensmöglichkeit zur Verfügung, diesen Nutzen zu erlangen, hätte er sie wahrscheinlich auch angewandt.

Ein sehr bekanntes Beispiel, um die Sinnhaftigkeit und scheinbare Unsinnigkeit von Verhalten zu verdeutlichen, stammt von Gregory Bateson, einem der Väter der Systemtheorie:

Stellen Sie sich vor, Sie kommen das erste Mal auf einen Fußballplatz, haben keine Ahnung, was da passiert, und sehen nur den Schiedsrichter, weil alle anderen (was Sie jedoch aufgrund Ihrer Unkenntnis der Geschehnisse nicht wissen) Tarnkappen tragen. Sie sehen also nur einen Mann, der wild gestikulierend, manchmal pfeifend, Karten unterschiedlicher Couleurs schwenkend, allein und verlassen auf einem riesigen Rasenfeld herumläuft. Wie schnell würden Sie über den Geisteszustand dieses Mannes ein vernichtendes Urteil aussprechen.

Ähnlich verhält es sich mit unseren Mitmenschen, deren Verhalten wir oft überhaupt nicht verstehen, nicht bedenkend, dass wir die Beweggründe für ihr Verhalten meist nur zu kennen glauben – die vielen „inneren“ Mitspieler oder Systemteilnehmer mit Tarnkappe sehen wir jedoch nicht (eigene Landkarte).

Dementsprechend vorsichtig geht ein Coach mit seinem subjektiven Urteil über das Verhalten seiner Mitarbeiter um.

Jeder Mitarbeiter hat ein Recht darauf, sich so zu verhalten, wie er es tut. Er selbst entscheidet darüber, in welcher Situation er welches Verhalten einsetzt, weil nur er wissen kann, welche inneren und äußeren „Mitspieler" beteiligt sind und welchen Nutzen er davon hat.

Das heißt allerdings nicht, dass die Führungskraft jedes Verhalten ihrer Mitarbeiter gutheißen muss. Statt jedoch ein unerwünschtes Verhalten des Mitarbeiters zu bekämpfen, kann sie ihn dabei unterstützen, seine dem Verhalten zugrunde liegende Absicht herauszufinden. Danach suchen beide gemeinsam nach Alternativen, die die positive Absicht mit anderen, geeigneteren Mitteln befriedigen.

Jeder weiß, was und wie viel für ihn gut ist

Da jeder „seine" Wirklichkeit hat, kann auch jeder nur selbst wissen, was er gerade braucht. Es scheint anmaßend, wenn die Führungskraft glaubt, sie wüsste, was für einen Mitarbeiter gut oder sogar das Beste ist. Dennoch versuchen Führungskräfte oft, ihre Mitarbeiter gerade davon zu überzeugen.

Coaching hilft dem Mitarbeiter hingegen, sein eventuell verschüttetes Wissen über die eigenen Bedürfnisse wieder freizulegen.

Denken, Fühlen und Handeln bilden eine Einheit

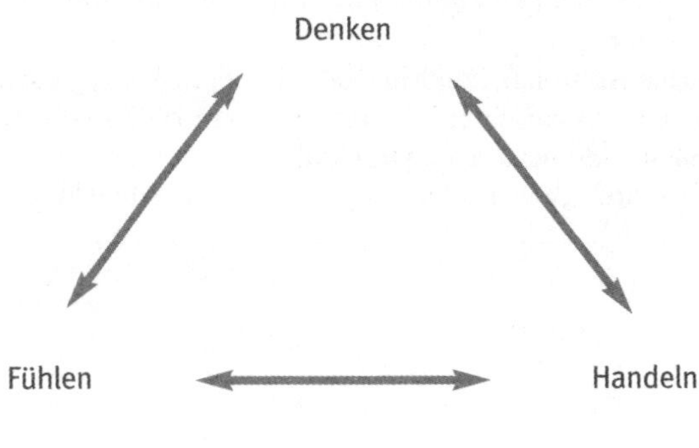

Abbildung 19

Denken, Fühlen und Handeln bilden eine Einheit. Verändert sich eine der drei Größen, ändern sich die beiden anderen automatisch mit.

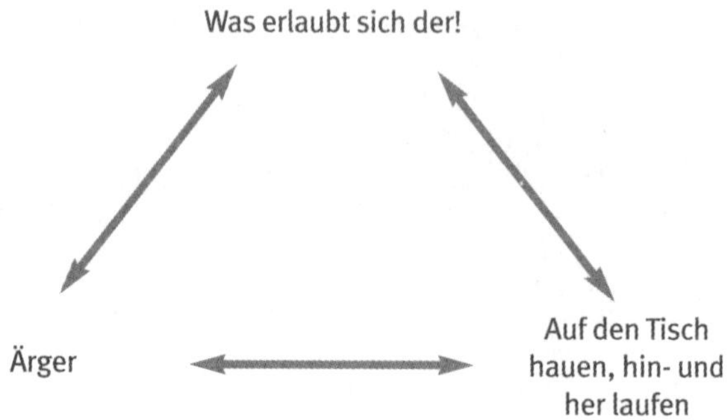

Abbildung 20

Dieses Zusammenspiel läuft unbewusst ab. Jeder kann es aber bewusst nutzen, indem er Veränderungen dort ansetzt, wo es ihm am leichtesten fällt.

Auch im Coaching gilt: Ist z. B. der Mitarbeiter sehr in seinen Gedanken gefangen, fällt ihm also ein „Umdenken“ schwer, kann der Coach ihn mit einer Frage nach seinem Befinden aus der Gedanken- in die Gefühlsebene bringen. Allein das Aussprechen der Gefühle bewirkt oft schon Veränderungen. Mit der Einladung, etwa die Sitzposition zu verändern (z. B. sich aufrichten, ein paar Schritte gehen), können starre Fronten wieder in Bewegung kommen.

Generell ist es hilfreich, den Mitarbeiter auf der Ebene „abzuholen“, die für ihn am besten zugänglich ist, und nicht nur dort anzusetzen, wo der Coach seinerseits den besten Zugang hat!

„Was denkst du?“ „Was fühlst du?“ „Was würdest du tun?“

Grundhaltungen

Jeder Mensch lebt in einer Welt, die sich ständig verändert, und ist „Mittelpunkt“ dieser Welt. Bei ihm treffen die Reize und Informationen der Umwelt als Erfahrungen und Wahrnehmungen ein. Er reagiert mit seinem Organismus auf die Umwelt, wie er sie erfährt und wahrnimmt. Diese wahrgenommene und subjektiv erfahrene Umwelt ist für das Individuum Realität. Die fortlaufenden Erfahrungen mit der eigenen Person verdichten sich in den Annahmen einer Person über ihre Fähigkeiten und Eigenschaften, im Selbst. Das Selbst wird „gespeist“ und verändert durch die unmittelbare und direkte Erfahrung eigener Qualitäten und Fähigkeiten in bestimmten Situationen und durch die Erfahrung von bewertenden Stellungnahmen über die eigene Person durch bedeutsame andere Personen. Das Selbst oder auch Selbstbild ist also das Resultat der Interaktion und Auseinandersetzung einer Person mit ihrer Umwelt, insbesondere der sozialen Umwelt.

Das Selbst ist nicht immer bewusst (Eisbergmodell), aber es beeinflusst deutlich, wie eine Person Ereignisse, Dinge, Situationen und Personen wahrnimmt, welche Bedeutung diese für sie erhalten und wie sie sich ihnen gegenüber verhält.

Ereignisse und Erfahrungen, die dem Selbstbild widersprechen, führen zu Gefühlen der Bedrohung und Angst. Sie werden geleugnet oder verzerrt wahrgenommen. Annahmen über die eigene Person werden aufrechterhalten trotz gegenteiliger Erfahrung.

Beispiel: Herr Müller hält sich für sehr flexibel (Selbstbild). Kollege Maier bezeichnet ihn im Zuge einer gemeinsamen Projektarbeit als stur und unflexibel (Erfahrung). Herr Müller ist überzeugt, dass Herr Maier ihn nicht gut genug kennt und ihn daher nicht richtig einschätzen kann (Leugnen der Erfahrung, verzerrte Wahrnehmung über Herrn Maier).

Dementsprechend ergibt sich ein Unterschied zwischen dem Selbstbild und dem durch andere wahrgenommenen Verhalten (Fremdbild). Ein „Abstimmen“ von Selbstkonzept, Erfahrung und Verhalten und damit eine Veränderung des Selbstbildes kann nur in einem angstfreien Klima, ohne Gefühle der Bedrohung, erfolgen. Unter dieser Bedingung können widersprüchliche Erfahrungen integriert und in eine geänderte Struktur des Selbst eingehen, ohne Verlust der Selbstachtung.

Nach Carl Rogers, dem Begründer der personzentrierten Gesprächsführung, hat jeder Mensch eine angeborene Tendenz zur vollständigen Selbstentfaltung. Seiner Meinung nach ist der Mensch von Natur aus ein positives und vertrauenswürdiges Wesen, das sich konstruktiv verhält. Verhält sich hingegen der Mensch unsozial und zerstörerisch, liegen dem unverarbeitete Konflikte mit der Umwelt zugrunde.

Der Mensch steht in einem andauernden Prozess der Veränderung und besitzt die Fähigkeit und den Drang, sich in Richtung größerer Reife und psychischer Funktionsfähigkeit zu entwickeln (Selbstverwirklichungstendenz). Er ist fähig, selbst die Verantwortung für seine Ideen, Gefühle und Handlungen zu übernehmen (Selbstverantwortlichkeit), sich von „innen", von seiner „organischen" Basis her, zu steuern und seine im Leben auftretenden Probleme unter günstigen Bedingungen selbst zu lösen (Selbstregulierung) (C. Rogers).

In einem Klima, das geprägt ist von Wertschätzung, Respekt, Vertrauen und einfühlendem Verstehen, ist es möglich, Zugang zu diesen Potenzialen zu finden, dem eigenen Erleben wieder Ausdruck zu verleihen und als Person zu wachsen und zu reifen.

Rogers geht davon aus, dass der Erfolg von Gesprächen nicht vom Wissen und technischen Können, sondern von bestimmten Grundhaltungen und damit verbundenen Verhaltensweisen wenigstens eines Gesprächspartners abhängt („personzentrierte Haltung"). Dies gilt in jeder zwischenmenschlichen Begegnung, von denen Coaching nur ein Sonderfall ist.

Folgende Grundhaltungen und daraus resultierende Verhaltensweisen sind Voraussetzung für konstruktive Veränderungen:

Empathie

Empathie bedeutet nicht-wertendes, einfühlendes Verstehen.

Der empathische Coach richtet seine Aufmerksamkeit auf die jeweils geäußerten Erfahrungen und gefühlsmäßigen Erlebnisinhalte des anderen. Er versucht, den anderen so zu verstehen, wie dieser sich selbst sieht. Alle ausgedrückten Gefühle und Erfahrungen werden weder offen noch insgeheim bewertet. Er sucht auch nicht nach Erklärungen dafür, seine Aktivität besteht darin, die Welt aus der Sicht des anderen zu erfassen und zu verstehen und das Verstandene dem anderen mit eigenen Worten mitzuteilen (siehe Kapitel „Werkzeuge" unter „Aktives Zuhören").

Empathisch sein bedeutet, sich in die innere Erlebniswelt eines anderen hinein zu versetzen und darauf einzulassen, ohne sie aber zu übernehmen. Es geht um Mit-fühlen, nicht um Mit-leiden.

Damit diese Grundhaltung zur Wirkung kommt, ist das Verstehenwollen des Coaches ausschlaggebend. Für den Mitarbeiter ist das Gefühl „der will mich verstehen“ wichtiger als die Überzeugung „der hat mich verstanden“.

Sobald sich der Coach auf Beratungstechniken fixiert oder vorschnell versucht, sich eine Lösung auszudenken, wird es ihm schwer fallen, dem Mitarbeiter Empathie entgegenzubringen. Eigene Emotionen des Coaches, wie z. B. Ärger, machen ihn für Gefühle des Mitarbeiters unempfindlich, und sind ebenfalls mögliche Hindernisse für eine empathische Haltung.

Akzeptanz

Akzeptanz bedeutet nicht an Bedingungen gebundene Wertschätzung und emotionale Wärme.

Der Coach respektiert und akzeptiert die Person des anderen unabhängig davon, welche Erfahrungen und Gefühle sie ausdrückt, welche Erfolge oder Misserfolge sie aufzuweisen hat. Der Mitarbeiter wird als eine Person von eigenem Wert betrachtet, seine Individualität respektiert. Daher versucht der Coach nicht, das Verhalten und Erleben des anderen abzuwerten. Er zeigt uneingeschränkte Wertschätzung für den Mitarbeiter mit seinen augenblicklichen Möglichkeiten, Fähigkeiten und Grenzen.

Diese Haltung unterstützt, weil sie entgegenkommend, warm und positiv und nicht besitzergreifend, einschränkend, urteilend oder wertend ist.

Die Aufgabe der Führungskraft, Leistungen des Mitarbeiters in Relation zu vereinbarten Zielen zu bewerten, steht nicht im Gegensatz zu einer wertschätzenden Grundhaltung der Person gegenüber.

Wertschätzung heißt demnach auch:

- dem anderen seine Enttäuschung, Aggression, Wut, Freude etc. zu lassen und sie ernst zu nehmen
- die Verantwortung beim anderen zu lassen (statt sie zu übernehmen)
- dem anderen Zeit geben

Wertschätzung heißt demnach nicht „lieb sein“, also nicht:

- mit jedem Verhalten des anderen einverstanden sein
- allem zustimmen
- seine eigenen Meinungen und Gefühle hintanstellen

Kongruenz

Kongruenz bedeutet Echtheit, Stimmigkeit, Authentizität.

Kongruent sein heißt, sich ungekünstelt zu verhalten, ohne dem anderen etwas vorzuspielen. Die Äußerungen und das Verhalten des Coaches stimmen mit seinem Erleben, seinen Empfindungen und Wahrnehmungen überein. Wort- und Gefühlsebene sind deckungsgleich.

Der Coach zeigt sich dem Mitarbeiter so, wie er auch tatsächlich ist. Er versucht nicht, ihn zu täuschen, ihm etwas vorzumachen, eine Fassade aufrecht zu erhalten oder den Verhaltensstil einer anderen Person zu imitieren.

Kongruenz heißt Klarheit. Der Coach spricht eigene Gefühle, auch Ärger und Enttäuschung, offen an und sagt deutlich seine Meinung, wenn er dies für erforderlich und hilfreich hält. Dies fällt umso leichter, je besser die Beziehung wird. Er traut dem Mitarbeiter zu, dass er in einer guten Beziehung Kritik in angemessener Form und die Konfrontation mit widersprüchlichen Sichtweisen aushält. Der Coach sagt „nein", wenn es „nein" für ihn ist! Damit macht Kongruenz „lieb sein" unmöglich.

Dies ist keine Aufforderung, alles zu sagen, was man denkt oder fühlt – alles, *was* man sagt, soll jedoch „echt" sein („selektive Authentizität").

Die drei Grundhaltungen Empathie, Akzeptanz und Kongruenz bedingen einander. So ist es beispielsweise nicht möglich, jemandem mit echter Wertschätzung zu begegnen und ihm gleichzeitig etwas vorzuspielen (Inkongruenz). Daher ist auch keine dieser Haltungen wichtiger als die andere; es kann allerdings sein, dass jemand eine dieser Haltungen leicht einnehmen kann, während ihm eine andere schwer fällt (siehe auch unter „Antreibertest" im Anhang).

Weitere essenzielle Grundhaltungen für Coaching sind Zutrauen und ehrliches Interesse.

Zutrauen

Grundsätzlich kann sich eine Führungskraft nur dann auf Coaching als Entwicklungsarbeit einlassen, wenn sie dem Mitarbeiter zutraut, dass er in der Lage ist, sich zu entwickeln, unabhängig vom jeweiligen Ausgangspunkt und von der individuellen Geschwindigkeit.

Der Coach geht von der Grundannahme aus, dass jeder Mensch prinzipiell vollkommen ist und unerschöpfliches Potenzial hat. Mit Wertschätzung akzeptiert er momentane Verhaltensweisen, Fähigkeiten, Möglichkeiten und Grenzen des Mitarbeiters. Mit der Haltung des Zutrauens unterstützt er ihn, diese Fähigkeiten auszubauen und die Grenzen nach oben zu verschieben.

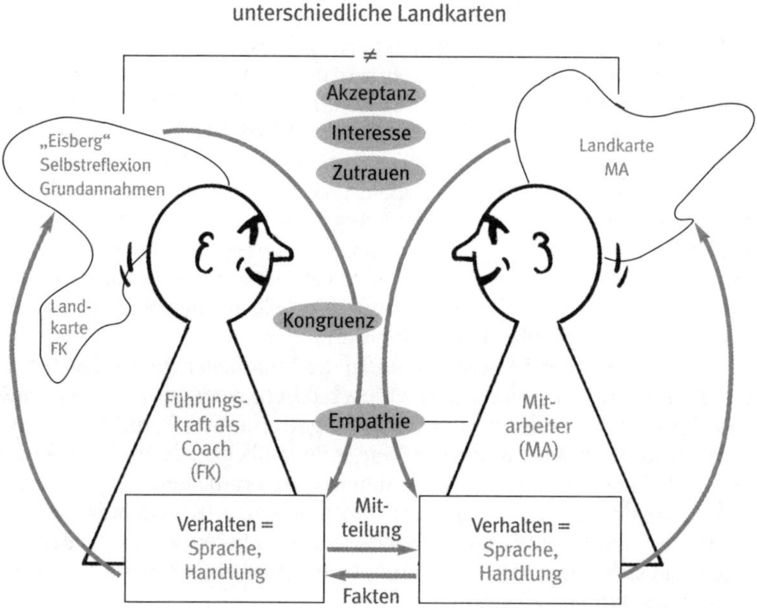

Abbildung 21: Grundhaltungen

Da Menschen dazu neigen, sich gemäß den Erwartungen anderer zu verhalten, trägt das Zutrauen des Coaches entscheidend zur Entwicklung des Mitarbeiters bei.

„Neugierig“ auf die „Welt“ des anderen sein

In der Überzeugung, dass jede „Wirklichkeit“ anders und gleichermaßen „richtig“ ist, weiß der Coach, dass er über die Landkarte des Mitarbeiters nichts weiß. Weil er ihn jedoch verstehen will, erkundigt er sich interessiert, wie die Welt für den anderen ist, wie er sie erlebt und wie es ihm dabei geht. Anders ist Verstehen nicht möglich.

Damit ist nicht gemeint, den anderen „auszufragen“ (Verhör, Tratsch), sondern ehrliches Interesse, getragen von Empathie und Wertschätzung.

Was Grundhaltungen bewirken

Eine personzentrierte Haltung wirkt sich positiv auf die Beziehung zwischen Coach und Mitarbeiter aus. Nimmt der Mitarbeiter im Verhalten des Coaches Empathie, Akzeptanz und Kongruenz wahr, lernt er nach und nach, sich selbst ebenso zu begegnen. Durch das Gefühl des Angenommen-Werdens beginnt er zunehmend, auch sich selbst anzunehmen. Er fühlt sich nicht mehr bedroht und glaubt nicht mehr, sein verzerrtes Selbstbild verteidigen zu müssen. In diesem angstfreien Klima ist es ihm möglich, sich für Erfahrungen zu öffnen, die seinem bisherigen Selbstbild widersprechen, und er bekommt so ein immer klareres Bild von sich. Er kann typische Verhaltensweisen und seine persönlichen Anteile an einer Situation besser erkennen und sie gegebenenfalls auch verändern.

Mit dieser Hilfe zur Selbsthilfe findet der Mitarbeiter wieder Zugang zu seinen eigenen Fähigkeiten und Möglichkeiten, wodurch sein Selbstvertrauen gestärkt und die Übernahme von Eigenverantwortlichkeit weiter gefördert wird. Durch das Wachstum seiner Persönlichkeit ist er besser in der Lage, selbst kreativ Lösungen zu finden bzw. zu erarbeiten.

Grundhaltungen lassen sich nicht vortäuschen. Je bereiter der Coach ist, sich so mit allen Stärken und Schwächen zu akzeptieren, wie er ist, je besser er also mit sich selbst umgehen kann, umso eher wird er in der Lage sein, die Grundhaltungen zu verinnerlichen.

Werkzeuge

Auf Basis der oben beschriebenen Grundannahmen und -haltungen findet Coaching im beruflichen Alltag praktisch in Form von Gesprächen statt – sei es, dass Ihr Mitarbeiter mit einem Problem zu Ihnen kommt und sich daraus spontan ein Gespräch entwickelt, sei es, dass Sie sich ganz einfach nach der Befindlichkeit Ihrer Mitarbeiter erkundigen oder dass es gilt, ein Ziel zu vereinbaren oder gemeinsam einen Entwicklungsplan für einen Mitarbeiter zu erarbeiten. Sie können coachen, wenn Sie mit dem Ergebnis der Leistung eines Mitarbeiters unzufrieden sind oder glauben, dass in einem Mitarbeiter mehr Potenzial steckt, als Sie im Moment sehen. Coachinggespräche unterstützen den Mitarbeiter im Zuge von Veränderungen und helfen ihm, trotz mancher unverrückbarer Rahmenbedingungen seine Motivation zu finden. Manche Gespräche werden mit genauer Terminvereinbarung in regelmäßigen, meist größeren Abständen stattfinden, andere bei Bedarf schnell mal zwischendurch „zwischen Tür und Angel". Diese Gespräche bilden in ihrer Gesamtheit den Coachingprozess.

Jedes dieser Gespräche braucht ein gewisses Maß an Vertrauen, das oft erst (mit Hilfe von Gesprächen!) erarbeitet werden muss, und verstärkt seinerseits wieder die Vertrauensbasis. Durch regelmäßige Gespräche wird die Beziehung zwischen Mitarbeiter und Führungskraft immer tragfähiger, was zu einer höheren Bereitschaft zur wechselseitigen Auseinandersetzung und zum Abbau von Ängsten auf beiden Seiten führt. Größere Offenheit erleichtert den Gedankenaustausch (Probleme, Ideen, Lösungen etc.) und die gegenseitige Akzeptanz. Je mehr Nutzen (Erfolgserlebnis, Selbstwertsteigerung, persönliche Weiterentwicklung, Anerkennung etc.) der Mitarbeiter jedoch aus diesen Gesprächen zieht, desto bereiter wird er sein, sich zunehmend auf einen Coachingprozess einzulassen – auch wenn zu Beginn eines solchen gemeinsamen Weges noch Skepsis und Vorsicht das Verhalten (manchmal auf beiden Seiten) bestimmen.

Auch für die Führungskraft wird es mit ständiger Übung immer leichter werden, gleichzeitig Grundannahmen und Grundhaltungen zu bedenken und entsprechende Werkzeuge anzuwenden. So wie es beim Autofahren anfänglich sehr schwierig scheint, sich auf verschiedenste Dinge gleichzeitig zu konzentrieren, bedarf es auch beim Coaching regelmäßiger Übung und Erfahrung, um alle Bestandteile zu verinnerlichen und den Prozess zu automatisieren. Wie sich beim Autofahren die Aufmerksamkeit mehr und mehr nach außen auf den Verkehr richten kann, wird es auch der coachenden Führungskraft immer besser gelingen, nicht nur mehr an sich und das „ge-wandel-te" Verhalten zu denken, sondern den Mitarbeiter in den Mittelpunkt der Aufmerksamkeit zu stellen. Natürlich ist es sehr schwer, Autofahren nur mit Hilfe eines Lehrbuches zu lernen. Der Fahrlehrer bietet gerade zu Beginn die nötige Unterstützung und gibt Sicherheit. Genauso bedarf es idealerweise zu Beginn einer Coachingtätigkeit über das Studium dieses Buches hinaus der professionellen Anleitung im Rahmen eines Seminars bzw. der Begleitung durch einen erfahrenen Coach (Supervisor). Dies hilft, die notwendige Selbstreflexion in Gang zu setzen, im geschützten Rahmen erste Erfahrungen in der Anwendung der Werkzeuge zu sammeln, und ermöglicht, die praktische Umsetzung im betrieblichen Alltag zu reflektieren.

Die nun folgende Zusammenstellung von Werkzeugen soll Ihr Repertoire an Gesprächsführungstechniken ergänzen und hilfreiche Anregungen für die Gestaltung der Beziehung zu Ihrem Mitarbeiter bieten. Bedenken Sie jedoch bitte, dass es nicht die Anwendung dieser Werkzeuge ist, die Coaching zu dem macht, was wir meinen und Ihnen den gewünschten Erfolg bringen kann: Nur in Verbindung mit den Grundannahmen und -haltungen wird aus einer „Technik" ein qualifizierter Umgang mit Menschen und zwischen Menschen. Ihre Einstellung entscheidet, wie Sie einem Menschen gegenübertreten, sie wird die Qualität Ihrer Beziehung zum Mitarbeiter bestimmen. Werkzeuge können nur unterstützen, was Sie mit Ihrer Einstellung schon vorbereitet haben.

Professionalität heißt, sich der Auswirkungen des eigenen Denkens und Tuns bewusst zu sein.

Beziehung gestalten

Die Grundhaltung, mit der Menschen einander begegnen, beeinflusst ihre Beziehung maßgeblich. Darüber hinaus können Sie als Führungskraft einiges tun, damit Ihr Gesprächspartner Ihre positive Grundhaltung auch verstärkt wahrnimmt.

Rapport

Menschen, die zueinander in einer vertrauensvollen Beziehung stehen, neigen unbewusst dazu, einander in Gestik, Körperhaltung und Blickkontakt zu entsprechen und sich auf natürliche Art einander anzupassen. Auch in der Sprache finden sich viele gleiche Worte und Ausdrucksformen. Wenn jemand einen anderen Menschen als ähnlich erkennt, steigen meist automatisch Vertrauen und Offenheit. Es entsteht ein Gefühl, auf „gleicher Wellenlänge" zu sein („Rapport").

Was Menschen so selbstverständlich tun, können Sie auch ganz bewusst anwenden.

Sie können den Rapport zu einem anderen Menschen dadurch herstellen oder verbessern, indem Sie:

1. die Körperhaltung und Körpersprache Ihres Gesprächspartners zunächst beobachten und sich dann dieser angemessen anpassen (z. B. eine ähnliche Sitzhaltung einnehmen oder das Kreuzen oder Nichtkreuzen der Arme und Beine nachahmen). Auch eine Annäherung an die Lautstärke, den Tonfall der Stimme und an die Sprechgeschwindigkeit des Gecoachten ist möglich – dies verlangt allerdings mehr Übung.
2. ähnliche Schlüssel- oder Lieblingswörter, vergleichbare Ausdrücke und Satzkonstruktionen verwenden. Mit unseren Worten verleihen wir unseren Gedanken Ausdruck. Durch eine ähnliche Wortwahl bekommen Sie Zugang zu der Art, wie der andere denkt und fühlt.

Rapport herzustellen heißt nicht, dass Sie der gleichen Meinung sind, sondern dass Sie Ihrem Gegenüber respektvoll und aufmerksam für seine bewussten und unbewussten (körpersprachlichen) Signale gegenüberstehen und ihn damit dort „abholen", wo er sich gerade befindet.

Die bewusste Herstellung von Rapport sollte immer nur sehr feinfühlig und vorsichtig erfolgen, da Übertreibungen auffallen, verunsichern und als manipulativ erlebt werden.

Achten auf Wahrnehmungskanäle

Menschen nehmen auf unterschiedlichen Kanälen wahr. Die im Coaching relevanten Kanäle sind: Sehen (visueller Typ), Hören (auditiver Typ), Fühlen (kinästhetischer Typ). Die meisten Menschen bevorzugen ein bis zwei dieser Kanäle, durch die Informationen aufgenommen, im Gedächtnis gespeichert und wiedergegeben werden. Wenn zwei Menschen daher über eine Sache oder gemeinsames Erlebnis sprechen, können ihre Berichte sehr unterschiedlich ausfallen. Die einen vertrauen mehr auf das, was sie sehen, die anderen mehr auf das, was sie hören, und die dritten eher auf das, was sie empfinden. Auch Denkprozesse wickeln sich hauptsächlich über den bevorzugten Kommunikationskanal ab! Wenn Sie den bevorzugten Wahrnehmungs- und damit Kommunikationskanal einer Person erkennen, können Sie mit ihr auf entsprechende Weise kommunizieren. Damit stellen Sie auf verbaler Ebene Rapport her und erleichtern es dem Gegenüber, das von Ihnen Gesagte aufzunehmen, zu verstehen und zu akzeptieren.

Merkmale, an denen Sie den bevorzugten Kommunikationskanal leicht erkennen können:

- Stimme:
Visueller Typ: hat eine eher hohe Stimme und neigt zu schnellem Sprechen, flachatmig
Auditiver Typ: hat eine angenehme, ausgeglichene Sprechweise, spricht deutlich
Kinästhetischer Typ: spricht eher langsam, hat meist eine tiefe, resonante Stimme, atmet voll und tief durch

- Verbale Ausdrücke:
Visueller Typ bevorzugt Wörter wie: Ich *sehe* den Standpunkt. Das *leuchtet* mir ein. Das ist ganz *klar*. Ich kann mir das gut *vorstellen*. Das ist *offensichtlich*. Ich *schau'* mir das jetzt an. Ich muss mir erst einen *Überblick* verschaffen.
Auditiver Typ bevorzugt Wörter wie: Davon habe ich noch nie *gehört*. Das *verstehe* ich *Wort* für *Wort*. *Ausgesprochen* gut, diese Lösung. Ich muss erst mit meinen Kollegen *sprechen*.
Kinästhetischer Typ bevorzugt Wörter wie: Das *begreife* ich nicht. Ich bin *hin- und hergerissen*. Ich *fühle* mich dabei nicht *wohl*. Da *stoße* ich sicher auf Widerstand.

Um sich noch besser auf den Mitarbeiter einstellen zu können und von ihm leichter verstanden zu werden, ist es hilfreich, die gleichen oder ähnliche Ausdrücke in Ihren Fragen und Zusammenfassungen zu verwenden.

Beispiele:

Visuell: „Ich sehe, Sie haben da bereits einige Lösungswege in Aussicht. Wie stellen Sie sich das weitere Vorgehen vor, wie sieht das konkret aus?"

Auditiv: „Die erwähnte Lösung hört sich für Sie gut an. Wie erklären Sie sich nun noch ...?"

Kinästhetisch: „Sie nehmen also diese Lösung als die beste an. Was wollen Sie nun konkret tun, um diese rasch umzusetzen?"

Auch Feedback können Sie in der Sprache des bevorzugten Kanals geben. Beispiel:

(Information: Ich verstehe Sie.)
Visuell: „Ich sehe, was Sie meinen."
Auditiv: „Ich höre deutlich, was Sie meinen."
Kinästhetisch: „Ich habe das Gefühl, Sie richtig zu verstehen."

Beobachten der Körpersprache

Mit der Grundhaltung der Empathie richtet der Coach seine Aufmerksamkeit nicht nur auf die Worte des Mitarbeiters, sondern versucht auch die dahinter stehende Gefühlslage zu „erspüren“. Es kommt immer wieder vor, dass der Mitarbeiter verbal etwas anderes ausdrückt, als er fühlt, Worte und Gefühle stimmen nicht überein (Inkongruenz).

Um ihn besser zu verstehen und auf ihn eingehen zu können, ist es im Coaching deshalb hilfreich, auch nonverbale Signale genau zu beobachten.

Solche Signale können sein:

- Körperhaltung (z. B. nach vorne oder hinten Lehnen, Aufrichten oder Zusammenfallen, Verschränken der Arme oder Beine)
- Mimik und Gestik (z. B. Lächeln, Stirnrunzeln, Mundwinkel nach unten)
- Bewegung (z. B. rasch, hektisch, langsam, apathisch)
- Blickrichtung (z. B. Zuwendung, Wegschauen, nach oben)
- Atmung (z. B. schnell, langsam, tief, flach, unregelmäßig)
- Tonfall (z. B. tief oder hoch)
- Stimme (z. B. laut, leise, weinerlich, erregt)
- Aussprache (z. B. deutlich, undeutlich, stotternd)

Da jeder Mensch anders ist und daher auch andere physiologische Veränderungen zeigt, ist auch die Körpersprache zwischen Menschen nicht vergleichbar. Daher sollten Sie als Beobachter nie vorschnell Rückschlüsse darüber ziehen, was der andere gerade denkt oder fühlt.

Diese Vorsicht ist auch in der Beobachtung eines einzelnen Menschen erforderlich. Ein Mensch neigt zwar dazu, in einer bestimmten Gefühlslage immer wieder ähnliche körpersprachliche Signale zu zeigen. Dennoch kann ein und demselben Signal nicht zuverlässig eine bestimmte Bedeutung zugewiesen werden: Die vor der Brust verschränkten Arme bedeuten einmal Ablehnung, ein andermal ist derselben Person ganz einfach kalt, abhängig von der jeweiligen Situation.

Im Umgang mit nonverbalen Signalen ist es daher wichtig, dass Sie

- Körpersignale genau beobachten (Gestik, Körperhaltung etc.) und gegebenenfalls mit den verbalen Äußerungen vergleichen
- auf Veränderungen achten
- die intuitiven Eindrücke durch Rückfragen (Ansprechen der wahrgenommenen Signale) überprüfen

Beispiele:

„Ich beobachte gerade eine Veränderung Ihrer Stimme. Wie geht es Ihnen mit diesem Thema gerade?"
„Sie haben sich gerade nach vorne gelehnt. Möchten Sie etwas sagen?"

Das aufmerksame Wahrnehmen einer Person und das Rückmelden von Beobachtungen wird von den meisten Menschen als sehr wertschätzend empfunden. Es ist ein Angebot an den Mitarbeiter, sich mit seinen Gefühlen auseinanderzusetzen und so zu erforschen, was hinter oft vordergründigen Sachthemen steckt.

Achten auf eigenen Ausdruck

Im Sinne der Kongruenz stimmen Worte und Gedanken des Coaches überein und äußern sich ebenfalls über die Körpersprache.

Wie bereits ausführlich beschrieben, wird jede Veränderung in Ihrer Körpersprache vom Gegenüber registriert und gedeutet. Körpersignale werden von vielen Menschen als ehrlicher eingestuft als der verbale Ausdruck. Sie reagieren daher bewusst oder unbewusst stärker auf die Körpersprache als auf Worte. Der Mitarbeiter wird daher jede Inkongruenz der Führungskraft bemerken und mit Irritation bis hin zu Misstrauen reagieren. Inkongruenz lässt sich nicht verbergen!

Darüber hinaus können Sie über Gestik und Körperbewegungen Signale setzen, die dem Mitarbeiter Ihr Verstehen und Ihre Übereinstimmung verdeutlichen (wie z. B. Kopfnicken, Lächeln).

Auch Ihre Sprechweise wirkt sich im Gespräch aus:

Sprechen Sie z. B. laut, kann ein Mitarbeiter das Gesagte als einschüchternd empfinden. Sprechen Sie leise, wirken Sie auf einen anderen eventuell unsicher bzw. muss er sich stärker konzentrieren, um alles zu verstehen. Ist das Sprechtempo langsam, kann dies zu Desinteresse bei einem Gesprächspartner führen, bei zu schnellem Sprechen wirken Sie vielleicht hektisch und erwecken den Anschein, keine Zeit zu haben. Daher ist es wichtig, Ihren Gesprächspartner auch daraufhin zu beobachten, um Ihre eigene Wirkung auf diese individuelle Person einschätzen zu können. Bemerken Sie eine unbeabsichtigte Wirkung, gilt es, dies anzusprechen, um Missverständnisse zu vermeiden.

Wenn Sie Ihre Sprechweise dem Gecoachten angleichen, ohne dadurch inkongruent zu werden, erzielt dies wahrscheinlich eine vertrauensfördernde Wirkung (siehe unter „Rapport").

Mitarbeiter mit Namen ansprechen

Kein Wort unseres Sprachschatzes hat eine so enge Beziehung zu uns wie unser eigener Name. Den Gesprächspartner mit dessen Namen anzusprechen, gebietet nicht nur die Höflichkeit. Es zeigt sich damit vielmehr Ihre Wertschätzung, Aufmerksamkeit und Achtung vor dem Individuum.

Fragen

Aus den Grundannahmen und Grundhaltungen folgt, dass es ein „zentrales Werkzeug" für Coaching gibt, nämlich Fragen zu stellen. Dabei geht es absolut nicht um ein Abfragen, wie es zwischen Lehrer und Schulkind geschieht, sondern um die Rolle des Experten, dessen Meinung gefragt ist. Fragen wurden bisher (und werden zum Teil immer noch) fälschlicherweise eher als Ausdruck von Unsicherheit angesehen. Das gängige Vorurteil ist, dass ein kluger Gesprächspartner und vor allem eine Führungskraft nicht fragt, sondern auf alles eine Antwort haben muss. Herkömmliche Führungsarbeit geht davon aus, dass die Führungskraft dem Mitarbeiter kraft ihrer Funktion und Kompetenz sagen kann, ja sagen muss, was für ihn gut ist und was er zu tun hat. Diese Haltung führt jedoch eher dazu, dass man sich überfordert bzw. durch die Überforderung sich selbst verunsichert. Die negativen Auswirkungen auf die Mitarbeiter wurden hinlänglich aufgezeigt.

Eine souveräne Führungskraft, die ihre Mitarbeiter coacht, ruft die Kreativität und das Wissen der Gesprächspartner ab und bezieht dies in die eigenen Überlegungen ein, indem sie Fragen stellt. Wenn ich davon ausgehe, dass der Mitarbeiter ja sehr viel Wissen und Kompetenz in sich trägt, dass er Experte ist für seine eigene Landkarte, interessiert es mich ja hauptsächlich, was er zu sagen hat, und nicht, was ich weiß. Im Coaching gilt also die Devise „Fragen statt Sagen". Dadurch verschiebt sich die Verteilung von Aktivität: Die Führungskraft legt ihre Energie immer wieder in das Formulieren hilfreicher Fragen, um sich dann zurückzuziehen, ja fast passiv zu werden und aufmerksam zuzuhören, und dann erst die nächste passende Frage zu stellen. Der Mitarbeiter, der bisher eher in die Rolle des Zuhörers gedrängt war, wird mit immer neuen Fragen aufgefordert, nachzudenken, seine Gedanken in Worte zu fassen, dabei seine Lösungskompetenz zu aktivieren und seine Ressourcen zur Verfügung zu stellen.

Fragen dienen also dazu, möglichst viele Informationen vom Mitarbeiter zu erhalten, sowohl sachbezogene als auch persönlich-emotionale (Kenntnisse, Denk- und Sichtweisen, Bedürfnisse, Wünsche, Erwartungen, Gefühle), um auf Basis dieser Informationen „durch die Brille des Mitarbeiters zu schauen" und dann weitere adäquate Schritte gehen zu können.

Ziel der Fragen ist es vor allem auch, beim Mitarbeiter selbst Denkprozesse in Gang zu setzen und ihn anzuregen, seine Landkarte zu erforschen. Damit werden neue Verknüpfungen, andere Sichtweisen möglich und der momentane Denkhorizont kann sich erweitern. Ein kreativer Prozess entsteht, der neue Möglichkeiten sichtbar macht. Der Fokus der Aufmerksamkeit wird auch auf Inhalte gelenkt, die bisher nicht beachtet wurden. So ist es z. B. eine wichtige Aufgabe von Coaching, vorhandene – oft als selbstverständlich und unwichtig betrachtete – Stärken bewusst zu machen und damit Selbstvertrauen und Mut zu steigern. Natürlich können im Rahmen dieser Gespräche auch unangenehme Inhalte angesprochen werden. Dies geschieht nicht, um den Mitarbeiter zu quälen oder ihn in die Enge zu treiben! Unangenehmes (eine Schwäche, ein Fehlverhalten) hat meist Auswirkungen auf die Leistungen und den Erfolg des Mitarbeiters. Und wie viel Energie bindet es erfahrungsgemäß, sich mit seinen „Schattenseiten" zu beschäftigen, sie zu verdrängen, sie vor sich und der Welt zu verbergen! Erst eine bewusste Auseinandersetzung damit kann die gebundene Energie wieder freisetzen und so Veränderung möglich machen. Verändert kann nur werden, was vorher als vorhanden akzeptiert und offen betrachtet wird – auch wenn es manchmal weh tut! Die Erfahrung zeigt jedoch, dass wir Menschen sehr erleichtert sind, wenn wir endlich ein vermeintlich gut gehütetes „Geheimnis" loswerden konnten.

Der Mitarbeiter hat seine Konstruktion von Wirklichkeit, die ihn beflügelt oder auch einengt. Fragen führen dazu, diese Konstruktion möglicherweise zu verändern, indem der Mitarbeiter (aber auch die Führungskraft!) neue, bisher nicht beachtete Aspekte mit einbezieht und bestimmten Fakten andere Bedeutungen gibt. Die Informationen, die der Gecoachte für sich erhält, sind dabei wichtiger als die Informationen für den Coach. Durch den Einsatz von Fragetechniken lernt der Coach die innere Welt seiner Mitarbeiter kennen und hilft ihnen, ihre eigene innere Welt besser kennen zu lernen. Und er hilft, die innere Welt zu erweitern, indem er bei diesem „Spaziergang" an die Grenzen stößt und diese durch Fragen überwindet. Die Anzahl der Denk- und Handlungsmöglichkeiten des Gecoachten wird so vergrößert.

Fragen bestimmen den Verlauf des Gesprächs. Die Kunst der Gesprächsführung im Coaching bedeutet für die Führungskraft, die Balance zu finden zwischen den eigenen Zielen und dem kreativen Freiraum für den Mitarbeiter. Einerseits liegt der Fokus auf dem von Beginn des Gesprächs an festgelegten und kommunizierten Ziel, andererseits bedarf es der Fähigkeit und Bereitschaft der Führungskraft, dem Gedankengang und den Anliegen des Mitarbeiters in einem hohen Maß zu folgen (dazu später mehr im Kapitel „Aus der Praxis").

Fragen sind nicht an sich gut oder schlecht, sondern in einem bestimmten Kontext mehr oder weniger hilfreich. „Richtige" Fragen können nur begrenzt allgemein gelten. So ist z. B. die Beziehung zwischen Führungskraft und Mitarbeiter entscheidend dafür, welche Frage passend ist. Gute Fragen ergeben sich aus dem Gesprächsverlauf: Durch aufmerksames Zuhören und Beobachten kann der Coach aus der Antwort des Gecoachten die nächste Frage ableiten.

Die Qualität von Fragen wird außerdem steigen, je kürzer, präziser und einfacher sie formuliert und der Sprache und dem Verständnis des Gecoachten angepasst sind. Abstrakte, grammatikalisch schwierige Sätze sind ebenso zu vermeiden wie lange, verschachtelte Sätze, gespickt mit Fremdwörtern und Zweideutigkeiten.

Fragen signalisieren grundsätzlich Wertschätzung und Interesse und werden daher vom Befragten primär als positiv erlebt. Sie können allerdings dann für den Mitarbeiter bedrohlich sein, wenn sie wie in einem Verhör bzw. als angewandte Technik ohne entsprechende Grundhaltung benutzt werden. Die dahinterliegende Absicht (Vorwurf; Manipulation, also Verhaltenssteuerung, ohne dass der andere es merkt; „über den Tisch ziehen" etc.) wird – unabhängig von der Art und Formulierung der Frage – auch den Tonfall und die mitschwingende Energie negativ beeinflussen. Nur mit ehrlichem Interesse am Menschen und seiner Wirklichkeit und mit Zutrauen in seine Fähigkeiten werden Fragen zu einem für beide Beteiligten bereichernden Hilfsmittel.

Arten von Fragen

Offene Fragen

Offene Fragen sind für das Coaching naturgemäß am besten geeignet, weil sie dem Mitarbeiter den größten Freiraum für Antworten lassen und damit Denkprozesse anregen. Sie fordern den Gesprächspartner auf, aus sich herauszugehen und seine Überlegungen ausführlich darzustellen. Es kann sein, dass gerade das für den Mitarbeiter anfänglich ungewohnt und damit unangenehm ist. Es war ja auch sehr bequem, ohne viel nachzudenken auf die (Lösungs-)Vorschläge des Vorgesetzen nur mit Ja oder Nein antworten zu müssen. Die Führungskraft sollte daher gerade zu Beginn einer solchen Veränderung der Gesprächskultur mit einer eher einsilbigen Reaktion des Mitarbeiters, mit eher kurzen, wenig informativen Antworten rechnen und geduldig mit der Befangenheit des Mitarbeiters umgehen. Eine verständnisvolle Hartnäckigkeit, ein Nachfragen und „Dranbleiben" hilft über diese anfängliche Holprigkeit hinweg (mehr dazu im Kapitel „Aus der Praxis").

Offene Fragen werden mit Frageworten, in aller Regel mit den so genannten W-Worten eingeleitet: wer, wo, was, wie, wann, wofür, wozu, wodurch, weshalb, welche etc. Bei der Verwendung des Wörtchens „warum" bedarf es einer gewissen Vorsicht, da wir gewohnt sind, darauf mit Rechtfertigungen zu kontern. Beispiel: „Warum sind Sie heute zu spät gekommen?"

Auch wenn die Führungskraft mit ehrlichem Interesse die Gründe dafür erfahren möchte, um den Mitarbeiter besser verstehen zu können, wird dieser sich oft reflexartig rechtfertigen, z. B.: „Ich bin das erste Mal zu spät gekommen, anderen passiert das ständig."

Alternative: „Ich schätze Sie als sehr pünktlichen Mitarbeiter. Heute sind Sie zu spät gekommen. Was ist passiert?"

Offene Fragen können nicht mit Ja oder Nein beantwortet werden. Sie lassen dem Mitarbeiter große Freiräume hinsichtlich des Inhalts und der Formulierung der Antwort. Sie ergeben eine große „Informationsausbeute" und werden als partnerschaftlich und wenig lenkend erlebt.

Beispiele: „Welche Erfahrungen haben Sie mit ... gemacht? Was meinen Sie dazu? Wie denken Sie darüber? Wo sehen Sie die Ursachen? Wie beurteilen Sie ... ? Woran liegen Ihrer Meinung nach die Schwierigkeiten, mit denen wir im Moment zu kämpfen haben? Was ist geschehen? Wie sehen Ihre Vorstellungen zu diesem Thema aus?" etc.

Hypothetische Fragen

Als Coaches sind wir unter anderem dann eine große Unterstützung für die von uns Gecoachten, wenn wir es schaffen, ihnen den Wechsel der Perspektive zu ermöglichen, um dadurch eine starre eigene Sichtweise zu erweitern und neue Lösungswege sichtbar werden zu lassen. Wenn alles auch anders sein könnte, anders gesehen werden könnte, ist schon viel dafür getan, dass die Dinge nicht mehr so festgefahren und rigide erlebt werden wie bisher („verflüssigen von Sichtweisen").

Wie oft befinden sich in menschlichen Köpfen eingebildete und verallgemeinernde Blockaden, die Informationen nur mehr verzerrt aufnehmen, Situationen nur mehr eingeschränkt erleben lassen! Speziell in Stress- oder Konfliktsituationen zieht man oft den Rahmen der möglichen Lösungen und Handlungen sehr eng und schränkt sich selber ein. Bei Mitarbeitern (und sehr oft auch bei Führungskräften) äußern sich diese Denkbarrieren in Sätzen wie:

- Das geht bei uns nicht.
- Das ist in unserer Abteilung nicht üblich.
- Das ist zu modern.
- Das haben wir noch nicht gemacht.
- Das schaffe ich nie.
- Das gefällt dem Chef nicht.
- Da müssten wir alles umstellen.
- Der hat was gegen mich.
- Dagegen würden unsere Kollegen protestieren.

Hypothetische Fragen „verführen" den Mitarbeiter dazu, es sich zu erlauben, trotz dieser subjektiven, konstruierten Überzeugungen Alternativen zu durchdenken und dabei neue Betrachtungswinkel zu entdecken. Hier wird probehalber gedacht, Ideen werden auf ihre möglichen Konsequenzen überprüft. Erfahrungsgemäß fällt es leichter, sich mit einer Idee, die man normalerweise weit von sich weisen würde, auseinanderzusetzen, wenn alles doch nur „virtuell" geschieht. Die Hypothese muss nicht zwangsläufig mit dem Mitarbeiter und seiner Überzeugung zu tun haben; er kann es sich daher zutrauen, mit ihr zu spielen. Obwohl er im Moment völlig sicher ist, dass „es" nicht sein kann, weil doch alles (seine Fähigkeiten und Erfahrungen, Rahmenbedingungen etc.) dagegen spricht, muss er nicht sofort zu seiner Verteidigung übergehen und alles rundweg ablehnen. Er gibt sich eher die Chance, sich anderen Möglichkeiten zu nähern.

Beispiele:

- Gesetzt den Fall, Sie würden das doch tun, was könnte aus Ihrer Sicht im schlimmsten Fall passieren?
- Was würde passieren, wenn Sie in die andere Abteilung versetzt würden?
- Was würde passieren, wenn Sie sich mit Ihrer Kollegin mal aussprechen würden?
- Stellen Sie sich einmal vor, dass das gehen würde. Was dann?
- Stellen Sie sich einmal vor, das wäre schon gang und gäbe. Was wäre dann anders?
- Wenn Sie an meiner Stelle wären, wie würden Sie in einem solchen Fall reagieren?"

Dieser Fragetyp eignet sich auch besonders gut, um z. B. Glaubenssätze zu erkennen, die hinter dem Handeln des Mitarbeiters stehen und es stark beeinflussen, oft blockieren.

Coach: „Nur mal angenommen, Sie würden den Kunden ansprechen, was würde Ihrer Meinung nach passieren?"
Gecoachter: „Der Kunde würde mich als aufdringlich erleben und das Gefühl haben, dass ich ihn zu einem Kauf drängen möchte." (Möglicherweise dahinterstehender Glaubenssatz: Verkaufen ist Manipulation und daher schlecht.)

Sobald diese Überzeugung „auf dem Tisch ist", besteht auch die Möglichkeit, sie gemeinsam weiter zu bearbeiten und zu einer für den Erfolg des Mitarbeiters hilfreicheren zu verändern.

Wunderfrage

Eine spezielle Form der hypothetischen Frage ist die so genannte „Wunderfrage". Mit der Wunderfrage wird der Mitarbeiter – in einer recht extremen Art – aufgefordert, sich mit Möglichkeiten fernab der momentan als Realität erlebten Tatsachen auseinanderzusetzen, mit ihnen zu spielen und damit den Fokus weg vom Problem in Richtung Lösung zu lenken.

„Angenommen, es würde eines Nachts, während Sie schlafen, ein Wunder geschehen – und alle Ihre Probleme sind gelöst ..."

- Woran würden Sie das merken?
- Was wäre anders?
- Wie wird XYZ davon erfahren, ohne dass Sie ein Wort darüber zu ihm/ihr sagen?
- Wer würde das als erste(r) merken?
- Woran würde (...) es merken?
- Wer sonst würde etwas merken?
- Wie würden Sie den Tag verbringen?

Wir gehen davon aus, dass jedes Problem auch eine Funktion für den Probleminhaber hat, also einen Sinn, eine gute Seite, auch wenn ihm dies nicht bewusst ist. Ohne diese gute Seite würde ein Probleminhaber (Mitarbeiter) „ganz einfach" vom Ist-Zustand (Problem) zum Soll (Problemlösung) gehen.

Oft dient ein Problem dazu, die Existenz eines scheinbar noch größeren zu verhindern. Wenn z. B. ein Mitarbeiter klagt, dass er für eine bestimmte Aufgabe keine Zeit hat (Zeitproblem), dann verhindert er damit (unbewusst), sich mit dieser Aufgabe, die ihm zu schwierig erscheint, auseinandersetzen zu müssen (Angst vor Versagen etc.). Mit der Wunderfrage ist es möglich, dieser versteckten Funktion und damit möglicherweise dem eigentlichen Problem auf die Schliche zu kommen.

„Was ist das Gute am aktuellen Zustand?"

Lösungsfrage

Ähnliches gilt für die so genannte „Lösungsfrage“: Auch damit wird der Mitarbeiter verleitet, sich den Gedanken an eine Lösung zuzuwenden, indem wir unterstellen, dass es eine Lösung gibt.

„Ich könnte mir vorstellen, dass Sie, wenn Sie Ihr Problem hier beschreiben würden, eine Überschrift, einen Titel dafür finden könnten – also eine Überschrift für das Problem. Mich würde jetzt interessieren, welche Überschrift Sie Ihrer Lösung geben würden.“

Zirkuläre Fragen (Sonderform der hypothetischen Fragen)

Zirkuläre Fragen können in Verbindung mit jedem anderen Fragetyp verwendet werden und schaffen eine höhere Beobachtungsebene. Hier erfolgt der Wechsel der Perspektive durch Hineinversetzen des Mitarbeiters in eine andere für ihn relevante Person. Damit können wir erreichen:

- dass der Gecoachte versucht, die Meinung der anderen Person zu erkunden und die Wirklichkeit aus deren Perspektive zu sehen;
- dass Beziehungen untereinander deutlich werden;
- dass dem Gecoachten klar wird, dass verschiedene Menschen ein und demselben Thema unterschiedliche Bedeutungen zuweisen können. Sein Verständnis für andere wird dadurch höher, die eigene Landkarte dadurch erweitert.

Natürlich erhält der Coach nicht die tatsächliche Ansicht der Bezugspersonen, sondern das, wovon der Mitarbeiter glaubt, es sei die Ansicht dieser Person. Auf diese Weise werden häufig interessante Informationen erzeugt, der Mitarbeiter gibt sich selbst mehr Klarheit über Zusammenhänge und Hintergründe.

Beispiele:
„Nur mal angenommen, Sie würden den Kunden ansprechen, was würde Ihrer Meinung nach der Kunde von Ihnen denken?“
„Was vermuten Sie, dass Ihre Kollegen über Ihr Problem denken?“

Ausgangssituation: Herr Y kommt zum Coach, weil er mit Herrn X einen Konflikt hat:
„Wenn wir Ihren Kollegen, Herrn X, selber fragen könnten, was meinen Sie, Herr Y, wie er uns den Konflikt – gesetzt den Fall, er ist offen zu uns – aus seiner Sicht schildern würde?“
„Was würde er wohl antworten, wenn wir ihn fragen würden, was ihn an Ihrem Verhalten besonders geärgert oder verletzt hat?“
„Und wenn wir ihn, nachdem er sich ein bisschen beruhigt hat, noch fragen

würden, warum er früher sehr gut mit Ihnen zusammengearbeitet hat, was er an Ihnen geschätzt hat?"

Um den Perspektivenwechsel noch zu verstärken und auch eine gefühlsmäßige Identifikation zu unterstützen, kann der Gecoachte aufgefordert werden, aus der Sicht des anderen in der Ich-Form zu reden (Rollentausch).

Zusätzlich anregend ist ein Platzwechsel, mit zwei Stühlen, die dann ständig gewechselt werden, z. B. zur Simulation eines Gesprächs zwischen zwei Konfliktparteien.

Beispiel: „Ich, Herr X, bin besonders über die Art des Herrn Y verärgert, wie er mir immer wieder Anweisungen gibt."

Häufig ist es gerade bei einem Konflikt hilfreich für den Gecoachten, sich nicht nur in die Lage des Gegenübers zu versetzen, sondern eine dritte, außenstehende Position einzunehmen.

Beispiel: „Fällt Ihnen eine dritte Person ein, die den Konflikt zwischen Ihnen und Ihrem Kollegen mitbekommen hat? Oder könnten Sie sich eine Person vorstellen, die diesen Konflikt mitbekommen hat, was würde diese Person uns darüber erzählen? Wo würde sie den Grund für Ihren Konflikt sehen und wie würde sie Ihre Beziehung beschreiben?"

Auch das Einnehmen einer gänzlich anderen Rolle kann dem Gecoachten helfen, neue Sichtweisen zu entwickeln.

Beispiel: „Stellen Sie sich vor, Sie sind jetzt ein Weiser, der den Konflikt lösen soll. Was nehmen Sie wahr? Was würden Sie Herrn X (also sich selbst) raten, um zu einer für beide Seiten akzeptablen Lösung zu kommen?"

An dieser Stelle ein wichtiger Hinweis: Alle angebotenen Werkzeuge (und im besonderen Maße die letztgenannten) sollen nur dann eingesetzt werden, wenn der Coach in der Lage ist, sie „zu seinen zu machen" und sie für ihn in der Situation und jeweiligen Beziehung passend erscheinen. Im Sinne der Kongruenz ist sehr davon abzuraten, ein Werkzeug anzuwenden, wenn Sie sich dabei komisch, unsicher, lächerlich etc. fühlen. Der Mitarbeiter wird diese Unsicherheit spüren und sich vielleicht nicht ernst genommen fühlen oder das Verhalten der Führungskraft als wirklich lächerlich empfinden. Nur wenn Sie sich sicher fühlen, die Beziehung zu Ihrem Mitarbeiter stimmt und eine gewisse Routine im Umgang mit Coachingwerkzeugen vorhanden ist, wenn Sie – voller Wertschätzung – überzeugt sind, dass diese Technik für den Mitarbeiter und den gemeinsamen Prozess hilfreich ist, dann wird sie auch der guten Absicht dienlich sein. Unterstützend kann es dann sein, eine kurze Einleitung voranzustellen: „Es wird Ihnen vielleicht komisch vorkommen, aber ich hatte da gerade so eine Idee. Was würde wohl passieren, wenn ...?"

Geschlossene Fragen

Bei geschlossenen Fragen reduzieren sich die möglichen Antworten auf „Ja" oder „Nein" bzw. bestimmte, umgrenzte Inhalte. Sie bezwecken, kurze und knappe Informationen einzuholen.

Beispiel: „Sind Sie mit diesen Konditionen einverstanden? Welchen Liefertermin kann ich vormerken? Wer kommt alles zur Besprechung?"

Dies kann auch in einem Coachinggespräch manchmal sinnvoll sein, z. B. wenn es darum geht, konkrete und verbindliche Vereinbarungen festzuhalten.

Beispiel: „Für mich stellt sich unsere soeben getroffene Vereinbarung so ... dar. Sehen Sie das auch so? Kann ich mich darauf verlassen, dass Sie nun so vorgehen? Können wir diesen Punkt damit abhaken?"

„Ich hab das so ... verstanden. Sind wir bis hierher der gleichen Meinung? Bis wann können Sie damit fertig sein? Trauen Sie es sich zu, das termingerecht erledigen zu können? "

Naturgemäß schränken geschlossene Fragen den beabsichtigten Lösungsfindungsprozess im Mitarbeiter jedoch ein und sind daher eher sparsam einzusetzen. Geschlossene Fragen dienen der Führungskraft eher dazu, ihre eigene Landkarte und die dort vorhandenen Einträge (Lösungen, Erfahrungen etc.) abzufragen und idealerweise zu bestätigen. Die Aktivität geht also wieder von der Führungskraft aus, während der Mitarbeiter in die Passivität gedrängt wird.

Beispiel: „Meinen Sie, dass es besser wäre, das neue EDV-System erst nach Jahresende einzuführen?"

Entscheidungsfragen

Ähnliches gilt für Fragen, mit denen der Mitarbeiter aufgefordert wird, sich zwischen zwei oder mehreren Möglichkeiten zu entscheiden. Auch hier ist die Führungskraft aktiv, denkt vor und stellt Alternativen zur Disposition. Es versteht sich von selbst, dass damit für den Mitarbeiter wenig Anreiz geschaffen wird, kreativ zu werden und möglicherweise auf völlig andere Lösungswege zu kommen. Auch wenn der Mitarbeiter bereits eine tolle Idee im Hinterkopf hat, kann es ihm – bewusst oder unbewusst – schwerfallen, seinen Vorschlag zu präsentieren und damit in Konkurrenz zur Autorität zu treten.

Beispiel: „Meinen Sie nun, dass wir das neue Verfahren einführen oder doch das alte noch bis Jahresende weiter laufen lassen sollten?"

Alternative: „Wie denken Sie über die Einführung des neuen Verfahrens?"

Suggestivfragen

Dies sind Fragen, die dem Gesprächspartner durch die Wortwahl und eine absichtliche Eingrenzung der Möglichkeiten nahe legen, eine bestimmte Antwort zu geben. Mit diesen Fragen wird versucht, dem Mitarbeiter eine Meinung aufzudrängen, da jede Suggestivfrage eine Meinung oder eine von der Führungskraft bereits erdachte Lösung, in Frageform gekleidet, darstellt (lat. suggerere = jemandem etwas unterschieben). Die Führungskraft „sagt vor", sie erfährt nichts.

Das herausragende Kennzeichen dieser Frageform ist also die Tatsache, dass es sich im Prinzip um einen Aussagesatz handelt, der um ein beeinflussendes Wort und ein Fragezeichen am Satzende bereichert wurde. Beeinflussende Worte sind z. B. doch, bestimmt, gewiss, sicherlich, nicht wahr.

Beispiele: „Sie sind doch sicher auch der Meinung, dass dieser Lösungsweg der vernünftigste ist?", „Befürworten Sie auch, dass wir einmal wöchentlich ein Coachinggespräch führen sollten?"

Coachingfrage: „Mir ist es wichtig, in den nächsten drei Monaten wöchentlich ein Coachinggespräch mit Ihnen zu führen, um die besprochenen Ziele zu erreichen. Was sagen Sie dazu?"

Zu den Suggestivfragen zählen auch Fragen, die in einer bestimmten, offensichtlichen Werthaltung formuliert sind. Sie erschweren ebenfalls eine dieser Werthaltung widersprechende Antwort und rufen häufig Aggressionen hervor. Beispiel: „Wie können Sie nur auf einen so abwegigen Standpunkt kommen?"

Aus dem bisher Gesagten ergibt sich, dass Suggestivfragen mit Coaching nicht vereinbar sind. Falls der Coach, z. B. aufgrund von Rahmenbedingungen, überzeugt ist, dass eine bestimmte Lösung in diesem Fall die einzig mögliche ist, dann sagt er dies offen und gibt Anweisung, sie auszuführen, anstatt den Mitarbeiter auf diese Lösung „hinzucoachen".

Suggestivfragen manipulieren!

Rhetorische Fragen

Rhetorische Fragen im Sinne des Coachings sollen den Mitarbeiter zu einem Denkprozess anregen, ohne dass die Führungskraft (sofort) an diesem teilhaben möchte. Dies kann vor allem im Zusammenhang mit sehr persönlichen Themen dienlich sein. Der Mitarbeiter kann sich in Ruhe etwas überlegen, was für seine Wirklichkeitskonstruktion dienlich sein könnte, ohne in sofortige Auseinandersetzung mit der Führungskraft zu treten. Die „Privatsphäre" des eigenen Kopfes ist damit ganz bewusst gewahrt.

Beispiel: „Ich erwarte keine Antwort, aber überlegen Sie sich bitte, wie würde es Ihnen in einer ähnlichen Situation ergehen?"

Wonach fragt der Coach?

Natürlich ist es immer abhängig vom jeweiligen Thema, von den Rahmenbedingungen, von der Beziehung zwischen Coach und Gecoachtem, wonach der Coach fragen wird. Es ist demnach auch unmöglich, eine vollständige Übersicht über alle möglichen oder gar alle guten Fragen zu erstellen. Als Gerüst für die Orientierung gerade zu Beginn einer Coachingtätigkeit kann jedoch die folgende Einteilung dienen. Sie umfasst verschiedene Kategorien der Fragerichtung (wobei es immer wieder zu Überschneidungen und Grauzonen kommt und kein Anspruch auf Vollständigkeit erhoben wird).

In alle Richtungen ist es möglich, sowohl direkt als auch zirkulär zu fragen.

Fragen nach dem Kontext (Klärung von Zusammenhängen und Beziehungen)

Bei allen Themen und Fragestellungen sind immer mehrere Personen und Elemente des Lebens der betroffenen Menschen und des Unternehmens beteiligt. Das heißt, ein Ereignis ist niemals nur von einer Person und von einem Ereignis abhängig. Viele Personen und Elemente bedingen sich gegenseitig, und viele Ereignisse sind untereinander vernetzt (System). Wenn der Coach sich daher nur auf eine Person, eine Eigenschaft, ein Ereignis bezieht, greift er zu kurz und reduziert seine Wirksamkeit. Er sollte daher immer noch weitere Einflussgrößen aus dem Umfeld mit einbeziehen und damit den Gecoachten unterstützen, Zusammenhänge und Vernetzungen und deren Auswirkungen zu erkennen.

Beispiele:

- Wer war bei diesem Ereignis noch anwesend?
- Was sagen diese Personen darüber?
- Wer kann das außerdem beurteilen?
- Bei welchen Kunden tritt diese Situation auf?
- Was führt dazu, dass das Problem noch schlimmer wird?
- Welche Kollegen machen Ihnen die Situation besonders schwer?
- Wie ist die Stimmung in der Abteilung?
- Welche Themen sollte man dort besser nicht ansprechen?
- Was könnte dem Erfolg des Projekts noch entgegenstehen?
- Wer hätte am meisten Nachteile, wenn sich das Problem verringert?

- Was würde Ihr Kollege X dazu sagen, wenn Sie die Herausforderung bewältigen? (zirkulär)
- Welche Reaktionen würde Ihr Kunde erwarten? (zirkulär)

Fragen nach Beschreibungen (Daten, Fakten, Abläufe, Muster)

Dies ist die einfachste und in aller Regel auch geläufigste Fragerichtung: Man fragt nach Zahlen, Personen, weiteren Fakten. Spätestens wenn die Frage auf die Schilderung von Ereignissen und deren Abläufen bzw. auf die Darstellung von Verhalten abzielt, gilt es zu bedenken, dass diese bereits mit Deutungen und Interpretationen verknüpft sind und keine datenmäßige Objektivität besitzen. Der Gecoachte schildert immer seine subjektive, konstruierte Wirklichkeit. Statt allerdings in nutzlosen Quasi-Diagnosen („Herr X ist halt einfach konfliktscheu und feige!“) hängen zu bleiben, soll der Gecoachte durch konkretisierende Fragen dazu animiert werden, den beobachtbaren Ablauf der schwierigen Situation konkret darzustellen. Daraus kann er wiederum Informationen über herrschende Muster („Immer wenn ich ...“) gewinnen und Alternativen für sein künftiges Verhalten ableiten.

Der Coach braucht dazu Beharrlichkeit und Konsequenz, da Mitarbeiter meist nicht gewohnt sind, von der Ebene der Beurteilung in die Ebene der Beschreibung zu steigen.

Beispiele:

- Wer ist bei der Besprechung?
- Wer sind die Entscheidungsträger?
- Wie lautet das Ergebnis genau?
- Wie funktionieren die Entscheidungsabläufe im Team?
- Was machen Sie genau, wenn ...?
- Welche Hilfsmittel wählen Sie zu ...?
- Wie läuft die für Sie schwierige Situation genau ab?
- Stellen Sie sich vor, Sie filmen die Ereignisse mit einer Videokamera. Was wäre danach auf dem Film zu sehen?
- Was genau macht die Situation so schwierig?
- Was macht Ihr Kollege, wenn er aggressives Verhalten zeigt?
- Wann hat es begonnen?
- Was genau hat Ihre Kollegin gesagt, und wie haben Sie reagiert?

- Angenommen, ich könnte Ihr Berufsleben wie in einer Fernsehserie beobachten, wie würde sich Ihr Problem mir darstellen? (zirkulär)
- Wenn X hier anwesend wäre, wie würde er uns das Problem schildern? (zirkulär)
- Was könnte X wohl am ehesten dazu sagen? (zirkulär)

Fragen nach Erklärungen und Wertungen

Wie im Kapitel „Grundannahmen“ eingehend erläutert, geben wir in der Regel jedem Ereignis und Erleben eine bestimmte Bedeutung. Wir bewerten es nicht nur als gut oder schlecht, sondern differenzieren in verschiedenen Richtungen und auf verschiedenen Ebenen. Auf diese Art malen wir ständig innere Bilder, wir machen innere Zuschreibungen und Verknüpfungen, basteln Erklärungen und entscheiden, wie es uns damit geht. Diese Zuschreibungen haben dann natürlich Auswirkungen auf unser Verhalten – oft ohne dass uns die vorher gegebenen Bedeutungen bewusst sind. Mit Fragen nach diesen Bedeutungen wird der im Mitarbeiter abgelaufene Bewertungsprozess bewusster gemacht, man geht gewissermaßen rückwärts im inneren Verarbeitungsprozess. Dadurch wird wiederum eine Verknüpfung von Fakten mit anderer Bedeutungsgebung möglich.

Beispiele:

- Woher kommt das Problem Ihrer Meinung nach?
- Was macht Sie da so sicher?
- Wie erklären Sie sich, dass Ihr Kollege das ganz anders sieht als Sie?
- Warum äußert sich Ihrer Meinung nach das Problem genau so und nicht anders?
- Wer erklärt sich die Situation auch so, wer anders?
- Welche Erklärung haben Sie dafür? Was sind Ihrer Meinung nach die Ursachen dafür?
- Welche Befürchtungen haben Sie in dieser Situation?
- Wie beurteilen Sie ...?
- Welche Bedeutung hat das ... für Sie?
- Welche Wichtigkeit messen Sie dem ... bei?
- Welchen Stellenwert geben Sie ...?
- Was ist das Gute an der Tatsache, dass Sie dieses Problem haben?
- Welchen Nutzen könnten Sie aus diesem Problem ziehen?
- Welchen Nutzen könnten andere daraus ziehen?

- Welches vielleicht noch größere Problem können Sie durch dieses Problem verhindern oder mildern?
- Wie erklärt sich wohl X, warum Sie das Problem haben? (zirkulär)
- Wie werden das wohl Ihre Kunden beurteilen, wenn sie davon erfahren? (zirkulär)

Fragen nach der Zukunft (Ziele, Visionen)

Um den Blick auf gangbare Lösungen richten zu können und das Gefühl der Hilflosigkeit und Ohnmacht zu überwinden, ist es notwendig, aus der Begrenztheit einer als problematisch erlebten Situation herauszutreten. Dabei sind Fragen zur Zukunft, zu Visionen und Zielen oft sehr dienlich. Mit Zukunftsfragen hilft der Coach dem Gecoachten, eine Vision davon zu entwickeln, dass überhaupt eine Zukunft existiert, wie denn die Zukunft (anders) aussehen könnte und welche verschiedenen Möglichkeiten es dafür gibt.

Dabei ist es von vorrangiger Bedeutung zu definieren, was der Gecoachte will – nicht das zu definieren, was er nicht will. Auch gilt es, festzustellen, woran Führungskraft und Mitarbeiter erkennen, dass das Problem gelöst ist.

Beispiele:

- Welche Ideen haben Sie, wie sich Ihre künftige Zusammenarbeit entwickeln wird?
- Welche Aufgaben (Themen) sehen Sie in der Zukunft für sich?
- Welche Erwartungen haben Sie, wie sich Ihre Abteilung in drei (fünf) Jahren entwickeln wird?
- Wo wollen Sie in fünf Jahren stehen?
- Was würden Sie gerne ändern?
- Worin besteht Ihr Ziel, wenn Sie sich auf dieses Coaching einlassen?
- Wenn wir zu diesem Thema ein/mehrere Gespräch/e führen, was sollte dabei für Sie herauskommen?
- Wie müsste die Situation aussehen, damit Sie damit zufrieden wären?
- Wie sieht das dann konkret (beobachtbar, nachvollziehbar, messbar etc.) aus?
- Wenn das Problem sich verringern wird, was wird dann alles anders sein für Sie?
- Wer wird es als erster merken?
- Woran wird er es bemerken?

- Wenn wir uns in einem halben Jahr wieder treffen, was werden Sie mir dann über das Problem und dessen Lösung erzählen?
- Wenn ich in einem Monat Ihren Kollegen frage, was wird er mir erzählen, wie es Ihnen geht? (zirkulär)

Fragen nach Alternativen und Unterschieden

Um den Blick dafür zu schärfen, dass nicht alle Menschen gleich sind und die Welt auch sehr unterschiedlich betrachtet werden kann, ist es hilfreich, nach Unterschieden aller Art und Alternativen zu fragen. Ranglisten, Prozentangaben, Fragen nach besser/schlechter, mehr/weniger, größer/kleiner etc. helfen, die Flexibilität im Denken und Betrachten zu erhöhen und individuelle Fixiertheiten aufzuweichen.

Beispiele:

- Worin unterscheidet sich Ihre Arbeitsweise von anderen?
- Wie zufrieden sind Sie im Vergleich zu ...?
- Wenn Sie es in Prozent ausdrücken, wie viel schätzen Sie?
- Worin unterscheiden sich die Meinungen aller Beteiligten?
- Wenn Sie anders reagieren würden, was wäre dann anders?
- Was hat sich seit unserem letzten Gespräch verändert?
- Wann wäre die Besprechung mit den Kollegen für Sie doch erfolgreich? Welches andere Bild würde die Abteilung X von der Firma zeichnen? Angenommen, Sie wären noch unsicherer – was passiert dann?
- Welches von den anstehenden Problemen beschäftigt Sie am meisten?
- Wer hat die größte Belastung mit diesem Problem?
- Auf einer Skala von 1 bis 10, wie groß ist Ihr Problem heute?
- Wie groß war es vor einer Woche?
- Wer ist als erster/am ehesten/als letzter/am meisten/am wenigsten ... betroffen?
- Wie viel Prozent, meinen Sie, fehlen Ihnen noch/haben Sie schon zur Lösung? Wenn ich Ihre Kollegin fragen würde, wie groß würde sie Ihr Problem heute einschätzen? (zirkulär)

Fragen nach Ausnahmen

Angesichts eines Problems neigen Menschen dazu, die ganze Aufmerksamkeit nur auf das Defizit zu lenken: Sie meinen, dies sei bereits der Normalzustand, immer schon so gewesen und unabänderbar. Die coachende

Führungskraft kann den Mitarbeiter aus dieser Einseitigkeit begleiten, indem sie Fragen stellt, die nicht das Problem, sondern den erwünschten Zustand und dessen zeitweiliges Vorhandensein fokussieren. Wenn es auch Momente und Situationen gibt, in denen das Problem nicht auftritt, könnte dies ja auch bedeuten, dass der Gecoachte irgendetwas dazu tun kann, diese Momente bewusst herbeizuführen.

Beispiele:

- Gibt es Zeiten, wo Sie den Eindruck haben, Sie wären Ihrem Ziel schon ziemlich nahe?
- Was ist dann anders?
- Was tun Sie in diesen Zeiten?
- Gibt es Situationen, in denen das Problem weniger stark/gar nicht auftritt?
- Was ist/war dann anders?
- Was haben Sie/andere anders gemacht?
- Wann haben Sie das Problem nicht/weniger stark? Was ist der Unterschied zwischen den Situationen, in denen das Problem besteht, und den Situationen, in denen es nicht besteht?
- Woran merken Sie, dass das Problem gelöst ist?
- Welche Ausnahmen vom Zustand, der Sie jetzt belastet, gibt es/gab es?
- Wann gab es einen Zustand, der o.k. war?
- Wann und wie war das?
- Was war dann anders?
- Was müssten Sie/andere machen, damit das öfter vorkommt?
- Wie können Sie einen solchen Ausnahmezustand öfter herstellen?
- Was müssten Sie verändern, damit eine solche Ausnahmesituation zur Regel wird?

Fragen nach Ressourcen

Alle Menschen verfügen über unzählige Stärken. Sie haben zumindest schon einmal erlebt, dass sie eine Herausforderung bewältigt haben und zufrieden waren mit den erlebten Rahmenbedingungen. Leider werden diese Vorerfahrungen – im Gegensatz zu erlebten Misserfolgen – meist sehr schnell in einen Winkel ihrer Erinnerung abgelegt, wo kein Zugriff mehr möglich ist. Außerdem bekommen Stärken sehr schnell den Beigeschmack: „Das ist doch nichts Besonderes!“

Die Folge daraus ist oft Mutlosigkeit und Lähmung, sobald eine neue Problemstellung auftritt. Der Coach kann nun seine Mitarbeiter unterstützen, sich auf vorhandene Stärken zu konzentrieren bzw. diese erst einmal entsprechend zu würdigen. Der Mitarbeiter kann sich – angeregt durch geeignete Fragen – ermutigende Ereignisse aus der Vergangenheit heraufholen und auf ihre Vergleichbarkeit mit aktuellen Bedürfnissen überprüfen. Er nutzt dadurch seinen Erfahrungsschatz optimal aus.

Beispiele:

- Wie haben Sie es geschafft, dass Sie diese Situation so lange bewältigt/ausgehalten haben?
- Wie haben Sie es geschafft, mit diesem Problem schon so weit zu kommen?
- Wie haben Sie/andere es erreicht, dass es nicht noch schlimmer wurde?
- Was möchten Sie in Zusammenhang mit Ihrem Anliegen so lassen wie es ist?
- Was würde Ihnen fehlen?
- Welche vergleichbaren Situationen gab es bereits in Ihrem Leben, die Sie ebenfalls gemeistert haben?
- Welche Ihrer Stärken haben Ihnen dabei geholfen?
- Welche Eigenschaften, die Ihnen dabei geholfen haben, könnten Ihnen bei der Lösung des aktuellen Problems am besten helfen?
- Wer/was könnte dabei noch hilfreich sein?
- Was würden Sie zur Lösung dieses Problems noch brauchen? Woher könnten Sie sich diese Hilfe holen?

Fragen nach Lösungen und hypothetischen Lösungen

Wenn sich der Coach nur auf Probleme, „Löcher", Defizite konzentriert, werden meist gute Lösungsansätze übersehen, die bereits vorhanden sind. Dies führt erstens zu Frustration beim Gecoachten, aber auch zu der Gefahr, dass das Rad jedes Mal neu erfunden wird. Es ist daher hilfreich, wenn sich die Führungskraft in jedem Gespräch darum kümmert, was bereits in Richtung Lösung unternommen wurde und welche Ergebnisse dabei erzielt werden konnten. Auch gilt es (wie schon unter „Hypothetische Fragen" ausgeführt), sich die erweiternde Kraft virtueller Lösungen in Form von Gedankenspielen zunutze zu machen.

Beispiele:

- Was haben Sie bereits unternommen, um das Problem zu lösen?

- Mit welchem Ergebnis?
- Was haben Sie außerdem noch versucht?
- Wie ist diese Situation früher angegangen worden?
- Was wissen Sie darüber/vermuten Sie, wie andere Abteilungen damit umgehen?
- Wenn Sie freie Hand hätten, was würden Sie dann tun?
- Falls ein Wunder geschehen würde und das Problem gelöst wäre, woran würden Sie es merken?
- Was würden Sie dann anders machen?
- Was würde passieren, wenn Sie das doch so machen würden?
- Was könnten Sie von dem, was Sie während der Ausnahmen tun, auch jetzt tun?
- Wie könnten Sie das tun?
- Was könnte ein erster Schritt von Ihnen in Richtung beschriebenes Wunder sein?
- Stellen Sie sich vor, Sie würden auf die Vorhaltungen Ihres Kollegen einmal so reagieren, was würde dann passieren?
- Was wäre die schlimmste Folge davon, was die günstigste?
- Wenn Sie einen Zauberstab hätten, was würden Sie her-/wegzaubern?
- Stellen Sie sich eine Lösung vor, die Ihnen im Traum nicht einfallen würde. Was wäre das?
- Was hindert Sie daran, diese Lösungsidee umzusetzen?

Vom Problem zur Lösung

Menschen gehen normalerweise davon aus, dass es notwendig ist, sich intensiv mit einem Problem auseinanderzusetzen und viele Informationen über das Problem sammeln zu müssen, um eine Lösung zu finden. Diese Annahme gilt oft auch in der Mitarbeiterführung. Die Führungskraft lässt sich vom Mitarbeiter meistens lange und im Detail das Problem beschreiben und analysieren (falls sie nicht ohnehin selber am besten weiß, wo das Problem liegt, und erst gar nicht lange fragt!). Unzählige Fragen zum Thema „Was ist genau passiert?“ oder „Wie erklären Sie sich das Problem?“ können jedoch dazu führen, dass der Gecoachte sich wieder zu sehr mit dem Problem auseinandersetzt. Sein Fokus (und auch oft der des Coaches) liegt sehr lange auf dem Problem, was ihn hindert, zu neuen, adäquaten Lösungsversuchen zu kommen.

Diese Darstellung soll nun keineswegs die im vorigen Abschnitt beschriebenen Fragen abwerten und deren Sinn bezweifeln. Natürlich ist es hilfreich, Fragen zu stellen, die den Mitarbeiter dazu anregen, eine eingehende Ist-Analyse anzustellen und dabei vielleicht bereits wertvolle Hinweise auf eine mögliche Lösung herauszufinden. Auch eine angemessene Würdigung des Problems ist oberstes Gebot. Der Mitarbeiter hat nun einmal ein Problem (auch wenn Sie es vielleicht nicht verstehen, weil für Sie die Lösung sehr einfach scheint!). Es wäre nun sehr überheblich und kontraproduktiv, dies mit einem einfachen „Aber ich bitte Sie, das ist doch überhaupt kein Problem!" vom Tisch zu wischen. Der Mitarbeiter wird danach eher alles daran setzen, die Führungskraft hartnäckig davon zu überzeugen, dass es doch ein Problem gibt. Es gilt allerdings zu beachten, dass aus der Problemwürdigung und -analyse kein gemeinsames Jammern entstehen darf, das die Energie (von Führungskraft und Mitarbeiter) nur hinunter zieht und den Blick für Lösungen verstellt („Mitleidsspirale"). Ziel guter Coachingfragen ist es also, sobald wie möglich den Fokus vom Problem auf die Lösung zu lenken, ohne dabei allerdings tiefer liegende Ursachen des Problems zu ignorieren.

Lösungsorientiertes Arbeiten geht davon aus, dass der Mitarbeiter – bevor es zum Coachinggespräch kommt – schon sehr viel über das Problem nachgedacht, aber noch keine Lösung gefunden hat. Somit ist oft nach einer Weile nicht mehr die Sache an und für sich das Problem, sondern das vergebliche Bemühen um eine passende Lösung (Misserfolgserlebnis). Um nun im Rahmen eines Coachings die Einladung auszusprechen, das Ganze „einmal von einer anderen Seite zu betrachten", um dort eine passende Lösung zu finden, ist es nicht immer notwendig, das Problem bis ins Detail zu kennen. Notwendig ist nur, dass die betreffende Person in ihrer unangenehmen und beklagten Situation tatsächlich *etwas anderes tut.* Lösungsorientiertes Coaching unterstützt also den Mitarbeiter dabei, neue Aspekte in Bezug auf das Anliegen zu entwickeln, seine Interpretation der Situation und/oder des Verhaltens bzw. sein Verhalten zu verändern und damit das Problem aufzulösen. Lösungen zielen auf die Veränderung von konstruierten Wirklichkeiten auf der Wahrnehmungs-, Beschreibungs-, Verhaltens- und Beziehungsebene.

Die coachende Führungskraft fragt daher immer wieder nach Lösungen und Vorschlägen, damit der Gecoachte den Fokus nicht auf das Problem, sondern auf neue Verhaltens- oder Sichtweisen richtet. Fragen wie: „Wie können Sie hier vorgehen?", „Welche Vorschläge machen Sie?", „Welche Erkenntnisse können Sie aus dieser Situation ziehen?" helfen, den Gecoachten immer wieder in Richtung Lösung zu führen. Lösungsorientierte Fragen beschäftigen sich eher mit der Zukunft, mit dem, was bereits funktioniert

(Ausnahmen) und mit den vorhandenen Ressourcen (Stärken, Vorerfahrungen, mögliche Hilfestellungen von außen etc.), um diese zu verstärken und auszubauen. Vermeiden Sie als Coach eher das Wort „Problem". Andere Ausdrücke wie Situation, Anliegen, Aufgabenstellung oder Herausforderung sind neutraler und eröffnen ein anderes Bewusstsein für den Gecoachten.

Aktives Zuhören

Das zweite, mit dem Fragenstellen untrennbar gekoppelte Coachingwerkzeug ist das aktive Zuhören. Zuhören ist eine Gesprächsaktivität – auch wenn dies in der herkömmlichen Bewertung und Handhabung nicht ganz so erscheint. Erst aus dem interessierten, geduldigen und konzentrierten Zuhören ist es möglich, die jeweils richtigen nächsten Fragen abzuleiten.

Viele Führungskräfte (und Menschen allgemein) nützen die Sprechpause des Zuhörens nur zum Planen der eigenen folgenden Sprechphase. Sie sind mit der Aufmerksamkeit und den Gedanken nicht beim anderen, sondern überlegen nur, was denn ihr nächstes schlagendes Argument sein könnte. Sehr oft ist diese Suche verbunden mit der Überzeugung „... ohnehin schon genau zu wissen, was der andere immer sagt!" Diese Überzeugung verhindert jedoch nachhaltig, einfühlsam die Details, die wirklichen Ursachen für Probleme und Demotivation zu erfahren, die sich oft erst nach einigem Nachfragen in den Darstellungen der Mitarbeiter zeigen. Und sie wird kaum eine vertrauensvolle, wertschätzende Atmosphäre bewirken, die jedoch für ein Sich-Öffnen des Mitarbeiters (und der Führungskraft) Voraussetzung ist.

Ein guter Zuhörer, der die Grundhaltungen lebt, wird mit folgender Überzeugung in ein Gespräch gehen: „Ich habe keine Ahnung, was in meinem Mitarbeiter vorgeht, doch ich bin sehr interessiert, etwas über seine Landkarte zu erfahren. Und ich werde vorerst wertfrei akzeptieren, was ich höre und solange nachfragen, bis wir beide das Gefühl haben, die Eintragungen in der Landkarte zu diesem Thema erfasst zu haben." Aktives Zuhören heißt, sich auf den Mitarbeiter einzulassen und zugleich alle eigenen Gedanken, Meinungen, Überzeugungen und Absichten zu einem Thema aus dem Kontakt zum Mitarbeiter vorerst möglichst herauszuhalten.

Aktives Zuhören heißt nicht Zustimmung. Die Botschaft des Coaches lautet: „Ich verstehe, was Sie empfinden." Das ist weder Zustimmung noch Widerspruch, kein Urteil darüber, ob das Gesagte (Inhalte, Gefühle) richtig oder falsch ist. Der Coach akzeptiert, dass der Mitarbeiter etwas in einer bestimmten Weise sieht oder empfindet, ohne dem zwangsläufig zuzustimmen.

Beispiel:
Mitarbeiter: „Es ist hoffnungslos."
Coach: „Sie scheinen wirklich alle Hoffnung aufgegeben zu haben." (aktives Zuhören)
Heißt nicht: „Ich finde auch, dass es hoffnungslos ist." (Zustimmen)

- Aktives Zuhören heißt auch, nicht zu früh Wichtiges vom Unwichtigen zu trennen.
- Der Coach begleitet seinen Mitarbeiter „auf einer Reise durch seine Gedanken" und formuliert demnach nicht schon vor Empfang der gesamten Botschaft im Geist eine Antwort oder die nächste Frage.
- Der Coach muss also genau auf die Antworten des Gecoachten achten, damit er weiß, wie die nächste Frage am besten lauten soll. Der Frageprozess muss spontan laufen, vorher zurecht gelegte Fragen (außer für den Anfang) unterbrechen diesen Fluss eher und bergen die Gefahr, den Gedanken des Gecoachten nicht zu folgen. Wenn sich der Coach die nächste Frage überlegt, während der Mitarbeiter spricht, wird dieser bemerken, dass er nicht wirklich zuhört. Der Gecoachte verliert dadurch das Vertrauen. Es ist also hilfreich und notwendig, ihn zunächst ganz anzuhören und dann, wenn nötig, eine Pause zu machen. Dies lässt dem Gecoachten Zeit, weitere Gedanken zu entfalten, und dem Coach Zeit, seine nächste passende Frage zu finden.

Blickkontakt

Aktives Zuhören beginnt mit dem Blickkontakt: Die einfache und wirksame Form dem Mitarbeiter ohne viel Worte zu zeigen, dass Gesprächs- und Aufnahmebereitschaft besteht, ist, ihn anzusehen. Blickkontakt ist in erster Linie ein Zeichen von Bereitschaft, Offenheit und Wertschätzung. Die Vermeidung von Blickkontakt kann als Ausweichen, als Unsicherheit oder Schuldeingeständnis gewertet werden oder als Überheblichkeit und Ignoranz dem – hierarchisch unterstellten – Mitarbeiter gegenüber gelten. Natürlich gilt es auch dabei, das richtige Maß zu finden: Übermäßiger Blickkontakt („Fixieren") erweckt leicht den Eindruck eines aggressiven Verhaltens und kann ein Gefühl der Einschüchterung erzeugen. Während des Gesprächs (vor allem in kritischen Situationen) kann die Aufnahme von Blickkontakt als Zeichen von Verständnis, Zuwendung oder als Rückmeldung auf das Gesagte erlebt werden.

Störungen

Aus der Forderung nach Aufmerksamkeit folgt natürlich auch, dass keinerlei andere Tätigkeit daneben erlaubt ist. Die Post durchsehen, im Computer herumsuchen oder etwa gar mit einem anderen Mitarbeiter zwischendurch etwas besprechen sind mit einem hilfreichen Coachinggespräch nicht zu vereinbaren. Das Gleiche gilt für Störungen anderer Art: Die geschlossene Tür, das umgeleitete Telefon sowie die Bitte an die Kollegen, nicht zu stören, sind unabdingbare Voraussetzungen für das Zustandekommen einer dienlichen Atmosphäre. Sollte dies im normalen betrieblichen Umfeld nicht möglich sein (wobei dies oft eine Frage der Gewohnheiten ist, die auch geändert werden können!), scheint es angebracht, sich einen anderen Ort zu suchen. Bedenken Sie jedoch die Auswirkungen, die solch ein Ortswechsel auf den gecoachten Mitarbeiter sowie auf alle Kollegen haben könnte. Diese „Sonderbehandlung“ könnte Vermutungen und Verunsicherungen auslösen, solange es nicht zum normalen Arbeitsalltag gehört, mit dem Vorgesetzten zum Zwecke eines Coachinggesprächs das Haus zu verlassen.

Gesprächsanteil

Aus der Rolle des Coaches als Fragensteller und Zuhörer folgt auch, dass sich sein Gesprächsanteil eher gering hält. Ein gutes Coachinggespräch sollte in der Regel maximal zu 50% vom Coach in der Redeposition bestritten werden. Je mehr der Coach „arbeitet“ (spricht), umso höher ist die Gefahr, dass er sich in seiner Rolle als Führungskraft befindet, die überzeugen möchte, die weiß und sagt, wo es langgeht.

Zeit für die Antwort geben/Pausenverhalten

Eine gute Frage erkennt der Coach unter anderem daran, dass der Mitarbeiter nachdenkt, bevor er antwortet. Ein in Gang gesetzter Denkprozess braucht Zeit, während eine Antwort, die „aus der Pistole geschossen“ kommt, oft ein Zeichen dafür ist, dass sich der Mitarbeiter diese Frage selber schon oft gestellt hat – oder dass er einfach nicht nachgedacht hat. Außerdem braucht die Formulierung einer Antwort ebenfalls eine gewisse Zeit. Eine der wichtigsten Eigenschaften eines guten Coaches ist es demnach, abwarten zu können und Stille zu ertragen. Statt nach einem Moment der Stille sofort die nächste Frage oder eine selbst gegebene Antwort „nachzuschießen“, muss sich der Coach zurückhalten und in Geduld üben, wenn er Denkprozesse ermöglichen möchte. Erfahrungsgemäß fällt dies gerade Führungskräften schwer, weil sie es gewohnt sind, immer erster und gerade dadurch erfolgreich zu sein. Die – oft unbewusste – Sorge, ihr Schweigen könnte als Zeichen von Inkompetenz, von „nicht wissen, was ich sagen soll“ interpretiert werden, veranlasst viele Führungskräfte, zum Dauerredner zu werden.

Grundsätzlich kann man davon ausgehen, dass Pausen vom Fragenden subjektiv als länger empfunden werden als vom Gefragten, der gerade über die Frage nachdenkt. Sollte die Stille doch einmal „zu lang" werden, eignen sich Fragen wie „Was ist jetzt gerade?" oder „Was bedeutet die Pause?", um herauszufinden, ob es sich tatsächlich – wie gewünscht – um eine Nachdenkpause handelt oder ob der Mitarbeiter aus anderen Gründen nicht antwortet (etwa weil er die Frage nicht verstanden hat).

Eine Grundregel des Zuhörens ist es, den anderen ausreden zu lassen, ihn also nicht zu unterbrechen. Auch nach dem Beenden einer Aussage durch den Mitarbeiter ist es hilfreich, eine kurze Pause einzuhalten und ihn damit einzuladen, noch weitere Ergänzungen oder Vertiefungen anzubringen.

Türöffner

Eine sehr einfache Möglichkeit, diese Pausen zur Intensivierung von Denkprozess und Gesprächsfluss zu nutzen, sind die so genannten Türöffner. Türöffner sind kurze Äußerungen wie „hm", „aha", „Ich verstehe" oder „ja", die dem Gesprächspartner signalisieren, dass seine Äußerungen wahrgenommen werden. Sie helfen auch, das Prinzip eines Dialoges beizubehalten, da sich der fragende und zuhörende Coach damit auch in längere Gesprächsphasen des Mitarbeiters immer wieder hörbar einschaltet, ohne ihn jedoch zu unterbrechen. Auch wenn die Wortbeiträge unterschiedlich lang sind, bleibt das normale und gewohnte Muster des Sich-Abwechselns damit erhalten. Besonders wenn diese Türöffner mit Blickkontakt verbunden sind, reagieren die meisten Menschen sehr stark darauf. Sie erleben sie als Zeichen dafür, dass ihre Meinung gehört, akustisch verstanden und akzeptiert wurde – was nicht automatisch mit Einverständnis gleichzusetzen ist („Ich habe dich verstanden und akzeptiere dies als deine Meinung" und nicht „Ich bin deiner Meinung"). Türöffner fordern den Gecoachten auch zu einer weiterführenden Darstellung des Gesagten auf.

Auch wenn wir Pausen und Türöffner meist automatisch einsetzen und ohne zu überlegen darauf reagieren (vor allem mit der richtigen Grundeinstellung!), sollte dieser Fähigkeit zur Einhaltung und Gestaltung von Pausen gerade zu Beginn einer Coachingtätigkeit viel Aufmerksamkeit, Disziplin und Training gewidmet werden.

Spiegeln

Eine weitere einfache und besonders hilfreiche Form der Gestaltung eines Dialogs ist das so genannte Spiegeln. Dabei wird die letzte Aussage des Gesprächspartners aufgegriffen und durch eine kurze Wiederholung des Gesagten die Sicherheit vermittelt, dass die Aussage angekommen ist. Es wird also keine neue Information gegeben, auch keine neue Frage gestellt, sondern auf eine Aussage des Gesprächspartners eingegangen.

Dies dient z. B. als Aufforderung, präziser über ein Thema weiter zu sprechen, das bisher nur unklar oder schlagwortartig ausgeführt wurde. Es ermöglicht, tiefer in die Thematik zu gehen:

Beispiel:

Mitarbeiter: „Nur wenn es halt nicht anders geht, wird die Störmeldung telefonisch durchgegeben."
Coach: „Nicht anders geht?"
Mitarbeiter: „Ja, damit meine ich ..."

Beispiel:

Mitarbeiter: „Der Kollege macht mich rasend."
Coach: „Hmm, er macht Sie rasend."
Mitarbeiter: „Wenn der schon zur Tür reinkommt, ..."

Um Missverständnisse zu vermeiden, ist es auch sehr hilfreich, des Öfteren einen gehörten Sachverhalt mit einer leicht veränderten, eigenen Formulierung zu wiederholen bzw. den emotionalen Gehalt einer Aussage mit eigenen Worten wiederzugeben. Der Coach bringt damit Verständnis und Empathie zum Ausdruck, er meldet zurück, was nach seinem Gefühl das Wichtigste oder die eigentliche Botschaft des Mitarbeiters gewesen ist. Er versucht also, die Welt mit den Augen des Gecoachten zu sehen, um dadurch zu einem besseren Verständnis des Gesprächspartners zu kommen. Dies erhöht einerseits das Vertrauen des Gecoachten, weil er diese Wiederholungen als Zeichen von Interesse werten kann. Vor allem aber sorgt das Spiegeln dafür, dass Coach und Gecoachter sich versichern können, richtig verstanden zu haben bzw. worden zu sein. Das Rekapitulieren durch den Coach stellt sicher, dass die Aussagen des Mitarbeiters sowohl inhaltlich als auch emotional in der von ihm beabsichtigten Art erfasst wurden, dass er den „individuellen Code", den der Gecoachte benutzt, im Sinne des Gecoachten „decodiert" hat.

Beispiel (inhaltlicher Gehalt):

Mitarbeiter: „Ich bin mir nicht so sicher, ob wir das in der gegenwärtigen Situation überhaupt finanzieren können."
Coach: „Sie machen sich vor allem Sorgen wegen der Kosten."
Mitarbeiter: „Sicher, seit wir diesen Kredit ..."

Beispiele (emotionaler Gehalt):

Mitarbeiter: „Ich glaube, das Meeting heute Vormittag hat überhaupt nichts gebracht."
Coach: „Sie sind sehr enttäuscht von der Sitzung."

Mitarbeiter: „Ich weiß nicht so recht, ob ich das schaffen kann."
Häufige und meist nicht hilfreiche Antwort:
„Ich bin sicher, dass Sie es können, wenn Sie es versuchen." (beruhigen)
Coach: „Sie haben Angst, es könnte Ihnen über den Kopf wachsen?"

Beispiel (Worum geht es?):

Mitarbeiter: „Himmel! Ich hab' es satt, dass alle über unsere Arbeit meckern!"
Coach: „Wenn ich Sie recht verstehe, sind Sie in letzter Zeit öfter mit Kritik konfrontiert worden. Können Sie etwas mehr darüber erzählen?"

Vermeiden Sie jedoch Ausdrücke wie: „Was Sie also wirklich damit sagen wollen …". Damit unterstellen Sie, dass sich der Gecoachte selbst nicht angemessen ausdrücken kann.

Bilder des Gecoachten aufgreifen

Eine spezielle Form, aus den Antworten des Gecoachten die nächste Frage zu formulieren, ist es, die häufig darin enthaltenen Bilder und Metaphern aufzugreifen. Damit bleiben Sie ganz in der Landkarte des Gecoachten, folgen ihm sehr direkt in seine Gedankenwelt und erleichtern ihm dadurch, diese seinerseits zu erforschen und zu verfeinern.

Beispiel:

Mitarbeiter: „Die ganze Projektgruppe ist ein einziges Kasperltheater!"
Coach: „Wenn das ganze Team ein Kasperltheater ist, wer spielt da den Kasper? Wer das Krokodil? Die anderen Rollen?"
Coach: „Wenn Sie sagen, das ist eine wichtige Weichenstellung, wer stellt da die Weiche, wer fährt etc.?"

Grundsätzlich wirkt es sich sehr positiv auf den Gesprächsverlauf aus, wenn der Coach auf die Aussage des Gecoachten Bezug nimmt und eine offene Frage dazu stellt („Anschlussfragen").

Beispiel:

Coach: „Welche Schwierigkeiten sind denn nun so gravierend?"
Mitarbeiter: „Ich denke da vor allem an die enormen Betriebskosten."
Coach: „Sie erwähnen die Betriebskosten. Wie ist dazu Ihre Einschätzung?"

Nachfragen

Fragen sollten also soweit wie möglich dem Interesse des Gecoachten folgen. Sobald sich der Coach sehr frühzeitig entschließt, seine Fragen nur mehr zu einem bestimmten Aspekt zu stellen, besteht die Gefahr, dass der Gecoachte das Thema der Führungskraft verfolgt, das aber vielleicht nicht sein eigenes ist.

Ohne das eigene Gesprächsziel aus den Augen zu verlieren, ist es also wichtig, dass der Coach dem Mitarbeiter möglichst breiten Raum zum Erforschen seiner Konstruktion gibt. Er wird dem Gedankengang des Gecoachten folgen, während er gleichzeitig beobachtet, wie sich dieser auf das Thema als Ganzes bezieht.

Ist der Gecoachte scheinbar zu weit vom Thema abgekommen, können ihn so genannte „Rangierfragen" wieder zurückholen.

Beispiele:

„Ich stimme mit Ihnen überein, aber sollten wir uns nicht dem vereinbarten Thema widmen? Wollen wir nicht erst dieses Thema besprechen und das andere auf unser nächstes Gespräch vertagen?"
„Inwiefern gehört das zum Problem?"

Vor allem die letzte Frage kann dazu führen, dass Ihr Mitarbeiter einen triftigen Grund für sein Abschweifen nennt, der bisher noch nicht erkennbar war. Dieser triftige Grund bedeutet, dass die Führungskraft so offen für die Bedürfnisse des Mitarbeiters sein muss, auch einmal das ursprüngliche Gesprächsziel aufzugeben und ein neues zuzulassen. Dies gilt es jedoch klar zu kommunizieren und eine neue Vereinbarung für das Gespräch zu treffen.

Beispiel:

„Ich habe das Gefühl, dass wir uns von unserem Thema sehr weit entfernt haben. Der neue Punkt scheint jedoch sehr wichtig zu sein. Ist es für Sie in Ordnung, wenn wir uns heute darüber unterhalten und das ursprüngliche Thema auf einen anderen Zeitpunkt verschieben?"

Es mag schwierig erscheinen, diese Entscheidung zwischen dem eigenen Gesprächsziel und einem Thema, das der Mitarbeiter im Gesprächsverlauf als wichtig einbringt, zu treffen. Grundsätzlich ist es sicher ratsam, dem Mitarbeiter zu vertrauen. Er wird oft von selber wieder zum ursprünglichen Thema zurückkehren, sobald er den Umweg als nicht zielführend erkannt hat. Dies fällt umso leichter, je weniger der Coach lenkend versucht hat, ihn an diesem „Seitensprung" zu hindern. Oder aber der Mitarbeiter befindet sich bei seinem Suchprozess ohnehin auf dem Weg zu einem für ihn und die Problemlösung sehr wichtigen Aspekt, was für den Coach nur im Moment noch nicht sichtbar ist.

Dennoch gibt es immer wieder Situationen, wo die Führungskraft gerade in ihrer Rolle als Coach eine gewisse Hartnäckigkeit im Verfolgen eines Themas beibehalten muss, um ihrem Entwicklungsauftrag gerecht werden zu können.

Die Probleme der Menschen sind wie Zwiebeln – sie bauen sich in Schichten auf. Erst nachdem die äußeren Schichten abgeschält sind, stößt man auf das Kernproblem. Manchmal wissen die Mitarbeiter, welches das Kernproblem ist. Nur haben sie Angst, es anzuschneiden – sei es, weil sie es als Zeichen von Schwäche definieren und sich dafür schämen, sei es, weil sie aufgrund früherer Erfahrungen Angst vor Bestrafung haben. Oder sie sind sich selber gegenüber nicht ganz ehrlich, weil es unangenehm ist, sich mit diesen Hintergründen zu konfrontieren. Häufiger sind sie sich selber gar nicht bewusst, was sich hinter den äußeren, vordergründigen Problemen verbirgt.

Wenn nun Führungskraft und Mitarbeiter gemeinsam an diesen vordergründigen Problemen/Problemursachen hängen bleiben, wenn der Coach es dem Gecoachten erlaubt, immer wieder zu „flüchten", wird es ihnen kaum gelingen, eine Lösung zu finden, die beide wirklich und dauerhaft befriedigt. Sie haben zwar vielleicht eine Lösung – aber eine für das „falsche" Problem!

Wie bei der Symptombekämpfung in der Medizin tritt das Problem mit hoher Wahrscheinlichkeit in einer anderen Spielart wieder auf, solange der „Herd" (das zugrunde liegende Problem) nicht gefunden und behandelt (gelöst) wurde.

Um jedoch zum Kern zu kommen, ist es unumgänglich, „dranzubleiben". Dranbleiben ist die Kombination aus aufmerksamem Zuhören und hartnäckigem Nachfragen, wann immer Sie das Gefühl haben, dass noch etwas hinter dem Gesagten steckt, dass noch Unstimmigkeit herrscht. Es gilt, den Mitarbeiter anzuregen, sich zu konfrontieren, indem die Führungskraft ihn konfrontiert. Der Begriff „Konfrontation" ist natürlich in diesem Zusammenhang gemeint als Auseinandersetzung im positiven Sinn, als ein Sich-Stellen, was zwar unangenehm, aber letztlich sehr hilfreich sein kann. Persönliche Anteile, „geistige Scheuklappen", hemmende Überzeugungen können nur dann bearbeitet und bei Bedarf aufgegeben werden, wenn sie zum Thema gemacht werden.

Bei jeder Art von Konfrontation im Coachinggespräch ist Folgendes hilfreich:

- Erwerben Sie zuerst Vertrauen, bevor Sie konfrontieren, um die Fronten nicht unnötig zu verhärten. Wenn der Mitarbeiter den Coach immer als verständnisvoll und wohlwollend erlebt, wird er auch seine Hartnäckigkeit nicht als aggressiv und böswillig empfinden.

- Gehen Sie vorsichtig und rücksichtsvoll vor. Es geht darum, zurückhaltend an einer Glasscheibe zu klopfen, und nicht darum, sie einzuschlagen.
- Stellen Sie klar, dass die Konfrontation nichts mit Frustration oder Ärger auf Ihrer Seite zu tun hat und Sie damit nicht nur Ihren Gefühlen Luft machen wollen. Es ist also wichtig, den Zeitpunkt richtig zu wählen – denn manchmal sind wir ja wirklich sehr ärgerlich über andere!
- Vor allem aber ist es wichtig, dass die Bereitschaft zur Konfrontation auch auf Seiten des Coaches besteht. Auch der Mitarbeiter hat das Recht, den Coach mit dessen Beitrag am Problem zu konfrontieren!

Einladung zur Selbstreflexion

- Wie oft schaue ich meinem Mitarbeiter offen in die Augen? Was hindert mich daran, es zu tun (Unsicherheit, schlechtes Gewissen, Ablehnung etc.)?
- Wie gut gelingt es mir, meine Aufmerksamkeit voll und ganz auf den Mitarbeiter zu richten? Wie weit sorge ich für einen störungsfreien Rahmen oder wann ist mir jede Störung von außen willkommen?
- Wie hoch ist mein Gesprächsanteil? Bei welchen Gelegenheiten frage ich mehr als ich sage?
- Wie geht es mir mit längeren Pausen? Halte ich sie aus („Das war eine gute Frage, der Mitarbeiter denkt jetzt nach") oder schieße ich (aus Unsicherheit oder dem Gefühl, ich als Coach muss was tun) die nächste Frage (oder sogar die Antwort) sofort nach?
- Wie geht es mir, wenn ich eine Aussage des Mitarbeiters nicht verstanden habe?
- Wie oft verberge ich dies aus Unsicherheit, indem ich so tue, als hätte ich verstanden?
- Wann erlaube ich mir, nachzufragen und damit für Klarheit (auch beim Mitarbeiter) zu sorgen?

- Was ist der Grund für mein Nachfragen? Frage ich nach, um meine Landkarte (Vorannahmen, Vorurteile, Überzeugungen etc.) zu bestätigen oder um mehr über die Landkarte des Mitarbeiters zu erfahren?
- Inwieweit bin ich bereit, von meinem Gesprächsziel loszulassen und mich auf die dem Mitarbeiter wichtigen Themen einzulassen?
- Inwieweit bin ich aber auch bereit, für den Mitarbeiter möglicherweise Unangenehmes konkret anzusprechen, ohne um den heißen Brei herumzureden?
- Wie oft bin ich aus dem Grund nicht konkret, weil ich eine für mich möglicherweise unangenehme Antwort erwarte?
- Inwieweit bin ich auch selber bereit, mich mit meinen „Schattenseiten" zu konfrontieren und konfrontieren zu lassen?
- Aus welcher Emotion frage ich?
  - ärgerlich über den Mitarbeiter: „Dem zeig ich's jetzt!"
  - aus Aggression, die aus einer anderen Situation mitgebracht wird und sich jetzt gegen den Mitarbeiter richtet
  - ärgerlich über den Mitarbeiter: „Ich sag' ihm, wie es mir mit seinem Verhalten geht, wir finden gemeinsam heraus, wie es dazu gekommen ist und was wir verändern wollen."
  - unterstützend und wohlwollend: „Es ist mir wichtig, dass der Mitarbeiter eine gute Lösung findet."
- Welche Emotionen werden für das Coachinggespräch hilfreich, welche hinderlich sein?

Zuhören heißt ...

... eine Tür öffnen
... Raum geben
... ganz beim anderen sein
... Leben ermöglichen
... wahrnehmen, was nicht ausgesprochen wurde
... weiter sehen, als es den Anschein hat
... an den anderen glauben, wenn er es selbst nicht tut
... den anderen nicht ändern wollen
... sich berühren lassen
... schweigen können
... sich nicht von dem beherrschen lassen,
was man sagen möchte
... sich selbst in Frage stellen
... etwas riskieren
... das Überraschende annehmen
... auf sich selbst hören

Zuhören ist ein Abenteuer!

Dinge klarstellen

Führungskräfte scheuen manchmal davor zurück, eigenes Unverständnis anzusprechen. Sie haben Angst, begriffsstutzig zu wirken. Dennoch ist es oberstes Gebot, den nächsten Schritt im Gespräch erst dann zu forcieren, wenn Sie als Führungskraft das Gefühl haben, den Gehalt einer Aussage wirklich erfasst und vom Gecoachten dafür eine Bestätigung erhalten zu haben. Solche Nachfragen helfen nicht nur der Führungskraft, Dinge besser zu verstehen und dementsprechend weiterfragen zu können, sondern machen auch dem Mitarbeiter eine wohlwollende Absicht deutlich: Ich möchte das Gesagte (dich) wirklich verstehen. Darüber hinaus deutet eine Unklarheit der Führungskraft oft auch auf eine Unklarheit in der Landkarte des Gecoachten hin. Der Coach kann so dem Mitarbeiter ebenfalls zu mehr Klarheit verhelfen.

Beispiel:

„Ich habe das nicht genau verstanden. Wollten Sie damit sagen, dass der Kollege absichtlich Druck auf Sie ausgeübt hat?"

Zusammenfassen

Viele Führungskräfte, die mit bester Absicht gut zuhören lernen wollen, tun dies anfangs oft zu lange am Stück. Das heißt, sie haben im Zuge eines Gesprächs nach einer gewissen Zeit keine Chance mehr, sich an die verschiedenen erhaltenen Informationen zu erinnern. Sie verlieren den roten Faden und lassen sich damit in die eventuell vorhandene Verwirrung in den Gedanken des Gecoachten hineinziehen.

Deshalb ist es wichtig, in regelmäßigen Abständen den Redefluss des Gecoachten vorsichtig zu unterbrechen und das bisher Besprochene zusammenzufassen.

Beispiel:

„Lassen Sie mich das noch einmal bis hierher zusammenfassen. Da sind also A und B und C und E. Stimmt das so?"

Zusammenfassen ist ein methodischer Vorgang in Schritten, der dem Coach hilft, die verschiedenen Aspekte des Problems im Auge zu behalten. Dem Mitarbeiter hilft es, die Aspekte, die bisher unübersichtlich waren, zu ordnen, zu strukturieren. Oft ist allein damit schon ein großer Schritt in Richtung Problemlösung getan: Die Strukturierung zeigt schon, dass das Problem oft durch das „Chaos im Kopf" viel größer scheint, als es tatsächlich ist. Die Verworrenheit des Problems überwältigt den, der „drinsteckt".

Zusammenfassen verringert das Tempo des Gesprächs, es beruhigt, hilft dem Gecoachten, sich zu entspannen und das Gefühl zu entwickeln, dass er nicht allein und das Problem doch handhabbar ist.

In manchen sehr emotionsgeladenen Situationen ist es besser, dem Gecoachten erst einmal die Möglichkeit zum „Dampf ablassen" zu geben. In diesem Fall ist eine Zusammenfassung erst nach längerer Zeit sinnvoll, sobald der Redefluss von selber schwächer wird. Erst dann wird die Konzentration des Gecoachten auf eine Struktur möglich werden.

Oft passiert es, dass der Mitarbeiter einen Aspekt zwar beiläufig erwähnt, aber nicht weiter ausführt, weil er ihm eher unangenehm oder nicht wichtig erscheint. Er geht dann schnell zu einem anderen Thema über. Eine Zusammenfassung durch den Coach dient auch dazu, solche Punkte wieder ins Spiel zu bringen und den Mitarbeiter mit Hilfe einer angeschlossenen Frage aufzufordern, sich doch näher mit ihnen auseinanderzusetzen. Wenn der Mitarbeiter den Coach als verständnisvoll und vertrauenswürdig erlebt, dann wird er diese Herausforderung nicht als aggressiv und böswillig empfinden. Er wird meist akzeptieren, dass es an der Zeit ist, sich auf ein mögliches Problem, das er sich bisher selbst kaum eingestanden hat, einzulassen.

Beispiel:

„Wir hatten A, B und C besprochen. Da ist dann aber auch noch D, das Sie bisher nur kurz erwähnten. Wie ist es damit?"

Bevor das Gespräch in eine nächste Phase übergeht (siehe Kapitel „Ablauf eines Coachingprozesses"), ist eine abschließende Aufzählung aller besprochenen Inhalte hilfreich:

Beispiel:

„Wir hatten A, B, C und D. Welche Faktoren spielen noch eine Rolle? Haben wir alle Blickwinkel berücksichtigt?"

Wie schon unter „Nachfragen" ausgeführt, ist es – im Gegensatz zur eben dargestellten Form der Berücksichtigung möglichst aller relevanten Punkte – meist wenig sinnvoll, wenn der Coach bei der ersten Gelegenheit ein für ihn interessantes Thema herauspickt und nur mehr dieses weiterverfolgt. Damit gehen andere, vielleicht viel wichtigere verloren.

Mitschreiben und Veranschaulichen

Um die Übersicht für beide Gesprächspartner zu erleichtern, ist es überaus empfehlenswert, dass zumindest der Coach wichtige Punkte in Stichworten schriftlich fixiert. Beide können dadurch immer wieder auf früher erwähnte Punkte zurückgreifen, eine Struktur kann gefunden werden. Überdies ist eine schriftliche Darstellung durch den Coach auch ein Zeichen dafür, dass er das Gesagte ernst und wichtig nimmt.

Manchmal sind Mitarbeiter jedoch durch ein Mitschreiben, das sie bisher vielleicht immer nur als Instrument zum „Festnageln" erlebt haben, verunsichert. Dies können Sie vermeiden, indem Sie bereits zu Beginn den Grund dafür erwähnen.

Beispiel:

„Ist es für Sie in Ordnung, wenn ich während unseres Gesprächs mitschreibe? Es ist mir sehr wichtig, alle Ihre Informationen zu behalten, damit wir dann konstruktiv weiterarbeiten können, ohne etwas zu vergessen."

Da in den meisten Problemstellungen mehrere Faktoren (Personen, Abläufe, Ressourcen etc.) beteiligt sind, kann es hilfreich sein, dies grafisch darzustellen. Eine Zeichnung unterstützt, Zusammenhänge im System und Muster (wie etwa Teufelskreise) zu erkennen.

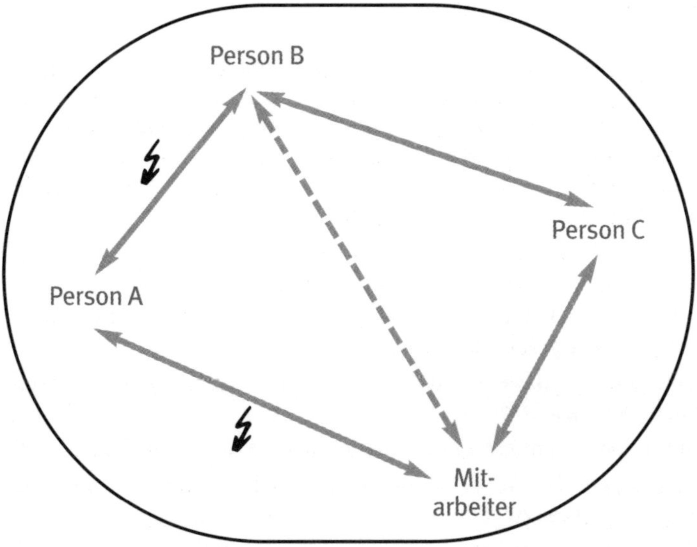

Abbildung 22

Abbildung 22 zeigt folgende Konstellation: Der Mitarbeiter hat einen Konflikt mit Person A. Im Zuge des Coachinggesprächs und mit Hilfe einer grafischen Darstellung wird klar, dass eine Konfliktlösung zwischen diesen beiden keine dauerhafte Veränderung bewirken würde, solange der Mitarbeiter seine Beziehung zu Person B nicht geklärt hat. Dem Mitarbeiter war bislang nicht bewusst, welche Rolle Person B in seinem Konflikt mit Person A spielt. Auch eine Person C, die scheinbar nicht in das Problem involviert ist, kann – systemisch gesehen – von den Auswirkungen des Konflikts betroffen sein.

Metamodell der Sprache

Sprache ist das Instrument, um unsere individuell konstruierte Wirklichkeit für uns selbst abzubilden und danach zu kommunizieren. Auf dem Weg zwischen dem Erleben und dessen sprachlicher Darstellung gehen zahlreiche Inhaltsanteile bewusst oder unbewusst verloren. Im Dialog drücken wir mit unseren Worten nur einen Teil dessen aus, was wir erlebt und erfahren haben. Dafür gibt es mehrere Gründe:

- Wir gehen davon aus, dass der Gesprächspartner die Situation/das Problem/einen Menschen genauso gut kennt wie wir selbst.
- Wir glauben, keine Zeit zu haben, und bringen nicht genügend Geduld auf, um uns präzise auszudrücken.
- Wir glauben, dass eine nähere Auseinandersetzung und Darstellung nicht gewünscht ist.
- Wir haben genauere Informationen gerade nicht abrufbar.
- Wir verwenden die „Lücken“ bewusst oder unbewusst, um den Gesprächspartner zu verwirren und von uns abzulenken.
- Wir verdrängen Inhalte, weil uns eine Auseinandersetzung damit unangenehm wäre. („Wenn ich nicht hinschaue, ist es nicht da.“)

Mit Hilfe des Metamodells kann die Führungskraft leichter erkennen, wenn der Mitarbeiter solche eingeschränkte Darstellungen (Tilgungen, Verzerrungen und Verallgemeinerungen) anbietet. Anstatt das Gesagte mit eigenen Interpretationen zu ergänzen und zu „wissen“, was genau der Mitarbeiter meint, fragt der Coach sehr genau nach, um ein möglichst klares und vollständiges Bild von der einzigartigen Landkarte des Gesprächspartners zu erhalten und maßgeschneidert darauf eingehen zu können.

Die Fragen des Metamodells bewirken wiederum gezielte Suchprozesse im Gecoachten. Er kommt dadurch mit seinen ursprünglichen Erfahrungen wieder in Verbindung und kann seine Landkarte präzisieren und „anreichern“. Eine verfeinerte Landkarte ermöglicht dem Mitarbeiter, neue Wege zu sehen und seine Wirklichkeitskonstruktion auf Stimmigkeit zu überprüfen.

Die Fragen des Metamodells helfen also dabei, solche einschränkenden Sprachmuster zu präzisieren. Diese lassen sich zur Orientierung nach mehreren Aspekten einteilen, wobei die Übergänge fließend sind.

- Fehlende oder unvollständige Informationen – Was fehlt?
  - Tilgungen
    Ein Teil der Information fehlt (wurde ausgelassen).
    Beispiele: Das ist *klar, offensichtlich, unangenehm* etc.
    Fragen: Wie (genau) ist das klar? Was daran ist offensichtlich? Worin zeigt es sich, dass das unangenehm ist?
  - fehlende Bezugsangaben
    Satzteile enthalten keinen Bezugsindex.
    Beispiele: *Sie* verstehen mich nicht. *Menschen* langweilen mich. *Man* glaubt mir nicht. *Das* macht keinen Sinn.
    Fragen: Wer versteht Sie nicht? Welche Menschen langweilen Sie? Wer genau glaubt Ihnen nicht? Für wen macht das keinen Sinn?
  - unvollständig spezifizierte Verben
    Das Verb ist vage und allgemein gehalten.
    Beispiele: Sie *verstehen* mich nicht. Menschen *langweilen* mich. Sie *berücksichtigen* meine Gefühle nicht. Sie *verletzen* mich.
    Fragen: Was bedeutet für Sie „verstehen"? Woran würden Sie merken, dass Sie verstanden (bzw. nicht verstanden) wurden? Auf welche Weise langweilen diese Menschen Sie? Wie schaffen Menschen es, Sie zu langweilen? Wie genau berücksichtigen diese Menschen Ihre Gefühle nicht? Was tun sie statt dessen?
  - Nominalisierungen
    Ein dynamischer Prozess wird in ein abgeschlossenes Ereignis und in ein Hauptwort verzerrt.
    Beispiele: Ich bedaure meinen *Entschluss.* Ich nehme Ihnen die *Fragerei* übel. Sein *Widerstand* ist groß.
    Fragen (die Nominalisierung wird beim Rückfragen in ein Verb verwandelt und dieses nachgefragt): Sie bedauern, dass Sie sich entschlossen haben? Wofür haben Sie sich konkret entschlossen? Sie nehmen mir übel, dass ich etwas frage? Wie müsste ich fragen, damit Sie mir das nicht übel nehmen? Er widersetzt sich wobei? Wie widersetzt er sich?
  - Vergleiche
    Die Information, mit der verglichen wird, fehlt.
    Beispiele: Das ist *besser* für mich. Ich möchte *weniger* Stress haben.
    Fragen: Das ist besser als was? Verglichen womit ist das besser? Gemessen woran möchten Sie weniger Stress haben? Verglichen mit wem möchten Sie weniger Stress haben?

- Begrenzte Denkmodelle – Wie oder was grenzt der Sprecher aus?
  - Vorannahmen
    Nicht explizit ausgesprochene Annahmen über sich selbst oder einen anderen (Unterstellungen).
    Beispiele: Wenn er wüsste, wie sehr ich unter seinem Verhalten leide, würde er das nicht tun. (Vorannahme: Er weiß nicht, wie sehr ich leide.)
    Fragen: Woher wissen Sie das? Woran merken Sie es, dass er es nicht weiß?
  - Modaloperatoren der Notwendigkeit
    Es wird eine innere Regel der Notwendigkeit aufgestellt, die nicht unbedingt oder nicht in diesem Ausmaß gegeben ist. Verwendete Wörter: *muss (nicht)/soll (nicht)/sollte (nicht)/notwendig* etc.
    Beispiele: Ich *sollte* keine Gefühle zeigen. Es ist notwendig, auf Nummer sicher zu gehen.
    Fragen: Was hindert Sie daran, Gefühle zu zeigen? Was würde passieren, wenn Sie doch Gefühle zeigen würden? (Zukunft) Wer sagt, es ist notwendig, auf Nummer sicher zu gehen? (Vergangenheit)
  - Modaloperatoren der Möglichkeit
    Es wird eine innere Regel der (Un-)Möglichkeit aufgestellt, die nicht unbedingt oder nicht in diesem Ausmaß gegeben ist. Verwendete Wörter: *kann (nicht)/darf (nicht)/unfähig/unmöglich* etc.
    Beispiele: Ich *kann* das nicht machen. Es ist mir *unmöglich*, nachzugeben.
    Fragen: Was hält Sie davon ab? Woher wissen Sie, dass Sie das nicht können? Was hindert Sie daran, nachzugeben? Was genau macht es unmöglich?
  - Komplexe Ambivalenzen
    Zwei Erfahrungen werden in ihrer Bedeutung gleichgesetzt: A bedeutet B und nichts anderes.
    Beispiel: Mein Kollege *schweigt* – Er *schätzt mich nicht*. (Schweigen = keine Wertschätzung) Der Kunde *fragt nicht* – Er ist *nicht interessiert*. (Keine Fragen = kein Interesse)
    Fragen: Was könnte sein Schweigen noch bedeuten? Was könnte ihn noch am Fragen hindern? Was hat das eine mit dem anderen zu tun? Oder Umkehrfrage: Wie ist das bei Ihnen? Wenn Sie schweigen, was alles kann das bedeuten? Wenn Sie keine Fragen stellen, was könnte das noch bedeuten?

- Verzerrte Teile im Denkmodell – Worauf wird die Aufmerksamkeit gerichtet, worauf nicht?
  - Ursache-/Wirkungsbeziehungen
    Jemand/etwas verursacht/veranlasst/hindert angeblich jemanden, etwas zu tun oder zu empfinden.
    Beispiele: Er zwingt mich zum Arbeiten. Er macht mich nervös. Ich würde ja gerne, aber er lässt mich nicht.
    Fragen: Wodurch zwingt er Sie zum Arbeiten? Wie schafft er das, dass Sie sich nervös fühlen? Wie verursacht er dieses Gefühl? Wie genau hindert er Sie daran? Was könnte passieren, würden Sie es dennoch machen?
  - Universalquantoren
    Ein – oft unbewusstes – Referenzerlebnis wird als allgemein gültig dargestellt.
    Beispiele: *Alle* kritisieren mich *immer*. *Niemand* mag mich. *Jeder* neidet mir meinen Erfolg. *Keiner* will sich einsetzen.
    Fragen: Mit fragendem Ton wiederholen: Wirklich alle? Immer? Wirklich keiner? Wirklich jeder? Oder nach Ausnahmen fragen: Ohne Ausnahme? Zu welchen Zeiten wurden Sie nicht kritisiert? Wann hat Sie jemand beachtet? Wer könnte Ihnen den Erfolg gönnen?
    Erfragen Sie dann auch einen konkreten Bezugsrahmen: Wer kritisiert Sie? In welchem Zusammenhang werden Sie kritisiert?
  - Übernommene Glaubenssätze („verlorene Zitate“)
    Behauptungen oder Urteile, die nicht notwendigerweise der eigenen Erfahrung entstammen.
    Beispiele: Es gibt nur einen richtigen Weg zum Ziel. Ohne Fleiß kein Preis. Ein Indianer kennt keinen Schmerz.
    Fragen: Woher wissen Sie das? Wer sagt das? Für wen gilt das?
  - Gedanken lesen
    Jemand glaubt/behauptet angeblich zu wissen, wie/was jemand anderer denkt oder fühlt, ohne Beweise dafür zu haben.
    Beispiele: Er langweilt sich mit mir. Ich bin dem Kollegen gleichgültig. Sie mag mich nicht.
    Fragen: Woran merken Sie das? Woher wissen Sie das? Wie kommen Sie darauf? Was macht Sie so sicher?

- Weitere Beispiele:
  - Aussage: Es müsste eigentlich zu schaffen sein.
    Fragen:
    Für wen müsste es eigentlich zu schaffen sein?
    Was genau müsste für ihn/sie zu schaffen sein?
    Was würde passieren, wenn er/sie es nicht schafft?
    Was müsste geschehen, damit er/sie es nicht schafft?
  - Aussage: Nichts ist leichter als das!
    Fragen:
    Nichts ist leichter als was genau?
    Für wen ist nichts leichter als das?
    Was könnte doch leichter sein?
    Woher wissen Sie das?

Übung

Stellen Sie zu den folgenden Sätzen Fragen nach dem Metamodell, um möglichst genaue Informationen über diese Aussagen zu gewinnen:

- Alle wissen, dass ich mein Bestes gebe.
- Man zwingt mich, unnachgiebig zu sein.
- Wir haben uns immer bemüht.
- Ich habe Angst.
- Man kann niemandem vertrauen.
- Ich habe ihn verärgert.
- Allein, wenn ich den schon sehe, wird mir schlecht.
- Ich trage die Verantwortung.
- Wir müssen das erledigen.
- Es sollte wirklich etwas gemacht werden!

Mögliche Lösungen finden Sie unter „Möglichen Lösungen zur Übung zum Metamodell“ im Anhang (S. 251).

Informieren

Oft ist ein Mangel an Information der sehr triviale Grund für Probleme eines Mitarbeiters. Sobald die Führungskraft dies erkennt, wird es natürlich auch sinnvoll sein, die Rolle des Fragenstellers und Zuhörers zu verlassen und zweckdienliche Hinweise zu geben. Damit sind allerdings weder gute Ratschläge noch überzeugende Argumente noch Lösungswege gemeint, sondern ausschließlich Fakten und Erklärungen, die eine wichtige Ergänzung im Wissensstand des Mitarbeiters bedeuten können.

Mitarbeiter: „Ich finde es einfach eine Frechheit, dass wir ständig neue Formulare ausfüllen müssen. Noch dazu solche!"
Coach: „ Es stimmt, dass viele Mitarbeiter die neuen Unterlagen komplizierter finden als die alten. Wussten Sie, dass man das jetzt so macht, um die EU-Bestimmungen für Exportdokumente zu erfüllen, die Anfang nächsten Jahres in Kraft treten?"
Mitarbeiter: „Oh, ich verstehe – nein, das hat uns niemand gesagt. Wir dachten alle, der neue Verwaltungsdirektor will uns mit ein paar tollen Änderungen zeigen, wie modern er ist!"

Manchmal ist es allerdings nicht offensichtlich, dass Informationsmangel die Wurzel des Problems ist. Ein mögliches Anzeichen dafür ist die Situation, dass Sie als Führungskraft gar nicht verstehen, warum das Problem überhaupt ein Problem ist; wenn das Problem so gar keinen Sinn zu ergeben scheint. Das passiert oft dann, wenn der Mitarbeiter Tatsachen nicht kennt, die für die Führungskraft selbstverständlich sind, und diese davon ausgeht, dass sie jedem bekannt sind. Die Führungskraft sollte daher niemals Angst davor haben, begriffsstutzig zu wirken – sondern selbstverständlich fragen: „Es tut mir leid, ich verstehe es nicht. Inwiefern ist das ein Problem für Sie?"

Erwartungsaustausch

Menschen haben ständig Erwartungen an sich und andere Menschen, sei es im Privat- oder Berufsleben. Werden diese nicht erfüllt, sind häufig Enttäuschungen, immer stärker werdende negative Emotionen und Konflikte die Folgen.

Aus diesen Gefühlen entstehen oft Reaktionen, die für alle Beteiligten völlig überraschend und unverständlich sind – fehlte doch meist das Wissen über die Existenz bestimmter Erwartungen! Nur durch Zufall, ausgeprägtes Einfühlungsvermögen oder durch die Gabe der Vorsehung wäre man in der Lage gewesen, zu erraten, was genau das Gegenüber erwartet. Der Austausch von Erwartungen ist daher eine wichtige Voraussetzung für das Gelingen von Beziehungen zwischen Menschen.

Grundsätzlich gilt es, drei Kategorien von Erwartungen zu unterscheiden: unbewusste, uneingestandene und unausgesprochene, wobei wir uns im Zusammenhang mit Coaching vor allem mit den beiden letzten beschäftigen.

Wir Menschen werden von vielen uns unbewussten Erwartungen beeinflusst und in unserem Denken, Fühlen und Handeln bestimmt. Sie sind bereits in der frühen Kindheit entstanden und tief in unserem Unterbewusstsein vergraben. Um diese Erwartungen auszuforschen und zu verändern, sofern sie uns behindern, bedarf es eines gewissen Maßes an Selbstreflexion, wozu wir Sie in diesem Buch immer wieder einladen. Manchmal wird auch professionelle Hilfe (durch einen externen Coach) sinnvoll sein. Auch das genaue Hinhören auf das Feedback unserer Mitmenschen kann oft Aufschluss über für uns selbst unbewusste, für andere Menschen jedoch klarer erkennbare Erwartungshaltungen bringen.

Als weitere Kategorie gelten uneingestandene Erwartungen, also Erwartungen, die uns wohl bewusst sind, deren Vorhandensein uns jedoch peinlich und unangenehm ist. Wir vermeiden daher tunlichst, uns selbst und unsere Umwelt mit diesen Erwartungen zu konfrontieren und streiten sie vehement ab, wenn man uns solche Erwartungen unterstellt. Dennoch sind sie da, und es wirkt sich in unserer Befindlichkeit und unserem Verhalten aus, ob sie befriedigt werden oder nicht.

Ein Beispiel: Wie viele Menschen weisen es erbost von sich, wenn man ihnen sagt, dass sie sicher mehr Lob von ihrem Chef erwarten! „Ich brauch' das doch nicht, ich weiß doch selbst, dass ich gut bin!", lautet die häufige Antwort. Und dennoch ist die Enttäuschung über den Mangel an Anerkennung für den Außenstehenden an vielen kleinen Bemerkungen erkennbar.

So häufig verwechseln wir das Vorhandensein von Erwartungen mit dem Eingeständnis von Schwäche, dass wir ein ganzes Gebäude von Tabus aufgerichtet haben, um sie zu verdrängen. Diese Strategie entpuppt sich jedoch als Gefängnis, weil es uns den konstruktiven Umgang mit unseren Erwartungen und deren Veränderung gänzlich unmöglich macht. Was es nicht gibt, kann man nicht verändern!

Setzt sich eine Führungskraft auch gezielt mit ihren eigenen uneingestandenen Erwartungen auseinander, wird dies ihre Authentizität erhöhen, was sich mit hoher Wahrscheinlichkeit sehr positiv auf ihren Umgang mit den Mitarbeitern auswirkt. Wenn sie sich eingesteht, was sie sich insgeheim wünscht, ist sie in der Lage, diese Wünsche zu reflektieren und bewusst für deren Erfüllung zu sorgen oder sie als unangemessen abzulegen. Als Coach ist sie überdies aufgerufen, ihre Mitarbeiter dabei zu unterstützen, sich ebenfalls mit diesen mächtigen inneren Motivatoren zu beschäftigen. Ohne sich in psychologische Untiefen zu verstricken, kann es der Führungskraft mit Hilfe von behutsamen Fragen gelingen, auch verborgene Erwartungen der Mitarbeiter (z. B. eine bestimmte Form von und ein gewisses Maß an Anerkennung) zu erfahren, um darauf eingehen und sie gegebenenfalls auch erfüllen zu können.

Als dritter Bereich bleiben die vielen unausgesprochenen Erwartungen, deren Erfüllung durch andere wir als selbstverständlich voraussetzen, ohne die Betroffenen jemals von deren Existenz in Kenntnis gesetzt zu haben. Leider vergessen wir dabei die Tatsache, dass jeder Mensch in einer völlig unterschiedlichen Wirklichkeit zu Hause ist! Konkrete Vorstellungen und brennende Wünsche des einen können in der subjektiven Betrachtung des anderen entweder gar nicht vorhanden oder zumindest an einer anderen Stelle der Prioritätenliste zu finden sein. Wenn wir unausgesprochene Erwartungen anderer nicht erfüllen, geschieht dies also nicht aus Vorsatz, sondern aus der Unkenntnis der Landkarte des Gegenübers.

Auch viele Führungskräfte neigen zu der Annahme, die Mitarbeiter wüssten genau, was sie von ihnen erwarten. Mit großer Enttäuschung und einseitigen Schuldzuweisungen nehmen sie dann zur Kenntnis, dass deren Leistungen nicht ihren Vorstellungen entsprechen. Führungskräfte übersehen dabei zumeist, dass sie ihre Erwartungen als bekannt und selbstverständlich vorausgesetzt und daher erst gar nicht ausreichend konkret mitgeteilt hatten. Wie schon bei den Grundannahmen dargestellt, versucht der Mitarbeiter grundsätzlich, den Erwartungen der Führungskraft gerecht zu werden. Kennt er diese nicht im Detail, benötigt er sehr viel Zeit und Energie, um – meist unbewusst – möglichst alle nur denkbaren Erwartungen zu erfüllen oder die „richtigen“ herauszufinden. Diese „Rätselrallye“ ist nicht nur ineffizient, sie verursacht auch Frustration auf beiden Seiten: Der Mitarbeiter erlebt sich orientierungslos und wird kaum Anerkennung für seine vergeblichen Bemühungen erhalten. Die Führungskraft ist unzufrieden, weil sie nicht bekommt, was sie möchte (manchmal sogar genau das Gegenteil!), und auch oft noch unterstellt, der Mitarbeiter enttäusche sie absichtlich.

Ein weiterer Grund für das Verschweigen von Erwartungen ist die Angst vor Ablehnung. Aus Sorge, der Mitarbeiter könnte anderer Meinung sein und die Erfüllung der Erwartungen zurückweisen, versucht die Führungskraft in durchaus guter Absicht, mit möglichst schwammigen Angaben über ihre Vorstellungen die Harmonie aufrecht zu erhalten und Konflikte zu vermeiden. Diese Strategie führt jedoch meistens erst recht zu Konflikten, weil die dargestellte Frustration auf beiden Seiten früher oder später wirksam wird.

Nur wenn Erwartungen klar ausgesprochen werden, kann eine konstruktive Auseinandersetzung über deren Erfüllung stattfinden. Oft wird der Mitarbeiter die Mitteilung der Führungskraft mit Erleichterung und Zustimmung quittieren: „Wenn ich das gewusst hätte, hätte ich das natürlich gemacht (oder nicht gemacht)! Das ist ja viel weniger, als ich dachte." Und manchmal wird eine ausführliche Diskussion eine für beide Seiten akzeptable Lösung hervorbringen: sei es, dass der Mitarbeiter – nach seiner anfänglichen Ablehnung – die Beweggründe der Führungskraft versteht, den eigenen Widerstand als unangemessen erkennt und mit geeigneter Unterstützung ihre Erwartungen zu erfüllen sucht. Oder sei es, dass die Führungskraft herausfindet, dass ihre Erwartungen in diesem Fall nicht zielführend waren, was ihr weitere Enttäuschung und Unzufriedenheit erspart.

Gleiches gilt natürlich auch für die Erwartungen der Mitarbeiter. Es ist Aufgabe der Führungskraft, ihre Mitarbeiter nach deren Erwartungen zu befragen bzw. ein Klima zu schaffen, in dem es selbstverständlich ist, Erwartungen und Bedürfnisse zu artikulieren. Es obliegt der Führungskraft zu entscheiden, ob sie diese Erwartungen erfüllen kann und will oder ob sie die Gründe der Nichterfüllung erklärt und diskutiert. Entscheiden kann sie aber erst, wenn sie genau weiß, welche Erwartungen der Mitarbeiter in sie, das Unternehmen, die Rahmenbedingungen etc. setzt.

Der Austausch von Erwartungen zwischen Führungskraft und Mitarbeitern sollte in regelmäßigen Abständen stattfinden, da auch Erwartungen ständigen Veränderungen unterworfen sind. Rahmenbedingungen und individuelle Anforderungen können sich sehr schnell wandeln. Es ist daher sicher nicht sinnvoll, sich mit einer Abstimmung im Zuge des jährlichen Mitarbeitergesprächs zu begnügen.

Ein konsequenter Erwartungsaustausch wird einen Großteil des täglichen Konfliktpotenzials auflösen und bedeutet einen entscheidenden Schritt vom „erwartenden" Opfer zum Gestalter von Zufriedenheit und Erfolg.

Feedback geben und nehmen

Feedback ist eine zentrale Aktivität im Rahmen von Führung und Weiterentwicklung. Es ist fixer Bestandteil jeglicher Kommunikation und damit auch Teil des Coachingprozesses. Feedback stellt ein Fremdbild neben das Selbstbild einer Person und erweitert dadurch bewusste und unbewusste Bereiche ihres Verhaltens („blinder Fleck"). Der Feedbackgeber dient somit als Spiegel („so sehe ich dich") und klärt seine Beziehung zum Empfänger („so stehe ich zu dir").

Durch das Geben von Feedback (Rückmeldung) informiert die Führungskraft ihren Mitarbeiter darüber, wie sie dessen Verhaltensweisen bzw. dessen Leistung wahrnimmt, welche Bedeutung sie dem gibt und was sie dabei empfindet. Feedback ist eine Form von Standortbestimmung hinsichtlich des Erreichens vereinbarter Ziele. Inhalt und Wirkung von Feedback hängen weitgehend vom Vertrauen zwischen Führungskraft und Mitarbeiter ab, sowie von der Art und Weise, wie Feedback gegeben wird. Hilfreiches Feedback sorgt für Klarheit und fördert damit Lernprozesse erheblich. Bei fehlendem Feedback verliert der Mitarbeiter die Orientierung, ob seine Arbeit den Erwartungen entspricht bzw. wo Verbesserungen möglich sind.

Anwendungen von Feedback

- Anerkennung: Bestärkt den Empfänger in erwünschten Verhaltensweisen und regt ihn an, diese weiter zu entwickeln.
  Beispiel:
  „Ich habe gemerkt, dass Sie im Zuge der letzten Konferenz die Problemstellung sehr klar analysiert haben. Ich habe den Eindruck, dass Sie damit dem Team sehr geholfen haben. Ich freue mich über Ihr Engagement."
- Konstruktive Kritik: Ermöglicht dem Empfänger, Verhaltensweisen zu korrigieren, die ihm in ihrer Auswirkung nicht bewusst waren bzw. der Zielerreichung hinderlich sind.
  Beispiel:
  „Ich habe gemerkt, dass Sie bei der letzten Konferenz sehr schweigsam waren. Ich befürchte, dass Sie damit dem Team wichtigen Input vorenthalten haben. Ich war darüber sehr verwundert."

Anerkennung und konstruktive Kritik sind im Coaching und als Teil der Führungsaufgabe unverzichtbar. Beides wird leider noch immer zu selten, manchmal überhaupt nicht gegeben. Feedback wird oft aufgespart bis zum nächsten Beurteilungsgespräch, zum nächsten Seminar oder bis zum nächsten unvermeidlichen Konflikt.
Welche Gründe liegen dahinter?

Anerkennung wird oft nicht gegeben, weil

- Mitarbeiter vermeintlich durch Anerkennung übermütig werden und sich dann auf ihren Lorbeeren ausruhen könnten. Außerdem kämen sie vielleicht auf die Idee, mehr Geld für ihre Leistung zu verlangen.
- Anerkennung geben peinlich ist. Es will doch keiner lobhudeln.

- das Vorurteil besteht, kein Feedback würde ohnehin bedeuten, dass alles in Ordnung ist. Das sei Anerkennung genug. Wenn jemand einen Fehler gemacht hat, wird Kritik geäußert.
- das Vorurteil besteht, eine gute Leistung sei doch selbstverständlich. Wofür bekommt der Mitarbeiter sonst sein Geld?
- man selbst vom Vorgesetzten keine Anerkennung erhält. Das wird ausgehalten. Weshalb soll es dem Mitarbeiter dann besser gehen?
- es von der Führungskraft selbst nur schwer angenommen werden kann (die Eltern haben u. U. nie Anerkennung ausgesprochen). Es besteht die Annahme, dass es dem Mitarbeiter ebenfalls unangenehm ist.

Kritik wird oft nicht geäußert, aus Angst

- vor einer erwarteten, mir unangenehmen Reaktion (Mitarbeiter ist verletzt, wird böse, demotiviert, ungehalten).
- im Gegenzug selbst kritisiert zu werden.
- die Beziehung zu verschlechtern (Harmoniebedürfnis, „er mag mich nicht mehr“).

Anerkennung ist wichtig

Anerkennung gehört zu den Grundbedürfnissen der menschlichen Natur. Anerkennung trägt zur Motivation bei und schafft Erfolgserlebnisse. Vor allem in Lernphasen, wenn also der Mitarbeiter neue Herausforderungen in Angriff nimmt, benötigt er Anerkennung in besonderem Maße. Sie dient als eine Art „Entwicklungshilfe“, weil sie Teilerfolge auf dem Weg zum Ziel sichtbar macht und das Selbstvertrauen stärkt.

Wer auf anerkennende Worte verzichtet, wird eines Tages feststellen, dass in seinem Bereich kaum noch anzuerkennende Leistungen gezeigt werden. Die Mitarbeiter haben es schließlich aufgegeben, sich durch – offensichtlich nicht zur Kenntnis genommene – besondere Leistungen auszuzeichnen. Im schlimmsten Fall versuchen Mitarbeiter durch Fehler und auffallend schlechte Leistungen die Aufmerksamkeit der Führungskraft auf sich zu lenken. Lieber negativ auffallen und Kritik einholen als überhaupt nicht beachtet werden, ist ein zwar rational schwer nachvollziehbares, von Menschen dennoch häufig eingesetztes Stressverhalten.

Erwischen Sie Ihren Mitarbeiter bei etwas Positivem!

Kritik ist wichtig

Auch konstruktive Kritik ist notwendig: Sie macht dem Mitarbeiter die unerwünschten Auswirkungen seines Verhaltens bewusst und ermöglicht ihm, seine Leistungen zu verbessern bzw. künftige Fehler zu vermeiden. Durch das Zurückhalten von Kritik wird dem Mitarbeiter die Chance genommen, sich zu entwickeln.

Damit Feedback hilfreich ist und den Empfänger erreicht, sind einige Regeln zu beachten:

- Teilen Sie Ihre Wahrnehmungen als Wahrnehmungen, Ihre Vermutungen als Vermutungen und Ihre Gefühle als Gefühle mit:
  1. Beschreiben Sie zunächst Ihre Wahrnehmung (Fakten).
     Beispiel: Ich habe beobachtet, wie Sie mit Ihrem Kollegen laut und heftig gestikulierend gesprochen haben.
  2. Teilen Sie Ihre Interpretation des Wahrgenommenen mit.
     Welche Bedeutung habe ich den Fakten gegeben?
     Beispiel: Daher vermute ich, dass Sie gerade eine Meinungsverschiedenheit mit Ihrem Kollegen haben, mit der Sie nicht konstruktiv umgehen.
  3. Beschreiben Sie Ihre Gefühle, die aus der Interpretation folgen.
     Beispiel: Es geht mir nicht gut dabei, wenn in meiner Abteilung Konflikte so ausgetragen werden.
  4. Zeigen Sie mögliche oder tatsächliche Folgen auf:
     Beispiel: Ich befürchte, dass das negative Auswirkungen auf das gesamte Team und das Ergebnis hat.

  Durch diese Struktur offenbaren Sie, wie das Verhalten des Mitarbeiters bei Ihnen ankommt. Konstruktives Feedback sagt nichts darüber aus, wie der Mitarbeiter oder die Situation wirklich ist, sondern signalisiert, dass Sie sich Ihrer individuellen Bedeutungsgebung bewusst sind und diese zur Diskussion stellen. Es analysiert und beurteilt den anderen nicht. Feedback in dieser Form kann vom Mitarbeiter leichter angenommen werden, da er sich nicht angegriffen fühlen und nicht sofort in Abwehrposition (Verteidigung, Rechtfertigung) gehen muss.
- Senden Sie Ich-Botschaften statt zu sagen „Du bist ..."
- Beschreiben Sie statt zu bewerten.
- Sprechen Sie in der Ich-Form, nicht in „wir" oder „man".
  Damit bleibt es Ihre persönliche Sichtweise und wird nicht als allgemeingültig hingestellt.

- Beziehen Sie sich auf ein begrenztes, konkretes Verhalten (gilt auch für Anerkennung). Menschen und Eindrücke sind nicht statisch, sondern ändern sich laufend.
- Geben Sie Ihr Feedback möglichst unmittelbar nach der entsprechenden Situation. Damit erhöhen Sie die Wirksamkeit. Berücksichtigen Sie jedoch, ob passende Rahmenbedingungen (ungestört, unter vier Augen, ausreichend Zeit etc.) und die erforderliche Aufnahmebereitschaft des Mitarbeiters gegeben sind.
- Beziehen Sie sich auf solche Verhaltensweisen, die der Empfänger auch verändern kann, und nicht auf fixe Merkmale (z. B. Alter, körperliche Beeinträchtigung).

Hilfreiches Feedback ist nicht

- generalisierend
  Verallgemeinerungen wie „immer", „nie", „ständig", „alles" sind zu vermeiden (z. B. „Sie machen immer alles falsch!").
  Allgemein gehaltene Anerkennung: „Ich bin mit Ihrer Arbeit zufrieden."
  Konkrete Anerkennung: „Ich habe Sie bei den drei letzten Präsentationen beobachtet. Die Unterlagen waren für mich übersichtlich und klar verständlich. Sie selbst wirkten während der Präsentation locker und entspannt auf mich. Ich vermute daher, dass Sie diese Präsentationen gut vorbereitet und geplant haben. Es hat mich gefreut, Ihnen zuzuhören."
- vernichtend
- moralisierend
- demütigend
- gekünstelt
  Anerkennung ist nur dann wertvoll, wenn sie aufrichtig ist und nicht inflationär oder wahllos gleichmäßig „mit der Gießkanne" über alle Mitarbeiter verteilt wird. Auch große Lobhudeleien oder überschwängliches Bedanken sind fehl am Platze. Unangebrachte Anerkennung wird als Zweckmanöver durchschaut und verliert damit seine Wirkung.
  Wird Anerkennung direkt mit Kritik verbunden, („Zuckerbrot-und-Peitsche-Methode"), mindert dies den Wert der Anerkennung und kann dazu führen, dass Anerkennung beim Mitarbeiter negative Empfindungen auslöst.

Beispiel:

Ein Mitarbeiter unterbricht bei Meetings ständig andere Gruppenmitglieder.

Nicht hilfreiches Feedback:

- Lassen Sie doch die anderen um Himmels Willen aussprechen, bevor Sie Ihren Senf dazu geben. Reden Sie nicht so viel! (befehlen, anleiten)
- Wenn Sie auf unseren Meetings weiterhin alle Leute unterbrechen, machen Sie sich unbeliebt! (warnen, drohen)
- Es ist ein einfaches Gebot der Höflichkeit, die anderen ausreden zu lassen, bevor man selbst das Wort ergreift. (moralisieren, predigen)
- Ich würde Ihnen vorschlagen, dass Sie sich beim nächsten Mitarbeitertreffen solange zurückhalten, bis alle anderen fertig sind. (Ratschläge geben, Lösungen anbieten)
- Sie verhalten sich bei unseren Treffen wirklich unhöflich! (kritisieren, urteilen)
- Ich weiß, dass Sie sehr intelligent sind und gute Einfälle haben, aber geben Sie in unseren Diskussionen auch den anderen eine Chance. (loben, schmeicheln)
- Sie führen sich in unseren Meetings auf, als seien Sie Herr Schlaumeier persönlich! (spotten)
- Ich bin sicher, dass Sie diese schlechte Gewohnheit, uns ständig zu unterbrechen, ablegen können. (beruhigen)
- Ich glaube, Sie missbrauchen unsere Meetings dazu, den Riesenschatz Ihrer Erfahrung und Ihres Wissens vor uns auszubreiten. (analysieren, Diagnose)
- Warum müssen Sie das Gespräch so an sich reißen und jedermann unterbrechen? (forschen, verhören)
- Sie sind viel zu schüchtern in unseren Meetings – immer enthalten Sie uns Ihre Auffassungen vor. (Sarkasmus, scherzen)

Hilfreiches Feedback:

„Es ist mir in unseren letzten Meetings aufgefallen, dass Sie Ihre Kollegen immer wieder unterbrochen haben (Wahrnehmung). Ich schließe daraus, dass es Ihnen schwer fällt, andere Meinungen gelten zu lassen (Interpretation). Ich ärgere mich, weil dadurch Ihre Kollegen weniger Gelegenheit haben, ihre Ideen auszubreiten (Gefühl). Ich habe Sorge, dass das Klima im Team und die Qualität der Ergebnisse darunter leiden (Auswirkung)."

Persönliche Angriffe erzeugen nur Widerspruch, Angst, Mutlosigkeit, Ärger, vielleicht sogar Hass. Unterstellungen und Zurechtweisungen gehören nicht in ein konstruktives Kritikgespräch. Gibt jemand derartiges Feedback, kann dies eine Störung des Selbstwertgefühls hervorrufen, emotional belastend wirken, zu Verunsicherung, Verteidigungsverhalten und Aggression führen.

Auch ständiges Kritisieren führt bei Mitarbeitern oft zu Verlust des Selbstvertrauens. Sie weichen dann darauf aus, sich zurückzuziehen, kein Risiko mehr einzugehen und innerlich zu kündigen statt an sich zu arbeiten. Hält der Vorgesetzte seinen Mitarbeitern dauernd und ausschließlich den kritischen Spiegel vor, nehmen sie ihn nach einiger Zeit nicht mehr ernst. Der Verdacht kommt auf, es gehe dem „pingeligen" Vorgesetzten nicht darum, den Mitarbeiter in seiner Entwicklung zu unterstützen, sondern darum, ihn „fertig zu machen".

Wenn Mitarbeiter neues Verhalten ausprobieren oder neue Aufgaben wahrnehmen, dann muss ihnen auch das Recht gegeben sein, Fehler zu machen und daraus zu lernen. Den Fokus ständig auf Fehlern zu haben und diese beim Mitarbeiter zu kritisieren, hemmt ihn in seiner Entwicklung.

Feedback erfolgt auch nonverbal:

- Bewusst positiv:
  z. B. zustimmend nicken, aktiv zuhören, lächeln, zugewendet sitzen.
- Bewusst negativ:
  z. B. Kopf schütteln, Augen wegdrehen.
- Unbewusst negativ:
  z. B. gähnen, mit Schreibzeug malen, spielen, unkonzentriert sein, sich wegdrehen, Hände verkreuzen und zurücklehnen.

Wenn Sie Kritik äußern, achten Sie auch auf Ihre Tonlage und Lautstärke. Schauen Sie dem Mitarbeiter in die Augen und machen Sie keine Drohgebärden. Das würde den Mitarbeiter nur verunsichern und seine Bereitschaft, die Kritik anzunehmen, sehr verringern.

Geben Sie Feedback einfühlsam und wertschätzend und bitten Sie den Mitarbeiter danach um eine Stellungnahme. Vielleicht sieht er die Sache anders. Im Zuge eines Coachinggesprächs vergleichen Sie die beiden Sichtweisen und diskutieren Sie die Ursachen und Wirkungen des angesprochenen Verhaltens. Welchen persönlichen Nutzen hätte der Mitarbeiter von einer Veränderung?

Feedback zeigt zusätzliches Entwicklungspotenzial auf

Durch Feedback wird dem Empfänger nicht nur die Wirkung seines Verhaltens bewusst, sondern auch die Selbstbeurteilung seiner Fähigkeiten durch eine Fremdeinschätzung entweder bestätigt oder korrigiert.

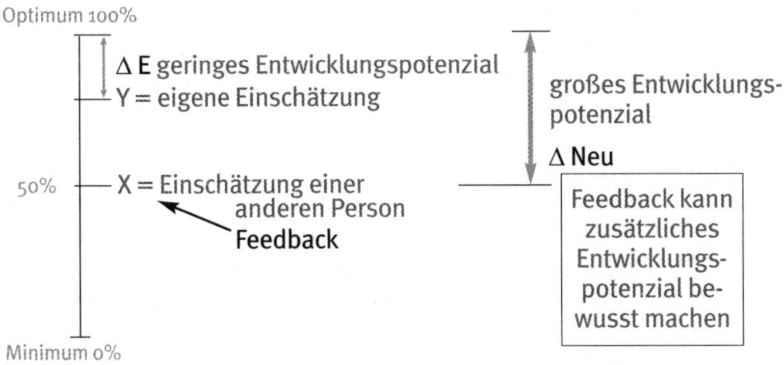

Abbildung 23: Entwicklungspotenzial durch konstruktive Kritik

Angenommen, ein Mitarbeiter schätzt sich selbst bezüglich einer Fähigkeit (z. B. Abschlussstärke beim Kunden, Treffen selbständiger Entscheidungen, Projektmanagement) auf einer fiktiven Skala von 0–100 % nahe dem Höchstwert, dem Optimum ein. Dies äußert sich, indem er mit sich und seiner Arbeit zufrieden ist. Er sieht daher selbst nur mehr ein geringes Entwicklungspotenzial (Δ E), diese Fähigkeit zu verbessern. Er glaubt, diese Fähigkeit in der Arbeit ausreichend zu zeigen. Je näher er sich dem Optimum fühlt, desto geringer wird seine Bereitschaft sein, sich in diesem Bereich noch zu steigern. Überdies scheint der Aufwand für eine weitere Verbesserung naturgemäß umso größer, je höher das Ausgangsniveau ist.

Falls Sie mit Ihrem Mitarbeiter bezüglich dieser Fähigkeit unzufrieden sind, ihn daher auf der gleichen Skala geringer einstufen (z. B. bei 50 %), werden Sie wahrscheinlich ständig darauf warten, dass er sich zu verbessern bemüht.

Durch Ihr Feedback wird dem Mitarbeiter jedoch möglicherweise erst bewusst, dass eine große Differenz zwischen Eigen- und Fremdbild besteht und dass er ein noch viel größeres Entwicklungspotenzial (Δ Neu) besitzt, als von ihm bisher wahrgenommen wurde. Voraussetzung für das Nützen dieser Entwicklungschance ist, dass Ihr Mitarbeiter das erhaltene Feedback annehmen kann.

Die Differenz zwischen Selbst- und Fremdeinschätzung ändert nichts an den tatsächlichen Fähigkeiten und dem aktuellen Erfolg, der damit verbunden ist. Sie kann jedoch aufzeigen, welches Entwicklungspotenzial und wie viel mehr Erfolg für den Mitarbeiter möglich ist.

Angenommen, ein Mitarbeiter unterschätzt sich bezüglich einer Fähigkeit (20 % auf dieser fiktiven Skala). Die Anerkennung der Führungskraft (50 %) kann das Selbstvertrauen des Mitarbeiters fördern und ihm Kraft geben, an einer weiteren Verbesserung seiner Fähigkeit zu arbeiten.

Feedback nehmen

Wer Feedback empfängt, erfährt meist etwas Neues über sich. Stimmt der Inhalt des Feedbacks nicht mit dem vorhandenen Selbstbild überein, kann es – je nach Fähigkeit zur Selbstkritik – zu folgenden Reaktionen kommen:

- Die Wichtigkeit des Feedbacks wird abgewertet. (Das passiert mir sonst nicht. Das war ganz anders gemeint. Das ist doch nicht so wichtig.)
- Das Feedback wird als unrichtig abgelehnt. (Sie können das nicht wirklich beurteilen!)
- Das Feedback wird relativiert und das Problem auf eine andere Ebene verlagert. (Das machen andere auch so ... Das kann ja jedem passieren.)
- Das Feedback wird kompensiert. (Dafür habe ich andere Fähigkeiten ...)
- Das Feedback wird ignoriert, vergessen, verdrängt.

Je stärker sich der Feedbacknehmer verteidigt und je mehr er versucht, sich wieder zum Optimum hin zu argumentieren, umso weniger nimmt er die vorhandene Entwicklungschance (Δ Neu) wahr. Er vergeudet seine Energien in Rechtfertigungen, statt sie für die Reflexion des eigenen Verhaltens zu verwenden.

Falls Ihr Mitarbeiter Ihr Feedback nicht annehmen kann, gibt es die Möglichkeit, dieses Verhalten anzusprechen, hinter dem vielleicht die Angst des Mitarbeiters steckt, Ihnen gegenüber Schwächen zuzugeben.

Hilfreiche Fragen/Rückmeldungen:

- Ich habe das Gefühl, dass es Ihnen im Moment schwer fällt, mein Feedback anzunehmen.
- Was macht es Ihnen schwer, es anzunehmen?
- Wenn Sie mal davon ausgehen, meine Einschätzung wäre richtig, was würde das für Sie bedeuten?
- Stellen Sie sich vor, Sie könnten noch um 50 % besser sein. Was wäre dann anders?
- Wie erfolgreich wären Sie dann?
- Woran würden andere das merken?
- Was bräuchten Sie, um sich dorthin zu entwickeln, wo Sie sich selbst bereits sehen?

Eine andere Möglichkeit, auf die Abwehr Ihres Mitarbeiters zu reagieren, zeigt folgendes Beispiel:

Führungskraft: „Auf der letzten Vorstandssitzung musste ich in Ihrem Bericht einige schwerwiegende Fehler finden (konkrete Beispiele). Ich vermute, dass Sie diesen mit wenig Sorgfalt erstellt haben. Ich bin sehr ärgerlich, weil ich mich vor den Vorstandsmitgliedern ganz schön blamiert habe."
Mitarbeiter: „Sie wollten ihn so rasch haben, dass ich meine Berechnungen nicht noch einmal kontrollieren konnte. Ich habe Ihnen ja gleich gesagt, dass ich dafür mehr Zeit brauche!"
Führungskraft: „Unter solchem Zeitdruck glaubten Sie, Sie könnten nicht die Zeit erübrigen, um Ihre Zahlen zu überprüfen?" (Spiegeln)

Dieses Umschalten auf aktives Zuhören bringt zum Ausdruck, dass die Führungskraft die Haltung des Mitarbeiters, seine Gefühle, seine Abwehr, seine Gründe verstanden und akzeptiert hat (was natürlich nicht heißt, dass sie damit einverstanden ist). Dadurch wächst die Bereitschaft des Mitarbeiters, seinerseits die Haltung der Führungskraft zu verstehen und zu akzeptieren, seine Emotionen beruhigen sich, der Widerstand lässt nach („er hat mir zugehört, jetzt höre ich ihm zu"). Nicht selten erwächst aus diesem aktiven Zuhören auch eine Betroffenheit und damit eine veränderte Haltung der Führungskraft.

Führungskraft: „Ich verstehe jetzt, warum Sie Ihre Berechnungen nicht überprüft haben. Dennoch kann ich keine Berichte mit falschen Zahlen akzeptieren. Was können wir tun, um solche Situationen in Zukunft zu vermeiden?"

Grundsätzlich ist von Ihnen als Führungskraft zu überprüfen, ob Ihre Einschätzung „richtig" ist. Eine Einschätzung ist immer sehr subjektiv. Zunächst gilt es also eingehend zu reflektieren, wie Sie zu dieser Einschätzung gekommen sind (z. B. Sympathie, Beeinflussung durch Erfahrungen mit dem Mitarbeiter, unabhängig von seinen Fähigkeiten, eigene, eventuell unangemessene Wertmaßstäbe). Durch Nachfragen ist dann zu klären, wie der Mitarbeiter zu seiner Einschätzung gekommen ist.

Hilfreiche Fragen:

- Was verstehen Sie genau unter dieser Fähigkeit?
- Wie sind Sie zu Ihrer Einschätzung gekommen?
- Mit wem vergleichen Sie sich?
- Woran merken Sie, dass Sie bereits zufriedenstellend gut sind?
- Welches Verhalten ist damit verbunden?

Damit befinden Sie sich bereits mitten in einem Coachinggespräch, das notwendigerweise auch den Austausch von Erwartungen beinhaltet („Was genau erwarte ich von meinem Mitarbeiter, bis wann?" etc. und „Welche Unterstützung erwartet der Mitarbeiter von mir?").

Der Aufbau einer konstruktiven und hilfreichen Feedbackkultur ist eine wichtige Aufgabe der Führungskraft. Das bedeutet einerseits, dass Ihre Mitarbeiter regelmäßig Feedback in Form von Anerkennung und konstruktiver Kritik von Ihnen erhalten, andererseits aber auch, dass Sie von Ihren Mitarbeitern Feedback zu Ihrem eigenen Verhalten einfordern. Falls Sie dabei „negatives" Feedback erhalten, seien Sie Ihren Mitarbeitern dafür genauso dankbar, es zeigt Ihr Entwicklungspotenzial auf und bringt Sie als Persönlichkeit voran! Es erfordert von Ihren Mitarbeitern großen Mut, Offenheit und Ehrlichkeit, Sie als Vorgesetzten zu kritisieren oder Sie in irgendeiner Form in Frage zu stellen.

Jedes Feedback ist ein Geschenk.
Es ist eine Chance, das eigene Verhalten zu verbessern.

Einladung zur Selbstreflexion

- Wieweit bin ich bereit, konstruktive Kritik auszusprechen, auch wenn es für mich oder den Mitarbeiter unangenehm ist?
- Gebe ich als Führungskraft meinen Mitarbeitern mehr Kritik oder mehr Anerkennung?
- Was hält mich davon ab, meinen Mitarbeitern Anerkennung zu geben?
- In welchen Situationen fällt es mir schwer, Feedback zu geben bzw. Feedback anzunehmen?
- Was ist meine Motivation, Kritik zu üben? Wann halte ich sie für hilfreich im Sinne der Zielerreichung? Wie oft übe ich Kritik aus persönlicher Antipathie oder um Dampf abzulassen?
- Wie sehr bin ich auch selbst bereit, Feedback zu empfangen und mich damit auseinanderzusetzen?

Umgang mit Emotionen

In der Regel sind Führungskräfte oder Mitarbeiter darauf getrimmt, Sach- und Fachaufgaben zu lösen. Die meisten Menschen geben sich im beruflichen Umfeld tendenziell rational, also kopfgesteuert, obwohl wir grundsätzlich von unseren Gefühlen, Einstellungen und Stimmungen stark beeinflusst sind. Gefühle sind immer da, ob wir sie zulassen oder nicht, ob wir zu ihnen stehen oder sie hinter einem „Pokerface" verbergen. Gefühle lassen sich nicht wirklich unterdrücken, sie suchen sich immer ein Ventil, um doch geäußert zu werden. Sei es, dass sie ins Privatleben verlagert werden und in unpassenden Situationen und in unangemessener Heftigkeit zum Ausbruch kommen (wie ein Druckkochtopf, der explodiert, wenn der Druck nicht dosiert abgelassen wird). Sei es, dass aufgestaute Gefühle in Sachthemen einfließen und so zu einem vermeintlichen Sachkonflikt führen, statt dort angesprochen zu werden, wo der Konflikt tatsächlich seinen Ursprung hat, nämlich auf der Beziehungsebene. Schließlich können sich unterdrückte Gefühle sogar in körperlichen Symptomen bis hin zu Krankheiten auswirken. Der Versuch, Gefühle – bewusst oder unbewusst – zu verdrängen, erfordert oft erhebliche Energie, die viel besser in den konstruktiven Umgang mit Gefühlen investiert wäre! Im Übrigen gilt: Wer seinen Ärger unterdrückt, kann meist auch keine Freude empfinden und verwehrt sich dadurch die motivatorische Kraft von Begeisterung und Zuneigung. Authentizität, die erst durch den bewussten Umgang mit Gefühlen möglich wird, ist auch Voraussetzung für eine charismatische Persönlichkeit.

Es ist für eine Führungskraft also wichtig, sich ihrer eigenen Gefühle klar zu sein, sie bewusst wahrzunehmen und zu ihnen als einem wertvollen Teil der eigenen Persönlichkeit zu stehen. Erst wenn sie sich erlaubt, auch scheinbar verbotene Gefühle (Wut, Eifersucht, Neid, Freude, Ehrgeiz etc.) zu haben, ist sie in der Lage, diese zu reflektieren (Was hat das mit mir zu tun, dass mich jemand oder etwas so ärgerlich macht?) und ihren Ursprung zu hinterfragen (z. B. mit Hilfe des „Antreibertests" im Anhang). Diese Bearbeitung von Gefühlen ermöglicht es, sie bewusst auszuleben, ohne von ihnen beherrscht zu werden. Gezielte Reflexion führt oft dazu, dass sich Gefühle in ihrer Intensität relativieren bzw. dass sie dann rechtzeitig und in angemessener Form (z. B. im Feedback) angesprochen werden können.

Vor allem die Beziehungen zwischen Menschen sind in hohen Ausmaß von Gefühlen bestimmt. Sympathie und Antipathie haben oft wenig mit gezeigten Leistungen zu tun. Angefangen mit dem ersten Eindruck beeinflussen Ähnlichkeiten im Verhalten, gleiche Hobbys, Werte etc., wie wir einen anderen Menschen sehen, ob wir ihn als fähig erachten oder von vornherein vom Gegenteil überzeugt sind. Wenn die Beziehungsebene zwischen

Führungskraft und Mitarbeiter nicht stimmt und diese nicht durch Gespräche geklärt wird, verlagert sich der Konflikt auf die Sachebene. Es werden dann Stunden damit verbracht, über mögliche Lösungen von Sachproblemen zu diskutieren und man wundert sich, dass trotzdem kein gemeinsamer Weg gefunden wird. Statt dessen muss die Beziehung zwischen Führungskraft und Mitarbeiter zum Thema werden, wobei ein Austausch über die jeweiligen Gefühle und deren Auswirkungen im Verhalten erfolgt.

Wenn eine Führungskraft in der Lage ist, ihre Gefühle zu zeigen, dient dies als Anregung für den Mitarbeiter, ebenfalls seinen Emotionen Ausdruck zu verleihen. Dadurch wird es einerseits möglich, den Mitarbeiter in seinem Verhalten besser zu verstehen, andererseits unterstützt es ihn selbst, auch konstruktiv mit seinen Gefühlen umzugehen. In der Folge können Probleme auf der Gefühls- oder Beziehungsebene bearbeitet werden, statt zu Ineffizienz auf der Sachebene zu führen.

Beispiel:

Führungskraft: „Ich habe das Gefühl, dass wir deshalb zu keiner Lösung kommen, weil etwas zwischen uns steht."
Mitarbeiter: „Wie meinen Sie das? Es ist ja alles in Ordnung, wir sind nur in der Sache verschiedener Meinung."
Führungskraft: „Ich ärgere mich schon geraume Zeit, dass Sie in vielen Projekten vor allem darauf hinweisen, was nicht funktioniert, statt Lösungsvorschläge zu machen. So werden wir die Ziele nicht erreichen."
Mitarbeiter: „Seit wann sind Sie denn an meinen Lösungsvorschlägen interessiert? Immer wenn ich bisher Vorschläge gebracht habe, wurden sie von Ihnen ignoriert."
Führungskraft: „Sie meinen also, ich hätte Ihren Vorschlägen zu wenig Beachtung geschenkt?"
Mitarbeiter: „Ja, ich habe mich so bemüht und Sie haben kaum darauf reagiert. Sie glauben wohl, Sie sind der einzige, der sich ärgert!"
Führungskraft: „Ich bin froh, dass Sie mir das sagen. Sie sind also auch verärgert."
Mitarbeiter: „Wundert Sie das? Erst beim Projekt XY habe ich einen zehnseitigen Umsetzungsplan ausgearbeitet und bis heute keine Reaktion erhalten."
Führungskraft: „Sie haben Recht, ich bin noch gar nicht dazu gekommen, Ihren Bericht zu lesen. Wir sind also beide verärgert. Was können wir tun, um solche Situationen künftig zu vermeiden?"
Mitarbeiter: „Sie müssten ja nur auf meine Vorschläge reagieren!"
Führungskraft: „Ja, das ist mein Part. Was könnten Sie dazu beitragen, dass wir uns nicht im Ärger verlaufen?"

Mitarbeiter: „Na, ich könnte ja mal nachfragen, ob Sie schon Zeit hatten, meine Berichte zu lesen, bevor ich mich ärgere."
Führungskraft: „Hmm, was hat Sie bisher daran gehindert?"
Mitarbeiter: „Na ja, ich wusste nicht, ob Ihnen das recht ist. Ich hab' mir halt gedacht, es interessiert Sie gar nicht, was ich liefere."
Führungskraft: „Ganz im Gegenteil, Ihre Lösungsvorschläge interessieren mich sehr, sonst würde ich mich nicht so ärgern, wenn Sie mir keine bringen. Es würde mich unterstützen, wenn Sie mich einfach erinnern, bevor Sie sich ärgern."
Mitarbeiter: „Sie haben schon Recht. Es bringt ja wirklich nichts, wenn wir uns beide nur ärgern. Mir fällt übrigens gleich eine Lösung ein zum Thema ..."

Natürlich brauchen gerade Menschen, Führungskräfte wie Mitarbeiter, die aufgrund von Erziehung und langjähriger Gewohnheit Gefühle im beruflichen Rahmen nicht zeigen, Zeit, ihr diesbezügliches Verhalten behutsam zu verändern. Genauso gilt es zu lernen, als Führungskraft nicht unangenehm berührt zu sein, wenn ein Mitarbeiter seine Emotionen ausdrückt.

Beeinträchtigen private Probleme die erbrachte Leistung eines Mitarbeiters stark, wird es für eine Führungskraft schwierig sein, dessen Gefühle anzusprechen. Es ist nicht Aufgabe der Führungskraft, sich in die Privatsphäre eines Menschen einzumischen oder sogar Lösungen anzubieten. Anteilnahme in Form von Mitgefühl und Akzeptanz ist dennoch hilfreich und unterstützt. Das Problem zu würdigen („Ich kann verstehen, dass diese Situation für Sie besonders unangenehm ist."), lädt den Mitarbeiter ein, sich seine Lage einzugestehen und offen darüber zu reden. Mitleid, also die Identifikation mit den Gefühlen anderer, hilft hingegen nicht. Nur persönliche Abgrenzung schafft die Voraussetzung, neutrale Hilfestellung anbieten zu können. Sobald Sie merken, dass der Mitarbeiter sich nicht in gewohnter Weise einbringen kann, ist es erforderlich, die beobachteten Auswirkungen anzusprechen („Bei allem Verständnis für Ihre private Situation kann ich nicht akzeptieren, dass Ihre Leistungen derart nachlassen."). Zu beachten ist, dass der Mitarbeiter sich in einer solchen Lage oft nicht traut, Sie um etwas zu bitten (z. B. Urlaub, Dienstfreistellung), vor allem, wenn er merkt, dass Sie mit seiner Arbeit unzufrieden sind. Hilfreich kann es dann oft sein, wenn Sie Ihren Mitarbeiter fragen, was ihn bei der Lösung seiner Probleme unterstützen könnte („Wie könnten wir Ihre beruflichen Rahmenbedingungen vorübergehend verändern, um Ihnen zu ermöglichen, dass Sie trotz Ihrer momentanen privaten Probleme wieder entsprechende Leistungen erbringen?").

Bei Problemen im persönlichen Bereich ist Coaching durch die Führungskraft nur sehr begrenzt möglich, die Hilfe eines externen Beraters zu empfehlen.

Öffentlich machen

Wie im vorigen Kapitel dargestellt, ist es wichtig und hilfreich, Gefühle zu zeigen und anzusprechen, Empfindungen also öffentlich zu machen. Dies gilt auch für Wahrnehmungen, die entweder den Gesprächsverlauf stören und/oder Hinweise auf innere Vorgänge (Veränderungen, Abwehr, Verunsicherung etc.) sein können.

Öffentlich machen sorgt für Klarheit, für Kongruenz und kann einem wenig zielführenden Gespräch eine Wende geben. Es ermöglicht, aus einer festgefahrenen Situation auszusteigen und von der Oberfläche in die Tiefe zu gehen.

Beispiele:

- Ich merke, Sie schauen ständig auf die Uhr.
- Mir fällt auf, dass Sie sehr unruhig auf dem Sessel hin- und herrutschen.
- Ich merke, Ihre Stimme wird immer leiser.
- Ich habe das Gefühl, dass wir uns im Kreis drehen. Wir kommen keinen Schritt weiter.
- Mir kommt vor, dass Sie meinen Fragen ausweichen.
- Ich habe den Eindruck, dass Sie etwas bedrückt.
- Ich habe das Gefühl, dass Sie irgend etwas daran hindert, sich genauer damit auseinanderzusetzen.
- Mir fällt auf, dass wir nur noch über den Kollegen X sprechen. Jetzt geht es aber um Sie.
- Ich habe das Gefühl, Sie nehmen mich nicht ernst. Das ärgert mich!
- Mir geht es jetzt gar nicht mehr gut in dem Gespräch.
- Das hat mich jetzt völlig verwirrt.
- Es tut mir leid, aber im Moment weiß ich nicht, wie unser Gespräch weiter gehen soll.
- Da bin ich selbst überfragt, ich werde mich informieren.
- Ich merke, dass ich ungeduldig werde.

Vom Opfer zum Gestalter

Ein Gruppenleiter beklagt sich bitter darüber, dass seine Mitarbeiter ihm ständig auf der Nase herumtanzen und sagt, er fühle sich ihnen gegenüber inzwischen völlig ohnmächtig. Sie könnten ihn fragen: „Ab wann haben Sie sich entschlossen, die Zügel schleifen und alles mit sich geschehen zu lassen?“ Mit dem dadurch ausgelösten Suchprozess im Kopf des Gruppenleiters eröffnet sich möglicherweise der Gedanke, er selber habe etwas zur gegenwärtigen Situation beigetragen – er habe demnach also auch die Möglichkeit, von sich aus etwas zu verändern.

Menschen erleben sich sehr häufig als Opfer der Umstände und als völlig hilflos im Sinne einer Gestaltung der Situation. Alle anderen sind schuld daran, dass eine Situation so ist, wie sie ist (oder erlebt wird) – nur man selber nicht. Diese Haltung ist einerseits sehr bequem, rechtfertigt sie doch zuverlässig, dass man jammert, aber untätig bleibt. Sie lenkt von sich selbst und vom eigenen Beitrag zu einem bestimmten Geschehen ab und bietet damit auch Schutz vor Überforderung. Man gibt damit Verantwortung ab, was in der Folge jedoch zu einem beklemmenden Gefühl der Ohnmacht, der Wahllosigkeit und damit zur stetigen Reduktion des Selbstbewusstseins führt. Weniger Selbstvertrauen wiederum erhöht das Gefühl von Ohnmacht usw.

Eine der wichtigsten Aufgaben im Coaching ist es, den Mitarbeiter dabei zu unterstützen, dass er seinen Anteil am Zustandekommen und Aufrechterhalten einer Situation erkennt. Indem Sie als Coach ihm helfen, dass er vom Betroffenen zum Beteiligten wird, dass er sich als Teil eines Zusammenspiels begreift, geben Sie ihm die Macht über sein Leben und seine Befindlichkeit zurück. Er wird vom Opfer zum Gestalter seiner Welt. Es geht dabei keinesfalls um Schuldzuweisungen, nicht darum, dass nun nicht mehr die Umstände, sondern der Mitarbeiter „schuld“ ist an einer bestimmten Situation. Es gilt, die Fähigkeit des Mitarbeiters, ein Problem zu produzieren, in eine Stärke umzuwandeln, nämlich die Fähigkeit, auch eine Lösung zu produzieren. In dem Moment, da der Mitarbeiter seine Mit-Verantwortung an einem Problem erkennt, eröffnet sich auch Spielraum für eine Mit-Gestaltung der Lösung: Natürlich hängt es nicht nur von der eigenen Person ab, wie das (Berufs-)Leben läuft, doch ist man selbst ein wesentlicher Faktor darin. Wenn ich etwas dazu beigetragen habe, dass es so ist, wie es ist, kann ich auch etwas zur Veränderung beitragen! Wenn ich Teil des Problems bin, kann ich auch Teil der Lösung sein!

Mit dieser Einstellung des Gestalters („Jeder ist seines Glückes Schmied!“) eröffnen sich wieder Wahlmöglichkeiten, Alternativen zum bisherigen Verhalten bzw. zur bisherigen Bewertung einer Situation.

Eine dieser prinzipiellen Gestaltungsmomente wird mit dem Slogan „Love it" betitelt. Dies beschreibt die Möglichkeit, Fakten und Situationen eine positive Bewertung zuzuordnen. Wenn der Mitarbeiter z. B. einen Kunden als sehr schwierig erlebt, kann er diese Herausforderung als negativ und sich selber damit als Opfer des Kunden bezeichnen. Eine (vom Mitarbeiter selbst vorgenommene!) Umdeutung könnte jedoch bewirken, dass er die Herausforderung als Lernchance und sich selbst damit als bewusst Lernenden wahrnimmt und den Nutzen daraus zieht.

Ähnliches gilt für die Bewertung eines Kollegen: Sobald der Mitarbeiter versucht, sich ganz gezielt auf die guten Eigenschaften des Kollegen zu konzentrieren, wird es ihm eher gelingen, die ihm unangenehmen Seiten zu akzeptieren, ohne den Kollegen selbst „verändert" zu haben.

Ein anderes Beispiel: Wenn der Mitarbeiter im Moment unveränderbare Rahmenbedingungen nur als negativ beurteilt und seine Energie in die Fokussierung des für ihn damit verbundenen Defizits steckt, nimmt ihm dies die Sicht auf die Möglichkeiten der Gestaltung, die auch innerhalb eines festgelegten Rahmens gegeben sind. Sobald er diese Rahmenbedingungen umdeutet, überwindet er sein Opferdasein und kann seine Energie in die Gestaltung seiner Freiräume investieren. Zu seinem Nutzen und zum Nutzen seines Umfelds (siehe dazu auch Kapitel „Grundannahmen" unter „Jeder Mensch hat zu jedem Zeitpunkt Spielräume und ist für sich verantwortlich" bzw. Kapitel „Werkzeuge" unter „Reframing").

Die zweite Möglichkeit zu gestalten wird mit dem Slogan „Change it" umschrieben. Hierbei geht es nicht mehr um das Finden einer neuen Bedeutung, sondern um die faktische Veränderung einer Situation und/oder des Verhaltens. Sei es, dass Ihr Mitarbeiter in einem Konflikt mit einem Kollegen den ersten Schritt zur Versöhnung tut, weil er seinen Anteil am Zustandekommen des Konflikts erkannt hat. Er erwartet nicht in üblicher Opfermanier, dass der andere zuerst kommt, er übernimmt Mit-Verantwortung und geht ihm entgegen. Oder sei es, dass der Mitarbeiter aufgrund seiner schlechteren Verkaufszahlen im ersten Halbjahr seine Erfolgsfaktoren des Vorjahres analysiert, sämtliche Rahmenbedingungen auf Optimierungsmöglichkeiten untersucht, seine Methoden hinterfragt und neue und zusätzliche Maßnahmen setzt. Er tut dies, statt wie bisher zu jammern und nur den Markt, die Konkurrenz, die Qualität der Produkte etc. für seinen geringeren Erfolg verantwortlich zu machen.

Als dritte Veränderungsvariante steht dem gestalterischen Menschen noch ein Weg offen, der als „Leave it" bezeichnet wird. Nach dem positiven Bewerten und faktischen Verändern bedarf es manchmal auch eines Loslassens oder Verlassens einer Situation. Wenn ein Mitarbeiter alles Erdenkliche getan hat, um sowohl seine Einstellung zu seiner Tätigkeit zu optimieren als auch sämtlichen Gestaltungsfreiraum innerhalb des gegebenen Rahmens auszuschöpfen und dennoch nicht zufrieden ist, wird es manchmal für alle Beteiligten das Beste sein, wenn er sich eine andere, befriedigendere Tätigkeit und/oder ein passenderes Umfeld sucht. Durch eine solche bewusste Entscheidung wird wiederum ein Opfer zum Gestalter.

Als Coach sind Sie aufgerufen, mit hilfreichen Fragen dafür zu sorgen, dass der Gecoachte sich selber (mit seinen Bedeutungsgebungen) und sein Verhalten reflektiert und dessen Auswirkungen hinterfragt. Dies gilt sowohl für Situationen, die vom Mitarbeiter als problematisch erlebt werden, als auch für den Fall, dass Ihr Mitarbeiter großen Erfolg hat. Auch nach Erfolgen ist es wichtig, den eigenen Anteil an deren Zustandekommen zu eruieren, statt den Zufall oder glückliche Umstände verantwortlich zu machen. Dies stärkt erstens das Selbstbewusstsein, zweitens macht das Wissen um Erfolgsfaktoren generell eine Wiederholung der Erfolge wahrscheinlicher. In jedem Fall wird der Mitarbeiter Verantwortung für sein Tun und seine Wirkung übernehmen.

Beispiel:

Mitarbeiter: „Mein Kunde ist immer so aufsässig!"
Coach:

- Wenn Sie wollten, dass sich Ihr Kunde besonders aufsässig verhält, was müssten Sie tun?
- Wie schaffen Sie es, immer wieder mit aufsässigen Kunden zu tun zu haben?
- Was tun Sie, um Ihre Kunden aufsässig werden zu lassen?
- War das immer schon so? Seit wann hat sich das verändert? Was haben Sie damals anders gemacht?
- Was müssten Sie tun, um das Problem noch größer zu machen?
- Was müssten Sie tun, um die Situation noch zu verschlechtern?
- Was tun Sie dazu, damit passiert, was Sie nicht haben wollen?

Beispiel:

Mitarbeiter: „Ich hatte dieses Jahr mein bestes Verkaufsergebnis. Aber ich mache mir Sorgen, ob ich das im nächsten Jahr wieder schaffen kann. Ich kann doch nicht immer soviel Glück haben!"
Coach:

- Was genau haben Sie dazu beigetragen, dass es so gut gelaufen ist?
- Wie sind Sie es angegangen? Beschreiben Sie es Schritt für Schritt!
- Was davon können Sie im nächsten Jahr wieder tun? Noch verstärkt tun?

- Was genau meinen Sie mit Glück?
- Wie haben Sie Ihrem Glück nachgeholfen?
- Was könnten Sie im nächsten Jahr noch tun, um Ihr Glück treu zu halten?

Einladung zur Selbstreflexion

- Was ist mein Anteil an einer Situation, die ich positiv/problematisch erlebe? Was trage ich dazu bei (durch meine Bedeutungsgebung, meine Einstellung, mein Verhalten)?
- Wo fühle ich mich als Opfer, ohne meine gestalterischen Möglichkeiten auszuschöpfen?
- Wo schiebe ich die alleinige Verantwortung auf andere, ohne meinen Beitrag im Zusammenspiel zu hinterfragen?
- Welchen Mitarbeitern traue ich zu, Gestalter zu sein? In welchem Ausmaß? Unter welchen Rahmenbedingungen?

Reframing

Reframing heißt, etwas oder jemanden in einen neuen Rahmen (frame) zu stellen, das Gute im Schlechten zu suchen und damit einer negativen Bewertung eine positive und hilfreiche Bedeutung hinzuzufügen („Love it").

Damit wird eine andere Sicht, eine andere Landkarte der Wirklichkeit erschaffen. Die Wertigkeit eines „Problems" im Gesamtsystem relativiert sich. Reframing ist sinnvoll, wenn jemandem ein Verhalten/eine Situation im Moment nicht oder nur mit sehr großem Aufwand veränderbar erscheint und er sich daher in der Opferrolle fühlt.

Beispiele:

- Ein Mitarbeiter kommt mit einem Kunden nicht zurecht, weil er ihn als schwierig erlebt.
  Hilfreiche Fragen für ein Reframing:
  - Was ist das Gute daran, dass der Kunde sich so und nicht anders zu Ihnen verhält?
  - Falls Sie es nun doch auf irgendeine Art schaffen würden, zu einem Verkaufsabschluss zu kommen, wie würden Sie im Nachhinein über

diesen Kunden denken, wie würden Sie sich fühlen? Was hätte dann das Verhalten des Kunden bei Ihnen ausgelöst?

- Wenn Sie davon ausgehen könnten, der Kunde meine es trotz all der beschriebenen Vorfälle gut mit Ihnen, wie würden Sie die Situation dann deuten?

Aus allen positiven Bedeutungen, die der Mitarbeiter durch die Fragen gewinnt, wählt er die besten aus und gibt der gegebenen Situation seinen neuen, für ihn nützlichen Rahmen:
„Ich kann diesen schwierigen Kunden als meine größte Herausforderung im Verkäuferleben betrachten. Wenn ich es bei diesem Kunden schaffe, kann ich überall verkaufen. Er spornt mich an, das Beste zu geben und es immer wieder auf neue Arten zu probieren. Wenn ich das nächste Mal bei diesem Kunden bin, denke ich daran, dass ich durch ihn zum besten Verkäufer werden kann!"
Diese neue Haltung wird den Mitarbeiter ermutigen, sein Verhalten dem Kunden gegenüber mit hoher Wahrscheinlichkeit verändern und dadurch auch die tatsächliche Beziehung positiv beeinflussen.

- Ein Mitarbeiter beklagt sich darüber, dass ein Projektleiter ihn zu wenig beachtet.
  Hilfreiche Fragen für ein Reframing:
  - Was ist das Gute daran, dass Ihr Kollege Sie nicht beachtet?
  - Welche positive Einstellung könnte hinter einem solchen Verhalten stehen? Angenommen, dieser Kollege meint es wirklich gut mit Ihnen, was würde er wohl über Sie denken?
  - Was würde passieren, wenn er sich plötzlich genau umgekehrt verhalten würde? Was würde Ihnen dann abgehen?
  - Wenn es jemanden gäbe, für den dieses Verhalten das Beste wäre, was ihm passieren könnte, wie würde er dies für sich nützen?

  Möglicher neuer Rahmen für den Mitarbeiter:
  „Der Projektleiter vertraut mir, daher scheint für ihn ständiges Beobachten, Beachten oder Kontrollieren nicht nötig zu sein. Ich kann in meinem Verantwortungsbereich frei gestalten. Ich werde positiv auf ihn zugehen, ihn um seine Beweggründe fragen und ihm sagen, wie sein Verhalten auf mich wirkt."

- Ein Mitarbeiter sieht unveränderbare Rahmenbedingungen nur negativ. Die gesamte Vertriebsmannschaft hat Notebooks mit einem neuen Datenbankprogramm erhalten. Die Mitarbeiter haben Anweisung vom Konzern erhalten, jeden Kundenbesuch mit Daten genau zu erfassen. Die Mitarbeiter beschweren sich, dass das Programm zu kompliziert sei und die Notebooks ständig ausfallen. Die neue Einführung koste nur Zeit und hielte sie vom Verkaufen ab. Sie fühlen sich kontrolliert und fürchten, ihren Job zu verlieren, falls die Auswertungen für sie negativ ausfallen.

Hilfreiche Fragen für ein Reframing:

- Was ist das Positive am neuen Notebook, wobei hilft es Ihnen?
- Welchen Nutzen könnten Sie selbst aus dem Erfassen der Daten erhalten?
- Was ist das Gute an der Kontrolle? Welche negative Auswirkungen könnte sie verhindern? Wie könnte sie sich positiv auf Ihren Erfolg auswirken?
- Welche Auswertungen der Daten würde Ihnen das Verkaufen künftig erleichtern?
- Welchen Nutzen könnten andere Kollegen der Vertriebsmannschaft daraus ziehen?
- In welchen Situationen können Ihnen die erfassten Daten wiederum Zeit ersparen?

Der Mitarbeiter erkennt, dass er nicht nur seine eigenen Protokolle als Vorbereitung für künftige Verkaufsgespräche nutzen, sondern auch über die Datenbank Vergleichswerte seiner Kollegen abrufen kann. Dies ermöglicht ihm, Konditionen für seine Kunden mittels Referenzwerten schneller festzulegen. Am Ende des Monats kann er einen Ergebnisbericht ohne viel Mühe ausdrucken und seinem Vorgesetzten vorlegen. Der Vorgesetzte kann damit auch die Erfolge des Mitarbeiters nachvollziehen und gegebenenfalls unterstützend eingreifen. Der Mitarbeiter wird vom Konzern mit aktuellen Daten vom Markt versorgt und kann daher seine Preise kontrollieren. Der Verkaufsinnendienst wird die Bestellungen schneller und fehlerfrei weiterverarbeiten. Dies stellte früher oft ein großes Konfliktpotenzial dar.
Möglicher neuer Rahmen des Mitarbeiters:
„Wenn ich die Daten in meinem Notebook erfasse, denke ich gleichzeitig daran, wie ich selbst und meine Kollegen von den Auswertungen profitieren. Ich bin für meine künftigen Verkaufsgespräche immer gut vorbereitet. Die Anbindung an den Konzern gibt mir Sicherheit."

- Ein Mitarbeiter ist verzweifelt, weil er glaubt, in allem, was er tut, stets zu langsam zu sein.
  Hilfreiche Fragen für ein Reframing:
  - Welche positiven Auswirkungen sind damit verbunden?
  - In welcher Situation ist dieses Verhalten für Sie oder andere nützlich oder sinnvoll?

- An welche Situationen erinnern Sie sich, wo Sie froh waren, so und nicht anders gehandelt zu haben?
- Wovor schützt Sie dieses Verhalten? Was können Sie damit vermeiden?
- Was würde passieren, wenn Sie dieses Verhalten nicht mehr zeigten?

Mögliches Reframing des Mitarbeiters:
„In manchen Situationen ist es für mich sinnvoll, sorgfältig zu arbeiten, weil ich dann kaum Fehler mache und den Überblick bewahre. Die Zufriedenheit darüber gibt mir Energie, in anderen Situationen schneller zu sein."

Auch für Sie als Coach kann die Anwendung von Reframing von großem Nutzen sein. Wenn Sie beispielsweise Mitarbeiter haben, die noch nicht so entwickelt sind, wie Sie es sich wünschen, könnte ein Reframing wie folgt aussehen:

„Meine Mitarbeiter sind noch nicht am Optimum. Gut! Da steckt noch jede Menge Potenzial, das ich mit Coaching entwickeln kann! Ich freue mich auf diese herausfordernde Aufgabe. Die Investition an Zeit und an Geduld wird sich lohnen, weil ich stolz darauf sein werde, meine Mitarbeiter unterstützt zu haben, das Beste aus sich zu machen und erfolgreich zu sein!"

Ein anderes Beispiel:

Eine Führungskraft erlebt ihren Mitarbeiter als langsam, worüber sie sich häufig ärgert, obwohl seine Leistungen grundsätzlich in Ordnung sind.

Mögliches resultierendes Reframing der Führungskraft nach Selbstreflexion: „Immer, wenn ich meinen Mitarbeiter als langsam erlebe, weiß ich gleichzeitig, dass er überaus zuverlässig und genau arbeitet und außerdem als Ruhepol im Team keine Hektik aufkommen lässt."

Dies ist keinesfalls der Aufruf, dem Mitarbeiter „schön zu tun", alles durch die rosarote Brille zu sehen und damit Gefahr zu laufen, ohnehin nur ironisch oder gar zynisch zu werden („Ich weiß ja, lieber Herr X, dass Sie langsam sind, um mir Grund zur Kritik zu geben!"). Ganz im Gegenteil: Wenn Sie nicht in der Lage sind, die konstruktive Sichtweise ernst zu nehmen und wirklich eine positive, sinnvolle Seite am Verhalten des Mitarbeiters zu erkennen, bringen Sie Ihre Kritik lieber direkt an, als um den heißen Brei zu reden (wobei immer der Ton die Musik macht!).

Im Sinne von Konstruktivismus und der Grundhaltung der Akzeptanz geht es jedoch darum, sich die subjektive Bedeutungsgebung und deren Auswirkungen im System bewusst zu machen. Sobald die Führungskraft durch eine veränderte Bedeutungsgebung in der Lage ist, den Mitarbeitern (auch) positiv gegenüber zu treten, kann gemeinsam ein Entwicklungsprozess im tatsächlichen Verhalten begonnen werden.

„Ich sehe, dass Sie Ihre Arbeit mit großer Sorgfalt erledigen. Was bräuchten Sie darüber hinaus, um in manchen Situationen auch etwas schneller vorzugehen, ohne deshalb Ihre Sorgfalt aufzugeben?"

Wenn alles auch anders sein könnte,
anders gesehen werden könnte, ist schon viel dafür getan, dass die
Dinge nicht mehr so festgefahren
und rigide erlebt werden wie bisher.

Muster unterbrechen

Gerade in schon länger bestehenden Beziehungen zwischen Führungskraft und Mitarbeitern sind gewisse Verhaltensweisen und die dazugehörigen Reaktionen bereits zur Gewohnheit geworden. „Ausgetretene Pfade" haben sich im Laufe der Zeit entwickelt, in denen mit hoher Wahrscheinlichkeit voraussehbar ist, wie die Beteiligten eines solchen Kommunikationsmusters agieren und reagieren. Dies ist in vielen Fällen sehr hilfreich: Die Führungskraft kann zufrieden sein, wenn der Mitarbeiter ohne großen Erklärungsbedarf und ohne viel Diskussion in einer bestimmten Situation immer wieder die von beiden akzeptierten Schritte unternimmt. Auch der Mitarbeiter ist froh, wenn er auf eine bestimmte Aktion seinerseits die gewünschte Reaktion von seiner Führungskraft erhält. Eine reibungslose Zusammenarbeit umfasst unter anderem viele solcher eingespielter Reiz-Reaktionsmuster.

Allerdings existieren nun auch immer wieder eingespielte Verhaltensmuster, die alles andere als die gewünschten Ergebnisse bringen: wenn Sie sich ärgern, dass Ihr Mitarbeiter z. B. immer wieder mit seinen Problemen zu Ihnen kommt, ohne sich selber Gedanken über eine Lösung zu machen; oder wenn einer Ihrer Mitarbeiter immer wieder versucht, seine Fehler anderen in die Schuhe zu schieben etc. In all diesen unerfreulichen Fällen könnte die Suche nach den zugrunde liegenden Reiz-Reaktionsmustern einer Änderung der Situation dienlich sein.

Ein Beispiel:

Herr Mayer neigt dazu, sehr spontan und schnell in seiner Lösungsfindung zu sein. Er hat aus alter Gewohnheit für jedes Problem sofort eine gute Idee, die es nur noch schnell umzusetzen gilt. Er ärgert sich allerdings darüber, dass seine Mitarbeiter ihrerseits wenig Kreativität und vor allem Tempo zeigen, wenn es darum geht, Antworten auf die täglichen Fragestellungen des betrieblichen Kontextes zu finden. Er versucht daher, mit der Delegation von Aufgaben der Lösungskompetenz seiner Mitarbeiter auf die Sprünge zu helfen. Wenn allerdings seine Mitarbeiter nicht wie aus der Pistole geschossen eine Lösung parat haben, wird er ungeduldig und beginnt, auf sie einzureden, um etwas „Tempo zu machen". Seine Mitarbeiter haben sich daran gewöhnt. Sie empfinden es mittlerweile als ganz praktisch, sich solange zurückzuhalten, bis Herr Mayer die Aufgabe letztendlich selber löst.

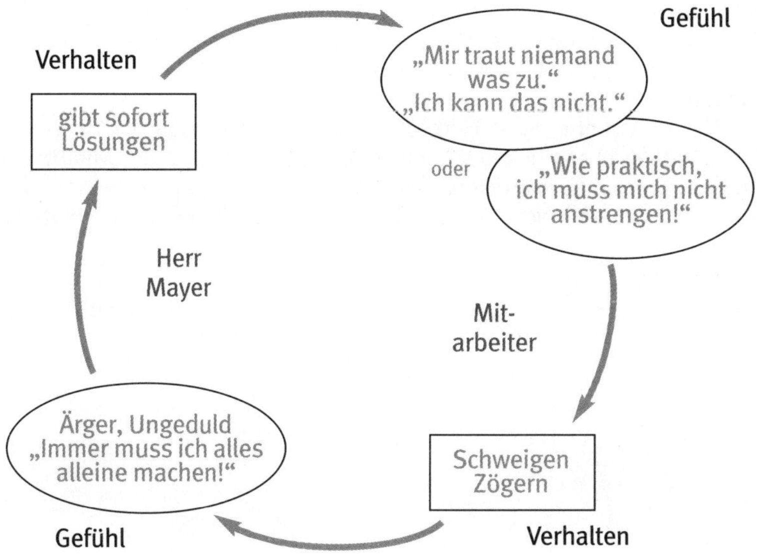

Abbildung 24: Beispiel für einen Teufelskreis

Je öfter Herr Mayer mit seinen Mitarbeitern in eine solchen Interaktion tritt, desto mehr gräbt sich das Muster ein. Je aktiver Herr Mayer ist, umso passiver reagieren seine Mitarbeiter. Je länger beide Teile sich so verhalten, umso schwerer wird eine Veränderung des Musters, das Ergebnis der Interaktion bleibt gleich. Das Problem wird durch das Muster am Leben gehalten, ein Teufelskreis läuft ab (siehe Kapitel „Grundannahmen" unter „Menschen können sich nur selbst verändern").

Es liegt nun an der Führungskraft, durch eine Veränderung ihres Verhaltens dieses ineffiziente Spiel zu unterbrechen, den Teufelskreis in einen

Engelskreis umzuwandeln. Als Coach analysiert Herr Mayer sein Vorgehen (allein oder mit Hilfe eines Supervisors). Er erkennt, dass seine hohe Aktivität, das Vorpreschen mit eigenen Lösungen, ohne seinen Mitarbeitern ausreichend Raum zu lassen, zentraler Bestandteil seines Verhaltens ist. Die nun geplante Musterunterbrechung lautet: jede Form von Vorpreschen zu unterlassen und statt dessen Fragen stellen, die seine Mitarbeiter unterstützen, selber aktiv zu werden. Diese Verhaltensänderung bedarf einer hohen Disziplin, da sein ursprüngliches Vorgehen automatisiert ist. Er muss sich in jeder relevanten Situation mit seinen Mitarbeitern bewusst daran erinnern, um nicht umgehend in das alte Muster zurückzufallen – so lange, bis das neue Verhalten seinerseits zum Automatismus wird. Dies gelingt umso leichter, je deutlicher Herr Mayer seinen Nutzen aus dem neuen Verhalten erkennt.

Was passiert nun, wenn Herr Mayer sein Verhalten in der beschriebenen Art modifiziert? Mit hoher Wahrscheinlichkeit beginnen die Mitarbeiter langsam aber stetig, ihre eigene Lust am Erdenken und Entwickeln von Lösungen wieder zu finden. Sie trauen sich zunehmend, selbst Vorschläge zu

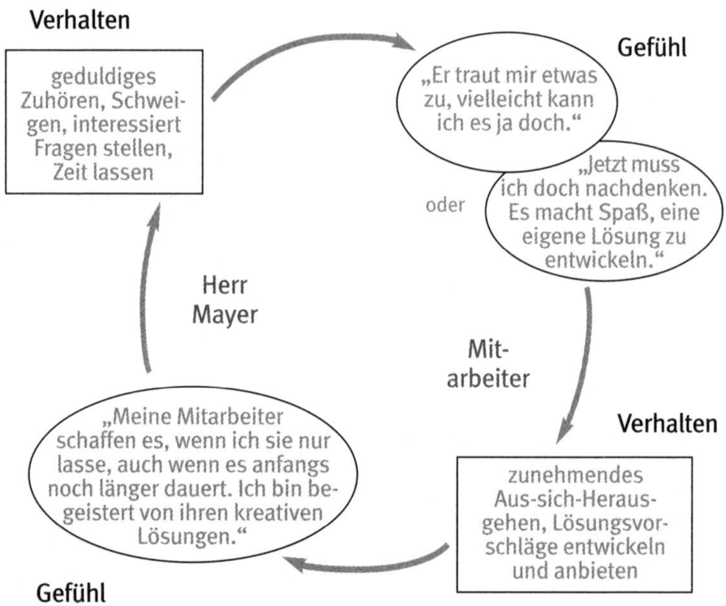

Abbildung 25: Beispiel für einen Engelskreis nach Musterunterbrechung

machen, auch wenn es zu Beginn noch länger dauert, weil die Vorbehalte gegenüber den eigenen Fähigkeiten und die Scheu vor der „schnellen" Führungskraft noch groß sind.

Sobald man erkennt, was zur Aufrechterhaltung des Problems notwendig ist (z. B. Vorpreschen mit eigenen Lösungen), bedarf es oft nur kleiner Maßnahmen (Pause einlegen!), um große Veränderungen zu erzielen. Auf jeden Fall entsteht durch die Verhaltensänderung der Führungskraft ein kreatives Feld, in dem die Reaktionen der Mitarbeiter nicht vorhersehbar sind. Das Verhalten beider Seiten kann sich neu organisieren, und erst am Ergebnis kann überprüft werden, ob es den Zielen der Beteiligten und des Unternehmens besser dienlich ist als das alte Muster.

Allerdings gelten auch für die Überprüfung der neuen Ergebnisse die Prinzipien des Konstruktivismus: Solange die Wirklichkeitskonstruktion, die Landkarte der Führungskraft versteinert und unverrückbar ist, wird sie sich immer wieder selbst bestätigen. Wenn die Führungskraft also weiterhin überzeugt ist, dass sie alles allein machen muss, weil die Mitarbeiter nicht gut genug sind, wird es ihr auch nach der Verhaltensänderung unmöglich sein, die Lösungen ihrer Mitarbeiter als mindestens ebenbürtig anzuerkennen. Als Folge wird sie sehr schnell in ihr altes Verhaltensmuster zurückfallen („Ich habe ja gleich gewusst, dass die das nicht können!").

Umgang mit Fehlern

Coaching hat zum Ziel, dass Mitarbeiter schrittweise ihre Fähigkeiten ausbauen und in neuen Situationen einsetzen. Dabei werden Fehler passieren. Da Lernen nur in einer angstfreien Atmosphäre möglich ist, macht es für den Lernfortschritt des Mitarbeiters einen großen Unterschied, wie die Führungskraft mit diesen Fehlern umgeht.

Die Führungskraft muss also zuerst ihre eigene Haltung Fehlern gegenüber überprüfen: Wie definiere ich Fehler? Bedeuten sie für mich das Ende einer missglückten Handlung, eine Quelle von Frustration und etwas, was es um jeden Preis zu vermeiden gilt, eine Störung, die beseitigt werden sollte? Werden in meinem Umfeld bei jedem Fehler sofort die Schuldigen gesucht, angeklagt und möglichst bestraft?

Oder sehe ich Fehler als unvermeidlich, sobald Herausforderungen angenommen werden? Definiere ich Fehler als willkommene Gelegenheit, wieder etwas zu lernen, als Erfahrung, aus der ich Erkenntnisse ziehen kann? Und gilt es, die Ursachen zu analysieren und konstruktiv Kritik zu üben, um für die nächste Gelegenheit noch besser gerüstet zu sein? Sehe ich

Fehler als Gelegenheit, inne zu halten und zu überprüfen, ob sich etwas an den Rahmenbedingungen, Ressourcen, Zielen etc. verändert hat?

Wir wissen, dass Lernen ohne Fehler überhaupt nicht möglich ist. Untersuchungen haben ergeben, dass ein Kind seine Muttersprache umso besser sprechen lernt, je weniger es korrigiert wird. Denn es wird mit seinen eigenen Fehlern noch weit unbefangener umgehen als Erwachsene. Es wird vielleicht einige Tage „sie schwimmte" sagen, aber dann plötzlich zur korrekten Form übergehen. Es genügt, wenn die Erwachsenen das Wort selber korrekt verwenden, ohne das Kind zu korrigieren.

Im Zuge des Erwachsenwerdens verlieren wir diesen natürlichen Umgang mit Fehlern meist, weil die Forderung nach Perfektion und die negative Bewertung von Fehlern in der Schule, von den Eltern etc. nachhaltige Spuren hinterlässt. Je mehr man Menschen eingeredet hat, dass Fehler schlecht sind, umso weniger werden sie bereit sein, Herausforderungen anzunehmen und Risiken einzugehen.

Das Ergebnis dieser Erziehung sind sehr oft so genannte „Misserfolgsmeider", die vor lauter Konzentration auf die Fehlervermeidung nur mehr das Notwendigste tun und sich nicht über die engen Grenzen der vollkommenen Sicherheit hinauswagen („Dienst nach Vorschrift"). In Umkehrung des Mottos „wo gehobelt wird, da fallen Späne" hören sie auf zu hobeln, um Späne zu vermeiden. Sie werden ihre Ziele dementsprechend sehr niedrig stecken, oder unerreichbar hoch, um nach dem Misserfolg sagen zu können, dass eine Zielerreichung von vornherein völlig unmöglich war und es keiner geschafft hätte.

Vor lauter Angst, Fehler zu machen, passieren ihnen immer noch mehr (sich selbst erfüllende Prophezeiung). Ein Teufelskreis, der sich verstärkt, wenn die Umwelt – vor allem die Führungskraft – die entsprechenden Signale aussendet:

Die Angst, Fehler zu machen, bindet Energie und lenkt die Aufmerksamkeit wiederum auf Fehler. Der Mitarbeiter weiß damit ständig, was nicht sein soll, statt sich darauf zu konzentrieren, was sein soll. Dies gilt im Übrigen auch für die Formulierung von Aufforderungen allgemein („Halt dich fest!" statt „Fall' nicht runter!") sowie für das Formulieren von Zielen (vertiefende Informationen zum Thema „Zielearbeit" finden Sie im Anhang).

Außerdem wenden diese Menschen ihre Energie dafür auf, Fehler zu vertuschen, sich Alibis zu verschaffen und die Schuld auf andere zu schieben, statt Fehler zu beheben.

„Erfolgssucher" hingegen, also Menschen, die sich Herausforderungen freudig stellen, werden einem Fehler mit Erstaunen und Neugier begegnen, was ihnen ermöglicht, daraus zu lernen und echten Nutzen zu ziehen. Der

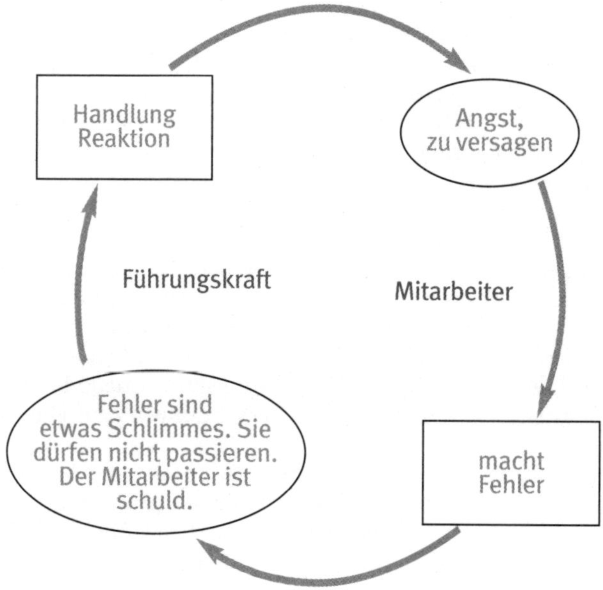

Abbildung 26: Der Fehler-Teufelskreis

Fehler wird zum Ausgangspunkt einer Suche nach neuen Lösungen. So wie es einst schon Thomas Edison erkannte: Jeder Fehler bringt den Erfolgssucher seinem Ziel näher, weil er ein Hinweis ist, welche Lösung sicher nicht in Frage kommt. „Ich weiß jetzt, wie es nicht geht!", lautet die Devise. Und es gibt genügend Beispiele für Fälle, in denen aus Fehlern erst die wirklich kreativen Ergebnisse entstanden sind: Denken Sie nur an die allseits beliebten gelben Post-its, die es nur deshalb gibt, weil ein vermeintlicher Fehler bei der Klebstoffrezeptur einen Klebstoff hervorbrachte, der nicht permanent klebte!

Natürlich ist es – trotz der hier propagierten positiven Einstellung gegenüber Fehlern – die Aufgabe der Führungskraft, das Risiko im Interesse aller in Grenzen zu halten. Dies beginnt mit der sehr klaren Formulierung von Erwartungen und Rahmenbedingungen, damit der Mitarbeiter bei seiner Lösungssuche nicht von falschen Voraussetzungen ausgeht. Mit geeigneten und gemeinsam vereinbarten Kontrollmechanismen (Berichte, Checkpoints etc.) gilt es weiterhin darauf zu achten, dass der Mitarbeiter ausreichend Begleitung auf dem Weg zum Ziel erhält, um sich mit dieser

Sicherheit im Rücken noch kreativer mit seiner neuen Herausforderung auseinandersetzen zu können.

Die Führungskraft kann mit ihrem Verhalten den Teufelskreis der Erziehung etc. in einen Engelskreis der Gegenwart umwandeln:

Dem Mitarbeiter wird es möglich sein, ein gewisses Maß an Risiko einzugehen, wenn die Führungskraft eine angstfreie Atmosphäre schafft und eine entsprechende Begleitung bietet. Passieren dennoch Fehler, geht sie konstruktiv damit um (Analyse, konstruktives Feedback), was wiederum die angstfreie Atmosphäre verstärkt.

Langjährige Misserfolgsmeider brauchen dennoch höchstwahrscheinlich Zeit und Geduld, bis sie ausreichend Vertrauen in die Führungskraft und in sich selbst aufgebaut und ihre anerzogene Fehlerkultur verändert haben und wieder bereit sind, Risiken einzugehen. Der Mitarbeiter kann – durch dieses hilfreiche Verhalten der Führungskraft – neue Erfahrungen machen, die früher oder später die alten Überzeugungen zum Thema „Fehler“ überlagern.

Kalkulieren Sie also gelegentliche Fehler mit ein. Schaffen Sie ein Klima, in dem man Fehler als Chancen erkennt. Um diese Chance zu nützen, wird der Mitarbeiter bereit sein, Fehler zuzugeben und zu erörtern, Fehler werden zu Lernquellen. Nur dann wird sich Ihr Mitarbeiter neuen Herausforderungen stellen.

Dazu gehört auch, dass Sie selber Ihre Fehler ebenfalls offen zugeben und zur Bearbeitung aussetzen. Und dass Sie als Coach immer wieder überprüfen, ob Sie etwas nicht nur deshalb als Fehler definieren, weil Sie es anders gemacht hätten ...

Umgang mit eigenen Lösungsideen

Natürlich kennen viele Führungskräfte aus ihrer Erfahrung und mit Hilfe der eigenen Kreativität eine ganze Menge gute Lösungen. Und aus der gängigen Definition der Führungsarbeit sind sie es auch gewohnt, prompt und oft auch ungefragt mit diesen Lösungsideen zur Stelle zu sein, wann immer irgendwo ein Problem auftaucht. Schließlich ist die Fähigkeit, Probleme zu lösen und Verbesserungen einzuleiten, ja auch oft der Grund, warum sie erfolgreich sind und Karriere machen. Und sicherlich ist es ein gutes Gefühl, alles schneller und besser zu wissen und zu können als die Mitarbeiter. Der Vorsprung tut gut.

Aus den bisherigen Ausführungen folgt jedoch auch, dass Coaching in diesem (vermeintlichen) Vorsprung eine große Gefahr sieht. Die Führungskraft, die für alles Wissen und Können das Vorbild für ihre Mitarbeiter sein möchte, wird ihrem Unternehmen oder ihrer Abteilung nicht zum optimalen Erfolg verhelfen. Denn die Kundenstruktur, die Art der Herausforderungen und Probleme sind differenzierter, als sie dies mit all ihrem Wissen und ihrer Erfahrung abdecken könnte.

Ganz im Gegenteil: Der Hang zur Besserwisserei wird die Führungskraft dazu verleiten, das anstehende Problem lieber selber zu lösen, in der Meinung, kein anderer könne es so gut oder es würde viel zu lange dauern, bis der Mitarbeiter selbst eine Lösung findet. Dies sind wohl auch die Hauptgründe, weswegen viele Manager Stress- und Zeitprobleme haben: „Das muss ich selber machen! Das kann ich nicht meinen Mitarbeitern übergeben! Außerdem dauert das viel zu lange!"

Verstärkt wird diese Haltung oft aus der Sorge der Führungskraft, der Mitarbeiter könnte ihre Kompetenz und Wichtigkeit anzweifeln, wenn sie nicht zu jeder Frage sofort eine Antwort aus dem Ärmel schüttelt.

Daraus entsteht sehr häufig das beliebte Spiel von Angebot und Ablehnung: Die Führungskraft meint, bereits zu wissen, und schlägt vor. Auf die Antwort des Mitarbeiters „Das geht bei mir nicht!" macht sie neue Vorschläge. Der Mitarbeiter sagt immer öfter, wenn nicht offen und ehrlich, dann innerlich „Nein!" Die Führungskraft hat verloren und sich umsonst angestrengt, möglichst tolle Ideen zu produzieren.

Negatives Beispiel:

Mitarbeiter: „Ich habe das Problem, dass ..."
Führungskraft: „Ach, ich weiß, was da hilft. Machen Sie doch mal ..."
Mitarbeiter: „Das hab ich schon probiert. Das funktioniert nicht."
Führungskraft: „Dann kann es nur noch das ... sein."
Mitarbeiter: „Nein, das ist es auch nicht."
Führungskraft: „Ja, dann weiß ich es auch nicht."
Mitarbeiter: „Dann müssen wir das wohl so lassen."
Führungskraft: „Wissen Sie was, geben Sie mir das Ganze. Ich kümmere mich schon darum!"
Am nächsten Tag zeigt diese Führungskraft dem Mitarbeiter ganz stolz die (über Nacht) gefundene Lösung. Das ist der sicherste Weg, wie sich Mitarbeiter gegen Ratschläge wehren und die ganze Verantwortung der Führungskraft aufhalsen.

Coaching hingegen geht davon aus, dass Menschen am ehesten den Rat befolgen, den sie sich selber gegeben haben. Es ist viel befriedigender zu wissen, dass man selbst und niemand anderer die Lösung für eine herausfordernde Aufgabe gefunden hat. Der Erfolg gehört dem Mitarbeiter, was dessen Selbstvertrauen stärkt und ihn ermutigt, selbst nach seinen Lösungen zu suchen. Außerdem stellt die Idee der Führungskraft zwar aus ihrer Sicht die optimale Variante dar, aus Sicht des Mitarbeiters passt sie jedoch vielleicht gar nicht so perfekt zur Kombination von Rahmenbedingungen und eigenen Fähigkeiten. Die Wirklichkeitskonstruktion des Mitarbeiters, die nur er selbst kennt, enthält möglicherweise Einträge, die die Idee der Führungskraft in einem ganz anderen Licht erscheinen und daher an Qualität verlieren lassen.

Die Alternative lautet also einmal mehr: Fragen stellen, offene Fragen. Der Coach hält eigene Ideen vorerst zurück, wenn es auch manchmal schwer fällt. Dabei hilft die Überzeugung, dass er durch seine Fragen auch Antworten bekommt, die ihm selber helfen, etwas Neues zu lernen – durch seine Mitarbeiter.

Das heißt nun auch, dass Sie als Coach nicht beweisen müssen, dass Sie alles besser können. Sie sollten jedoch Prozesse und Techniken einsetzen können, die Ihren Mitarbeitern helfen, etwas zu lernen, was Sie selbst nicht können und eventuell auch nicht zu können brauchen. Wozu haben Sie denn Mitarbeiter? Sie können (und brauchen) sich nicht auf alles selbst (zu) spezialisieren. Sie sollten sich jedoch als Coach spezialisieren, um in diese Lernpartnerschaft eintreten zu können. Das ist deswegen möglich, weil selbst neue Mitarbeiter meistens genügend Wissen und Können bzw. genügend innere Ressourcen haben, um Neues selbst zu entdecken (d. h. zu lernen bzw. Verhalten zu ändern). Oft werden diese sogar im Moment Nützlicheres wissen und können als Sie und Ihre „alten" Mitarbeiter: Die Neuen bringen „frisches", ergänzendes Wissen (von der Schule, der Uni oder aus anderen Unternehmen), das Ihre erfahrungsgemäß vorhandene Betriebsblindheit mit neuen Impulsen stören kann und damit neue Lösungen möglich macht. Es kommt nur darauf an, ob Sie und wie Sie ihnen helfen, dieses Wissen und Können auf Ihr Unternehmen umzusetzen – es also nutzbar machen, statt zu sagen: „Bei uns macht man das anders!" Für das, was Ihre Mitarbeiter noch nicht wissen und können, brauchen sie Hilfe zur Selbsthilfe.

Natürlich gibt es – wie schon beschrieben – viele Mitarbeiter, die durch Erziehung und Berufserfahrung so programmiert sind, dass sie ihre individuellen Ressourcen nicht voll nutzen, sondern erst einmal darauf warten, was der Chef dazu sagt (Schmerzvermeider, Angst vor Fehlern, geringes Selbstvertrauen etc.).

Diese gilt es durch entsprechendes Verhalten aus der Reserve zu locken und ihr Selbstvertrauen durch Erfolge schrittweise zu stärken.

Und auch alle anderen Mitarbeiter, die vielleicht anfangs um ihre Bequemlichkeit trauern, sobald sie selber zum Nachdenken aufgefordert sind, werden die Unterstützung ihrer nunmehr coachenden Führungskraft bald zu schätzen wissen.

Coachingsequenz:
Mitarbeiter: „Ich habe das Problem, dass ..."
Coach: „Was genau ist passiert?"
Mitarbeiter: „...! ...!"
Coach: „Wie sollte das Ergebnis bzw. Ziel idealerweise aussehen? Und woran würden Sie erkennen, dass das Ganze richtig abläuft?"
Mitarbeiter: „...!"
Coach: „Okay, worin besteht also das Problem genau? Was fehlt?"
Mitarbeiter: „...!"
Coach: „Nun, das sieht ja jetzt schon viel strukturierter aus. Was stellen Sie sich vor, was Sie jetzt tun könnten, um das Problem zu lösen?"
Mitarbeiter: „Man könnte A oder B oder C oder XY tun."
Coach: „Welche der Ideen hilft am besten, das gewünschte Ergebnis zu erreichen?"
Mitarbeiter: „A und B, ich weiß nicht recht. C könnte funktionieren. XY könnte eine Alternative sein, wenn C nicht funktioniert."
Coach: „Also, was hindert Sie daran, C zu tun?"
Mitarbeiter: „Da fällt mir im Moment nichts mehr ein."
Coach: „ Okay! Welche konkreten Schritte unternehmen Sie jetzt?"
Mitarbeiter: „Erstens ..., zweitens ..., drittens ..."
Coach: „Gut, dann lassen Sie uns noch kurz nachdenken: Haben wir an alles gedacht? Wie zufrieden sind Sie mit dem Ergebnis?"
Mitarbeiter: „Tja, sieht gut aus. Danke. Das mach' ich."
Coach: „Viel Erfolg!"

Hat einer Verstand genug, einen guten Rat zu geben,
so hat er meist auch Verstand genug,
ihn für sich zu behalten.

Jean Paul

Einladung zur Selbstreflexion

- Wie geht es mir dabei, wenn ich eine tolle Lösung zurückhalte?
- Was befürchte ich?
- Wie oft überprüfe ich eingehend, ob es wirklich nötig ist, dass meine Lösung umgesetzt wird? Wann glaube ich, meine Position verlange die besten Lösungen von mir?
- Wieweit lasse ich mich immer wieder verleiten, auf eine Frage (Rückdelegation) sofort mit der Lösung herauszuplatzen? Wie oft bin ich dann vielleicht beleidigt, wenn ich nicht große Dankbarkeit, sondern Ablehnung ernte?
- Wann traue ich meinen Mitarbeitern überhaupt zu, dass sie eine mindestens ebenso gute Lösung finden können?
- Wie oft bin ich sogar neugierig, was meinen Mitarbeitern alles einfällt?
- Wie viel Zeit lasse ich ihnen, nachzudenken? Woran erkenne ich, dass es ausreichend Zeit war?
- Wann unterstütze ich sie mit guten Fragen?
- Wie sehr freue ich mich mit ihnen, wenn sie das Problem selbständig gelöst haben?
- Wie geht es mir, wenn einer meiner Mitarbeiter Erfolg hat?

Konstruktives Sprechen

Dennoch soll die obige Darstellung nicht heißen, dass eine Führungskraft nie wieder eine gute Idee haben soll oder braucht. Natürlich gilt es weiterhin, Ihr Wissen und Ihre Erfahrung grundsätzlich nutzbar zu machen. Dies ist der Fall, wenn der Mitarbeiter manchmal auch nach eingehender Beschäftigung mit der Thematik keine praktikablen Wege findet oder wenn Sie nach offener und ernsthafter Diskussion über einen Vorschlag des Mitarbeiters doch zum Schluss kommen, dass diesmal Ihre Variante ausgeführt werden soll, um ein Risiko zu minimieren oder eine Terminvorgabe einzuhalten. Und Ihr Mitarbeiter wird diese „Ausnahmen" umso leichter akzeptieren, je mehr er generell das Gefühl hat, in seiner Selbständigkeit und Lösungskompetenz ernst genommen und unterstützt zu werden.

Entscheidend ist der Zeitpunkt, zu dem Sie Ihre Ideen einbringen – nämlich erst dann, wenn der Mitarbeiter ausreichend Gelegenheit hatte, eigene Denkprozesse zu durchlaufen. Oder wenn Sie merken, dass er für diese Denkprozesse – über Ihre Fragen hinaus – noch intensivere Anstöße von außen benötigt.

Um dem Mitarbeiter eine Auseinandersetzung mit Ihren Ideen zu erleichtern, kann es sehr hilfreich sein, eine spezielle Sprache zu wählen. Die Art, wie Sie Ihre Vorschläge bringen, soll dem Mitarbeiter genügend Freiraum lassen, Teile anzunehmen, andere abzulehnen oder zu modifizieren, um wieder „etwas Eigenes" daraus zu machen. Und er soll vor allem nicht das Gefühl haben, es handle sich um Anweisungen, deren Ablehnung einen Affront gegen seinen Vorgesetzten bedeuten würde. Natürlich wird es immer wieder Situationen geben, in denen Sie dennoch aus gutem Grund Anweisungen geben. Wichtig ist, dass Sie für sich selbst Klarheit schaffen, welche Aspekte Sie für unabdingbar halten und daher per Anweisung festlegen. Dies gilt es, dem Mitarbeiter klar und offen mitzuteilen, statt ihn unterschwellig dort „hincoachen" zu wollen. (Anweisungen sind übrigens ein völlig legitimes Führungsinstrument – die Führungskraft sollte sich wiederum nur der Auswirkungen des gewählten Vorgehens bewusst sein!)

Diese Art des ehrlich gemeinten Angebots von Möglichkeiten und Alternativen kann mit folgenden Formulierungen unterstützt werden (konstruktives Sprechen):

- Vielleicht ...
- Natürlich weiß ich nicht, aber ich könnte mir denken ...
- Ja ... und ...
- Auf der einen Seite ..., auf der anderen Seite könnte man sagen ...
- Ich bin da nicht ganz sicher, aber vielleicht ...
- Es könnte vielleicht sein ...
- Denkbar wäre ...
- Ich frage mich, ob ...
- Mir stellt sich irgendwie die Frage ...
- Es fällt mir so ein ...
- Ich weiß nicht, ob das passt ...
- Ich hatte so das Gefühl ...
- Mir kam so in den Kopf ...
- Mir kommt so ein Bild ...
- Ich hatte so ein Bild vor Augen ...

- Ich könnte mir denken/vorstellen ...
- Zu deiner Idee fällt mir ein ...
- Etwas Drittes wäre vielleicht ...
- Was du sagst, kommt mir so vor ...
- Eine ganz andere Idee wäre ...
- Ich hatte einmal einen Mitarbeiter, der hat in einer ähnlichen Situation ... gemacht

Grundsätzlich ist es für den Mitarbeiter manchmal entlastend zu erfahren, dass andere Menschen in einer vergleichbaren Situation auch Schwierigkeiten hatten. Und dass es „normal" ist, so zu denken oder zu fühlen. Es ist oft hilfreich, bestätigt zu bekommen, dass andere eine solche Situation gemeistert und diese oder jene Methode mit den entsprechenden Auswirkungen angewendet haben. Dies soll jedoch spürbar eine Anregung, das Angebot einer Möglichkeit bleiben und nicht zum einzig wahren Rezept werden.

Beispiel:

Mitarbeiter: „Ich weiß nicht, was ich tun soll. Seit ich diesen Konflikt mit meinem Kollegen habe, fühle ich mich wirklich mies. Ich überlege die ganze Zeit, ob ich ihn darauf ansprechen oder doch warten soll, bis sich die Situation von selber beruhigt. Oder er auf mich zukommt."
Coach: „Ich denke, wenn ich selber diese Entscheidung zu treffen hätte: ich müsste einfach auf den Kollegen zugehen, weil mir die Spannung unerträglich wäre. Aber das bin ich – nicht Sie. Andererseits kann ich Ihnen auch sagen, ich weiß, dass diese Situation für viele Menschen eine echte Herausforderung ist. Die meisten sind aber dann heilfroh, wenn sie den ersten Schritt gemacht und den Konflikt aus der Welt geschafft haben!"

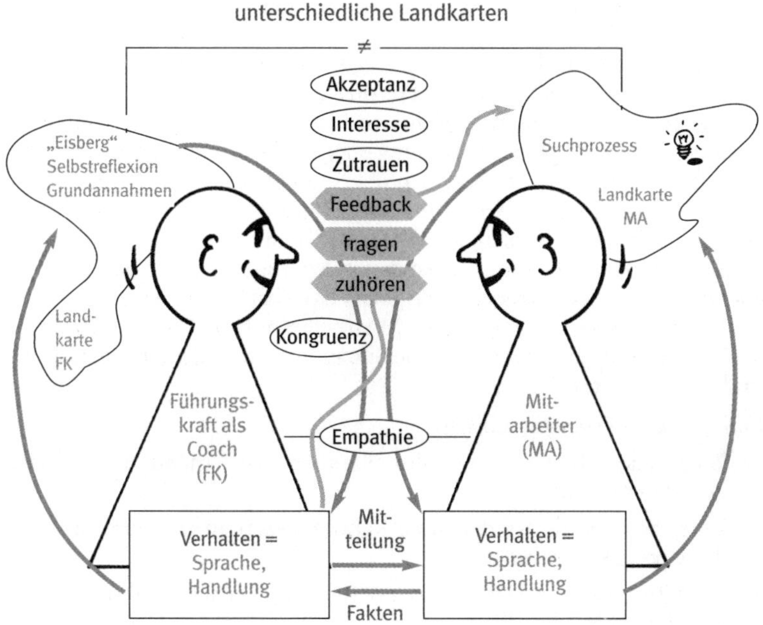

Abbildung 27: Werkzeuge: Ziel ist es, die Landkarte des Mitarbeiters mit Hilfe der Werkzeuge und auf Basis der Grundhaltungen zu verfeinern.

Mentaltechniken

Um sich auf den intensiven Umgang mit sich selbst und den Mitarbeitern einlassen zu können, ist es für die Führungskraft hilfreich, innerlich ruhig und frei von negativem Stress zu sein und ihre mentalen Fähigkeiten möglichst zu nutzen.

Die folgenden Techniken dienen dazu, sich auf ein Ziel auszurichten, sich innerlich stressfrei zu machen und die Konzentration zu erhöhen.

Visualisieren

Menschen haben die Gabe, sich Dinge vorzustellen und die Zukunft auszumalen. So genannte mentale Filme laufen ständig in uns ab, oft nur unbewusst in Form von Phantasien, Tag- oder Nachtträumen. Wenn diese Filme negativ sind, wir also z. B. Negatives vorausahnen oder wir uns einen Misserfolg vorstellen, dann machen uns diese Filme nervös und rauben uns Energie. Umgekehrt können Sie Energie und Vertrauen gewinnen, wenn Sie diese mentalen Filme bewusst positiv gestalten.

Die Technik des Visualisierens wird heute von fast jedem Leistungssportler angewandt, sei es im Training oder als Vorbereitung im Wettkampf. Im entspannten Zustand stellt sich der Sportler in mentalen Filmen z. B. einen Bewegungsablauf vor und korrigiert geistig jede Körperbewegung, bis der Idealzustand erreicht ist. Für unser Gehirn ist das Wirklichkeit, was als Bilder, Töne und Gefühle vorhanden ist, egal ob es bereits erfahren wurde oder ob man es sich nur geistig vorgestellt hat. Was für den Sportbereich gilt, können auch Sie für sich und Ihre Mitarbeiter nützen. Die Technik des Visualisierens hilft, sich auf berufliche Situationen mental gut einzustimmen und vorzubereiten.

Eine Person, die geistig trainiert,

- kann viele Fehler machen, ohne dass sie oder jemand anderer dabei Schaden nimmt!
- kann sich immer wieder neue Rahmenbedingungen vorstellen und diese berücksichtigen.
- spart Zeit, weil der geistige Prozess viel schneller abläuft als eine praktische Umsetzung.
- nützt kreative Fähigkeiten aus. Im entspannten Zustand schaltet das Gehirn auf eine niedrigere Frequenz um (so genannter α-Bereich), in der man über besondere Kreativität verfügt.
- schafft sich eine Modellvorlage, um eine komplexe Tätigkeit ganzheitlich zu erleben und die ihr zugrunde liegenden Muster insgesamt zu erfassen.
- lernt schneller. Die Kombination von mentalem Training und praktischem Umsetzen ist am wirkungsvollsten für Lernfortschritte, weil sich diese Aspekte in den Lernerfahrungen wechselseitig unterstützen.

Eine Visualisierung wird in entspanntem Zustand durchgeführt. Ein ungestörter, ruhiger Raum ist von Vorteil. Man setzt sich bequem hin und schließt am besten die Augen. Wenn gewünscht, kann eine Visualisierung mit einer entspannenden Musik unterstützt werden.

Idealerweise führt eine Führungskraft vor jedem wichtigen Coachinggespräch eine kurze Visualisierung durch:

Stellen Sie sich dabei vor, wie Sie Ihren Mitarbeiter im Gespräch behutsam begleiten und unterstützen. Machen Sie sich alle Ihre Ressourcen bewusst (wie z. B. die Coachingwerkzeuge), und üben Sie mental, wie Sie diese mit den hilfreichen Grundhaltungen für die jeweilige Situation und den Mitarbeiter geeignet einsetzen. Stellen Sie sich vor allem vor, wie Sie und der Mitarbeiter sich am Ende des Gespräches fühlen: Sie sind beide innerlich davon überzeugt, dass es gut war, dieses Coaching durchzuführen, auch wenn dabei zwischendurch Betroffenheit empfunden wurde. Das darf ohne Weiteres sein, wenn Sie daran denken, dass sich das für eine persönliche Entwicklung positiv auswirken kann. Stellen Sie sich daher auch die anschließende Entwicklung des Mitarbeiters vor, wie er sein Ziel umsetzt, wie er an sich arbeitet, wie er seine Potenziale entwickelt. Schließlich stellen Sie sich vor, was Sie selbst alles durch das Gespräch dazulernen und wie Sie Ihre Erfahrungen für weitere Verbesserungen verwenden können.

Die Anwendung der Visualisierung eignet sich auch gut in Konfliktsituationen:

Nachdem Sie eine Situation ausreichend hinterfragt und Ihren eigenen Anteil analysiert haben, dient eine Visualisierung zu Ihrer Einstimmung auf den Konfliktpartner. Die aus einer Visualisierung gewonnene positive Grundstimmung wird Ihnen helfen, sich möglichst offen und zugleich geschützt zu fühlen. Auch Ihr Gegenüber wird Ihre positive Haltung bewusst oder unbewusst wahrnehmen. Stellen Sie sich einen gelungenen Ausgang für das Konfliktgespräch vor. Sehen Sie, wie Sie sich beide mit einem Händeschütteln und eventuell einem Lächeln verabschieden.

Eine weitere Anwendungsmöglichkeit ist eine Zielvisualisierung:
Stellen Sie sich vor, wie Sie Ihr Ziel bereits erreicht haben. Sie können von dort den Weg zum Ziel innerlich erleben und nachvollziehen, wie Sie alle Zwischenziele erreicht haben. Sie holen sich damit möglicherweise weitere Ideen und Anregungen zur Zielverfolgung, weil Sie im entspannten Zustand und aus der Sicht des Erfolges andere Möglichkeiten wahrnehmen, als Ihnen durch logisch-analytisches Vorgehen bewusst wird. Sie können die positiven Auswirkungen der Zielerreichung schon im Voraus genießen, aber vielleicht auch negative Folgen rechtzeitig erkennen und überprüfen.

Sie werden in Ihrem Berufsleben immer wieder neue Fähigkeiten erlernen müssen. Manchmal gelingt es nicht sofort, in der Anwendung von etwas Neuem Erfolgserlebnisse zu ernten. Negative Erfahrungen bremsen den Fortschritt, man identifiziert sich immer mehr mit einem Gefühl des Versagens. In einer Visualisierung können Sie sich vorstellen, wie Sie zum ersten Mal im Ausüben dieser Fähigkeit erfolgreich sind, dann immer größere Fortschritte machen und sie schließlich in verschiedenen Situationen gekonnt anwenden. Sie aktivieren damit Ihre eigenen Ressourcen durch „mentale Trockenläufe".

Wenn Sie durch eigene Übung mit der Technik des Visualisierens gut vertraut sind und selbst merken, wie hilfreich und nützlich dies für Sie ist, können Sie auch Ihre Mitarbeiter dazu einladen, Visualisierungen durchzuführen.

Ressourcevoller Zustand

In einem ressourcevollen Zustand befindet sich jemand, der seine Aufmerksamkeit auf seine Stärken und Fähigkeiten richtet. Er zeichnet sich durch Selbstvertrauen, Mut, Freude, Begeisterung und andere positive Gefühle aus. Diese positiven Gefühle geben Kraft und Energie und bestimmen dadurch das Verhalten und Vermögen eines Menschen. Menschen können lernen, sich in einen hilfreichen Zustand, der ihre Bemühungen unterstützt, zu versetzen und diesen zu erhalten. Dieser ermöglicht unter anderem hohe Konzentration und Aufnahmefähigkeit, verbessert die Wahrnehmungsfähigkeit und ist daher ein wertvoller Schlüssel, um auch ein Coachinggespräch positiv zu gestalten.

Eine mögliche Technik, um sich in einen ressourcevollen Zustand zu versetzen, ist die zuvor beschriebene Visualisierung. Um Ihr Bewusstsein auf vorhandene Ressourcen zu lenken, sind auch die folgenden Schritte hilfreich:

- Führen Sie eine Liste von allen Stärken und Fähigkeiten, die Sie besitzen.
- Schreiben Sie zu jedem Punkt Situationen auf, in denen Sie diese Fähigkeit oder diese Stärke bereits eingesetzt haben.
- Erinnern Sie sich bewusst an gute Gespräche, die Sie geführt haben. Wie haben Sie sich dabei verhalten, wie haben Sie und Ihre Partner sich dabei gefühlt?
- Welche Ergebnisse (Erfolge) konnten damit erzielt werden?
- Welche positiven Auswirkungen hatten diese auf Sie persönlich und auf Ihre Umwelt?
- Mit einer Entspannungsübung, die auch Ihre aufgelisteten Ressourcen mit einbezieht, lernen Sie, diesen Zustand zu verinnerlichen, um ihn dann auch bei Bedarf abrufen zu können.

Es ist von Vorteil, sich diese Fragen immer wieder zu stellen und die Liste zu ergänzen. Die Erinnerung an Potenziale und Erfolge verbessert automatisch Ihren inneren Zustand. Wenn Sie Ihre Aufmerksamkeit auf Positives lenken, folgt auch all Ihre Energie dorthin.

Da Körper, Geist und Seele eine Einheit bilden, beeinflusst jede Veränderung eines dieser Elemente alle anderen. Eine gute Physiologie durch gezieltes körperliches Selbstmanagement (aerobes Ausdauertraining, gute

Ernährung, ausreichendes Trinken, Energie- und Entspannungsübungen) sowie jede Technik zur Stärkung Ihrer mentalen Kräfte werden sich positiv auf Ihre Leistungsfähigkeit auswirken.

Die folgenden Entspannungsübungen können Ihnen helfen, sich mental auf Ihre Coachingtätigkeit einzustimmen. Je öfter Sie diese Übungen durchführen, umso leichter werden Sie in einen für Coachinggespräche förderlichen Zustand gelangen. Suchen Sie sich zur Durchführung einen Platz, wo Sie sich bequem hinsetzen und für einige Zeit ungestört sein können.

Idealerweise sprechen Sie sich die folgenden Texte (eventuell mit dazupassender Entspannungsmusik im Hintergrund) auf einen Tonträger, um sie regelmäßig anhören zu können.

Entspannungsübung, um eigene Ressourcen bewusst zu machen

Setze dich bequem hin und lass' alle Muskeln locker.

Schließe deine Augen.

Spüre deine Atmung. Atme tief durch und stell dir vor, dass du mit jedem Ausatmen auch Verspannungen, Stress und unangenehme Gedanken loslässt.

Richte langsam deine Aufmerksamkeit nach innen.

Stelle dir einen Platz vor, an dem du dich besonders wohl und entspannt fühlst. Du kannst jeden Ort wählen, den du möchtest, sei es dein Lieblingsplatz zu Hause oder ein Urlaubsort, der dir in wunderbarer Erinnerung ist.

Nimm diesen Ort mit all deinen Sinnen wahr. Was siehst du rund um dich, welche Bilder entstehen, welche Farben umgeben dich, welche Geräusche kannst du hören, was riechst du? Welche Gefühle steigen in dir auf?

Präge dir alle Eindrücke, die du nun wahrnimmst, genau ein. Lass dir dabei Zeit und genieße es einfach, an diesem Ort zu sein.

Nimm wahr, wie sich in dieser angenehmen Atmosphäre dein körperliches Wohlbefinden verbessert und du Energie tanken kannst.

In diesem Zustand der Entspannung richte nun die Aufmerksamkeit auf deine Fähigkeiten und Stärken.

Genieße es, dir in aller Ruhe bewusst zu machen, was du schon kannst, was du schon erreicht hast, was dir schon in deinem Leben gelungen ist.

Freue dich über deine Erfolge und sei so richtig stolz auf dich. Nimm dir die Zeit, dich an verschiedene Situationen zu erinnern, in denen du deine Stärken und Fähigkeiten erfolgreich eingesetzt hast. Wie hast du dich dabei gefühlt? Spüre, wie dir die Erinnerung an diese Erfolge Sicherheit, Kraft und Gelassenheit gibt. Richte deine Aufmerksamkeit dabei auf den Unterbauch und spüre, wie du zunehmend in deiner Mitte ruhst. Harmonie und Ausgeglichenheit breiten sich in dir aus. Freue dich einfach darüber, wie du im Moment bist, und male dir aus, was du noch alles werden kannst. Stell dir vor, wie du mit dieser inneren Stärke und Ruhe das unerschöpfliche Potenzial in dir entwickelst, wenn du nur weiter an deinen Fähigkeiten arbeitest.

Spüre noch einmal hinein, wie du dich jetzt fühlst, und versuche, dir diesen angenehmen Zustand einzuprägen, um ihn jederzeit wieder entstehen lassen zu können. Dieses Gefühl wird dir helfen, die Situationen des Alltags sicher und gelassen zu meistern.

Wann immer dir die Welt im Außen viel abverlangt, kannst du an diesen wunderbaren Ort zurückkehren und neue Kraft tanken.

Komm nun mit diesem Zustand der Entspannung langsam zurück ins Hier und Jetzt. Nimm den Platz wahr, an dem du sitzt. Atme noch ein paar Mal tief ein und aus. Beginne die Finger zu bewegen, strecke die Arme und Beine. Wenn es für dich passt, öffne langsam die Augen, um erfrischt und voller Energien wieder da zu sein.

Visualisierung eines Coachinggespräches

Setze dich bequem hin und lass' alle Muskeln locker.

Schließe deine Augen.

Spüre deine Atmung. Atme tief durch und stell dir vor, dass du mit jedem Ausatmen auch Verspannungen, Stress und unangenehme Gedanken loslässt.

Richte langsam deine Aufmerksamkeit nach innen.

Stelle dir nun vor, wie du mit deinem Mitarbeiter ein gutes Coachinggespräch geführt hast.

Du bist gerade am Ende des Gespräches und verabschiedest dich. Das Coaching ist für dich und deinen Mitarbeiter gut verlaufen. Es war ein wichtiger Schritt für die Entwicklung deines Mitarbeiters und auch eine gute wertvolle Lernerfahrung für dich als Führungskraft.

Du spürst, wie sich die Beziehung zwischen euch vertieft hat, und vertraust darauf, dass dein Mitarbeiter seine Ziele wirklich erreicht.

Du fühlst, wie du durch deine Grundhaltungen und Einstellungen zu dem Mitarbeiter seine Entwicklung fördern konntest. Du bist ihm mit Wertschätzung und emotionaler Wärme begegnet, konntest ihn einfühlend verstehen und bist dabei echt und stimmig geblieben. Dein Zutrauen in die Potenziale des Mitarbeiters hat ihn gestärkt, dein Interesse hat dich angeregt, viele Fragen zu stellen, um so seine Wirklichkeit zu ergründen. Mit deiner ganzen Aufmerksamkeit bist du auf den Mitarbeiter eingegangen, deine Offenheit hat auch ihm erleichtert, offen zu sein. Ja, du konntest deinen Mitarbeiter im Gespräch hilfreich begleiten und ermutigen, neue Sichtweisen zu entwickeln.

Wie auch immer das Gespräch gelaufen ist, es ist dir gelungen, dass ihr beide zufrieden über das Ergebnis und mit einem guten Gefühl auseinander geht.

Diese Vorstellung verleiht dir Zuversicht und Energie für künftige Coachinggespräche. Dein positives Grundgefühl wird jede Begegnung mit Mitarbeitern beeinflussen.

Komm' nun in diesem Zustand des Vertrauens in dich und deinen Mitarbeiter langsam zurück ins Hier und Jetzt. Nimm den Platz wahr, an dem du sitzt. Atme noch ein paar Mal tief ein und aus. Beginne, die Finger zu bewegen, strecke die Arme und Beine. Wenn es für dich passt, öffne langsam die Augen, um erfrischt und voller Energien wieder da zu sein, bereit und eingestimmt auf ein gutes Gespräch mit deinem Mitarbeiter.

Ablauf eines Coachingprozesses

Coaching kann in jeder einzelnen Begegnung zwischen Führungskraft und Mitarbeiter stattfinden, abhängig von der inneren Einstellung, von der (Grund-)Haltung, mit der die Führungskraft auf ihr Gegenüber zugeht. Jede kleine Geste, sei es ein aufmunterndes Kopfnicken, ein freundlicher Blick, oder auch ein wohlwollendes Wort kann schon genügen, um sich positiv auf die Beziehung zwischen diesen beiden, auf Entwicklung und Leistungsbereitschaft der Mitarbeiter (und auch der Führungskraft!), auf Arbeitsklima und Arbeitszufriedenheit auszuwirken.

Darüber hinaus wird sich die Führungskraft, die Coaching als Instrument der Personalentwicklung für sich entdeckt und möglichst internalisiert hat, mit jedem oder zumindest mit einigen ihrer Mitarbeiter in einem ständigen konkreten Coachingprozess befinden. Als Ausgangsbasis dafür erstellt die coachende Führungskraft für jeden ihrer Mitarbeiter ein Anforderungsprofil (siehe Abb. 1, Seite 26), entweder jeweils beim Eintritt eines neuen Mitarbeiters bzw. wenn sie selbst einen Bereich neu übernimmt.

In Abstimmung mit der Unternehmensvision, den Strategien und Unternehmenszielen bzw. mit den Aufgaben der jeweiligen Abteilung gilt es, im Anforderungsprofil klar zu skizzieren, welche Leistungen und welches Verhalten vom Mitarbeiter erwartet werden. Ein Coach ist gefordert, selbst möglichst große Klarheit über Unternehmensvorgaben und Erwartungen an seine Mitarbeiter zu erlangen, um glaubwürdig Orientierung geben zu können. Ohne verbindliche Klarheit und präzise Formulierungen ist es kaum möglich, anhaltende Leistungssteigerungen zu erzielen: Die Mitarbeiter wissen nicht, wie viel sie erreichen müssen, Führungskräfte wissen nicht, welche Maßnahmen notwendig sind. Auch Erfolge haben dann wenig Wert – niemand weiß, ob sie ausreichend sind!

Bei der Definition des konkreten Anforderungsprofils ist es sinnvoll, drei Bereiche im Auge zu behalten:

Wissen und Können

- Welches Wissen bzw. welche Fähigkeiten, Techniken etc. benötigt der Mitarbeiter, damit er alle Aufgaben im Rahmen des Arbeitsplatzes optimal im Sinne des Unternehmens erledigen kann?

- Welche Berufserfahrung bringt der Mitarbeiter aus dieser bzw. aus vorhergehenden Aufgaben mit?
- Welches adäquate Fachwissen hat er?
- Wie ausgeprägt ist seine Fähigkeit, selbständig Probleme zu lösen bzw. neu auftretende Probleme selbständig zu analysieren und zu lösen?
- Wie zuverlässig ist der Mitarbeiter (Termintreue, Einhaltung von Vereinbarungen etc.)?
- Wie genau arbeitet der Mitarbeiter?

Wollen

- Welches konkrete Engagement soll der Mitarbeiter an diesem Arbeitsplatz zeigen? Welche konkreten Tätigkeiten im Rahmen dieses Arbeitsplatzes erfordern automatisch ein gewisses Maß an Risikobereitschaft, um gemäß den Anforderungen zu handeln? (z. B. Preisverhandlungen, Kaltakquisition etc.)
- Wie bereit zeigt sich der Mitarbeiter, Verantwortung zu übernehmen?
- Wie viel Leistungsbereitschaft zeigt er?
- Welche Identifikation mit bzw. Einstellung zu seiner Arbeit, zu seinen Aufgaben zeigt er?
- In welchem Maße zeigt er Eigeninitiative?

Bei der Erstellung des Anforderungsprofils ist darauf zu achten, dass das gewünschte Verhalten in beobachtbaren Verhaltensweisen formuliert wird, da sich Einstellungen nicht direkt beobachten und damit auch nicht bewerten lassen.

„Woran werde ich erkennen, dass der Mitarbeiter das (neue) Verhalten effektiv einsetzt? Woran kann ich sehen, dass der Mitarbeiter die gewünschte/vereinbarte Einstellung zum Thema X hat?“

In der Regel liegen in einem der drei Bereiche (Wissen, Können, Wollen) die Hürden und somit der Coachingbedarf des Mitarbeiters. (Eine Hürde könnte übrigens auch in einem – tatsächlich oder vermeintlich – eingeschränkten Kompetenzbereich des Mitarbeiters liegen: er könnte das Gefühl oder sogar die Gewissheit haben, etwas nicht zu dürfen – dann jedoch sind Sie als Führungskraft gefragt, diese Kompetenzzuteilung zu klären!) Bestehen in einem dieser Bereiche große Unterschiede zwischen Anforderungsprofil und tatsächlichem Entwicklungsstand des Mitarbeiters, wird dadurch die Effektivität der beiden anderen meist stark reduziert.

Zumindest im jährlichen Mitarbeitergespräch stellt der Mitarbeiter ein aus seiner Sicht passendes Anforderungsprofil und eine Bewertung seiner bereits oder noch nicht erreichten optimalen Verhaltensweisen dar, um dies mit der Einschätzung der Führungskraft abzugleichen. Wenn wir davon ausgehen, dass jeder Mensch seine eigene subjektive Sichtweise und damit seine eigene Wirklichkeit hat, dann dient dieser Ist/Soll-Vergleich dazu, die möglicherweise unterschiedlichen Wirklichkeiten auszutauschen. Coach und Mitarbeiter entwickeln dabei eine gemeinsame Sichtweise, die den Start eines Coachingprozesses markiert. Gemeinsam wird ein Jahresprogramm erstellt, das im Zuge des Coachings regelmäßig überprüft und aktualisiert wird.

In Abhängigkeit von diesem Jahresprogramm entstehen viele einzelne Coachinggespräche aus alltäglichen Anlässen, so wie sie im Anschluss beschrieben werden. Dabei ist es weder ein Frage der Dauer noch der strukturellen Durchgängigkeit, ob ein solches Gespräch als Coachinggespräch zu bezeichnen ist oder nicht.

Coachinggespräche bestehen oft aus einigen wenigen hilfreichen Fragen, während stundenlange Diskussionen, in denen die Führungskraft ihren Mitarbeiter mit „schlagenden" Argumenten zu überzeugen sucht, alles andere als Coachinggespräche sind. Manche Coachinggespräche werden sich sehr strikt an die empfohlene Struktur (wie auf den nächsten Seiten dargestellt) halten, andere werden mit einigen wenigen Elementen aus der Gesamtstruktur auskommen und dennoch überaus hilfreiche Coachinggespräche sein.

Entscheidend ist ... Sie wissen schon: die Haltung und die dazu passende Anwendung einiger geeigneter Werkzeuge!

Mögliche Gesprächsanlässe

Als häufige Anlässe für ein Coachinggespräch gelten folgende Situationen:

Ein Mitarbeiter hat ein Problem und kommt damit zur Führungskraft

Die Führungskraft herkömmlichen Stils neigt dazu, in einer solchen Situation eine „Diagnose" über die Ursachen des Problems zu stellen, sie weiß meist die beste Lösung für den Mitarbeiter, um sein Problem zu beseitigen, und weist ihn an, diese Lösung in einer bestimmten Form umzusetzen.

Die Führungskraft als Coach versucht im Zuge eines Coachinggesprächs herauszufinden, was das eigentliche Problem ist, das oftmals tatsächlich hinter dem vorgebrachten Thema steckt. Sie unterstützt den Mitarbeiter dabei, seine Gründe für das Problem und die für ihn optimale Lösung unter Berücksichtigung der vereinbarten Ziele und vorgegebenen Rahmenbedingungen zu finden.

Die Führungskraft ist unzufrieden mit den Leistungen des Mitarbeiters und/oder erwartet von ihm ein verändertes Verhalten

Gemäß herkömmlichem Vorgesetztenverhalten wird die Führungskraft den Mitarbeiter kritisieren und die Anweisung geben, wie er sich künftig anders zu verhalten hat.

Im Coachinggespräch sagt die Führungskraft sehr klar, was sie am Verhalten des Mitarbeiters warum stört (Feedback). Sie stellt konkret dar, was sie von ihm erwartet. Entscheidend ist jedoch, dass der Coach davor sich selbst reflektiert, um seinen Anteil am Zustand des Systems und dementsprechend am Verhalten des Mitarbeiters zu erkennen. Er hinterfragt sich selbst, was die Tatsache, dass ihn das Verhalten des Mitarbeiters stört, mit ihm als Person zu tun hat. Der Coach reflektiert, ob seine Kritik und seine Erwartungen für die Zielerreichung angemessen sind oder ob ein sehr persönliches Motiv dahinter steckt (z. B. „Ich will ihm zeigen, wie gut ich bin"). Und er tritt dem Mitarbeiter mit Akzeptanz gegenüber, interessiert daran zu erfahren, wie denn dieser die Situation sieht und beurteilt. Gemeinsam finden Coach und Gecoachter einen Weg, wie der Mitarbeiter die (reflektierten) Erwartungen der Führungskraft erfüllen kann, ohne dabei eigene Bedürfnisse und Vorstellungen aufzugeben.

Ziele vorgeben oder vereinbaren

Natürlich gibt es in einem Unternehmen eine ganze Reihe von vorgegebenen Zielen (z. B. Umsatzziele). Statt – so wie heute vielerorts üblich – den Mitarbeitern vorzugaukeln, sie könnten die Höhe und Art ihrer Ziele frei wählen, gilt es im Coaching, den Mitarbeiter offen und fair über Vorgaben und Rahmenbedingungen zu informieren. Coachinggespräche dienen dann dazu, mit dem Mitarbeiter gemeinsam die für ihn optimalen Wege zum Ziel bzw. seinen Nutzen der Zielerreichung zu erarbeiten.

Sind Ziele in manchen Bereichen wirklich frei vereinbar (Entwicklung einer bestimmten Fähigkeit, Erweiterung des Aufgabenbereiches etc.), kann der Mitarbeiter mit Hilfe des Coaches herausfinden, welches Ziel ihm so erstrebenswert erscheint, um zusätzliche Anstrengungen und mögliche Misserfolge beim Lernen von Neuem (Preis der Veränderung) in Kauf zu nehmen. Wie bei vorgegebenen Zielen gilt es darüber hinaus, im Coaching den optimalen Weg zum Ziel und die geeignete Unterstützung auf der „Reise" zu entwickeln und zu vereinbaren.

Entwicklung

Entwicklung ist ganz allgemein ein typischer Coachinganlass – sei es, dass der Mitarbeiter an die Führungskraft mit dem Wunsch herantritt, die weiteren Entwicklungs- und Karriereschritte gemeinsam festzulegen, sei es, dass die Führungskraft im Mitarbeiter noch ungenutztes Potenzial vermutet und ihn anregt, mit ihrer Unterstützung die Entwicklung dieser Potenziale in Angriff zu nehmen. Auch die Integration neuer Mitarbeiter wird mit Coaching an die Bedürfnisse der Mitarbeiter und der Organisation angepasst.

Begleitung (von Veränderungen)

Generell ist Coaching auch immer dann sinnvoll und möglich, wenn es um die Begleitung des Mitarbeiters geht, speziell in Phasen starker Veränderungen im Unternehmen. Im Coaching wird der Status quo auf dem Weg zum Ziel und natürlich die Zielerreichung selbst festgestellt (und gefeiert!). Darüber hinaus hinterfragt die coachende Führungskraft regelmäßig die Befindlichkeit der Mitarbeiter bzw. den Stand der Beziehung zwischen ihr und jedem einzelnen Mitarbeiter.

Überblick

Je nach Anlass, Situation und handelnden Personen wird jedes Coachinggespräch völlig individuell und anders verlaufen. Dennoch hat sich – gerade zu Beginn einer Coachingtätigkeit – die Orientierung des Coaches an einem strukturierten Gesprächsleitfaden als hilfreich herausgestellt. Natürlich werden nicht in jedem Gespräch alle Phasen dieses Leitfadens vorkommen und nötig sein, weil die Lösung schon viel früher da ist oder eine gewünschte Veränderung bereits nach wenigen Fragen geschieht. Oft wird sich auch die Reihenfolge der Phasen verschieben. Manchmal braucht es auch mehrere Gespräche, um alle notwendigen Phasen zu durchlaufen. Vor allem aber soll der Leitfaden die Flexibilität und Spontaneität nicht stören. Entscheidend für die Qualität eines Coachinggesprächs bleibt, wie sehr eine Führungskraft in der Lage ist, individuell auf den gecoachten Mitarbeiter einzugehen.

Die Kernaussagen, also der Nutzen jeder einzelnen Phase, sind dennoch für viele Coachinggespräche in der einen oder anderen Form gültig.

Die einzelnen Elemente der idealtypischen Gesprächsstruktur im Überblick:

- **Vorbereitung auf ein Coachinggespräch**

  Die Führungskraft sorgt für eigene Klarheit über ihre Ziele im Gespräch, über ihre Erwartungen an den Mitarbeiter bzw. über die von ihr festgestellte Differenz zwischen dem am Mitarbeiter beobachteten und dem von ihr erwarteten Verhalten (Ist/Soll-Vergleich). Sie hinterfragt sich selbst („Was hat das mit mir zu tun?") und schafft geeignete Rahmenbedingungen für das Gespräch.

►► Phase I

Beziehung herstellen (Beziehungsklärung)
Der Coach ist bemüht, eine vertrauensvolle Atmosphäre zu schaffen, weil dies Voraussetzung für die Offenheit und Veränderungsbereitschaft des Mitarbeiters ist. Er holt sich das Einverständnis des Mitarbeiters für ein Gespräch über das Thema, wechselseitige Erwartungen werden ausgetauscht.

Ist-Analyse
Der Coach stellt seine eigene Sicht bezüglich des jeweiligen Gesprächsthemas dar und versucht, möglichst umfassend die Sichtweisen des Mitarbeiters zum Thema zu erfragen. Dabei sollen dessen Hürden auf dem Weg zu einer möglichen Veränderung ans Licht kommen, Hindernisse, die der Coach als in der Landkarte des Mitarbeiters vorhanden und berechtigt akzeptiert.

►► Phase II

Soll-Phantasie
Indem die Hürden für den Moment zur Seite gestellt werden, kann der Mitarbeiter in seiner Phantasie und mit Unterstützung des Coaches seinen Nutzen einer möglichen Veränderung erarbeiten.

Ziel
Mit der Energie, die aus diesem Nutzen entsteht, wird es möglich, ein konkretes Ziel zu formulieren.

►► Phase III

Hürden wegräumen
Um vom Ist zum Soll zu kommen, also aus der aktuellen, oft problematischen Situation zum erwünschten Ziel zu kommen, gilt es, Lösungswege zu erarbeiten.

Ressourcen wecken
Für die Umsetzung der Lösungen bedarf es einerseits beim Mitarbeiter vorhandener Fähigkeiten und Erfahrungen, die oft erst mit Hilfe des Coaches bewusst gemacht werden. Andererseits muss der Coach manchmal zusätzlich benötigte Ressourcen bereitstellen, damit der Mitarbeiter die Hindernisse, die zwischen Ist und Ziel stehen, beseitigen

kann. Eine Kosten-Nutzen-Analyse (wie hoch ist der Einsatz – wie hoch der „Gewinn"?) ist zu erarbeiten.

- Phase IV
  Durchführung
  Sobald der Mitarbeiter sich an die Umsetzung der vereinbarten Maßnahmen macht, ist es Aufgabe des Coaches, im Rahmen vereinbarter Kontrolltermine und darüber hinaus bei Bedarf Begleitung auf dem Weg zum Ziel anzubieten (Standortbestimmung, Feedback, Anerkennung, Kritik, Analysen von Erfolg und Misserfolg, neue Vereinbarungen etc.).

Vorbereitung auf ein Coachinggespräch

Die Führungskraft, die in einem Coachingprozess mit einem Mitarbeiter steht, wird dessen Leistungen und dessen Verhalten in Hinblick auf vereinbarte Ziele beobachten. Diese Beobachtungen wird sie interpretieren, also Hypothesen bilden, die sie zur subjektiven Erklärung der Motive seines Handelns heranzieht. Die Hypothesen („Ich vermute, mein Mitarbeiter tut das, weil …") werden dann im Coachinggespräch überprüft, mit dem Ziel, sowohl für den Coach als auch für den Mitarbeiter mehr Klarheit herzustellen bzw. Denkprozesse beim Gecoachten anzuregen. Wichtig dabei ist das Bewusstsein der Führungskraft, dass es sich um ihre subjektiven Hypothesen und nicht um die „Realität", die „Wahrheit" handelt.

Folgende Fragen sind in der Vorbereitung des Coaches dienlich:

Ausgangssituation

- Welches Thema/welches Problem soll mit dem Mitarbeiter erörtert werden?
- Welche Ereignisse/welcher Anlass haben den Ausschlag zu diesem Gespräch gegeben?
- Welche Vorgeschichte gibt es (frühere Gespräche, Protokolle dazu etc.)?
- Welche Fakten muss ich in diesem Zusammenhang wissen?
- Was weiß ich? Woher weiß ich das?
- Welche Teile davon sind meine Interpretationen?
- Welche Gefühle sind damit bei mir verbunden?

Beziehung zum Mitarbeiter

- Wie stehe ich zum Mitarbeiter? Wie ist unsere Beziehung?

- Was traue ich ihm zu?
- Wo sehe ich seine Stärken/Entwicklungspotenziale?
- Was ist mein Anteil bezüglich seines Verhaltens?

Gesprächsziel
- Welches Ziel verfolge ich mit diesem Gespräch?
- Welche Erwartungen knüpfe ich an dieses Gespräch?
- Welches Verhalten erwarte ich künftig vom Mitarbeiter?
- Was muss der Mitarbeiter nach dem Gespräch wissen?
- Welche Informationen will ich vom Mitarbeiter erhalten?
- Welche Informationen will ich dem Mitarbeiter geben?

Rahmenbedingungen
- Mit welchen Emotionen gehe ich an das Gespräch heran?
- Wie viel Zeit nehme ich mir für das Gespräch?
- Wie plane/bereite ich ein geeignetes Umfeld (Raum, Atmosphäre etc.) vor?
- Wie stelle ich Ungestörtheit sicher?

Ein kurzer Gesprächsplan kann wertvolle Unterstützung bieten:
- Er soll eher wenige Aufzeichnungen enthalten.
- Er soll verhindern, dass Sie Wesentliches vergessen.
- Er soll dennoch so flexibel sein, dass er Ihnen ermöglicht, einfühlsam auf den Mitarbeiter einzugehen.
- Er soll Ihnen helfen, Ihr Gesprächsziel konsequent zu verfolgen, ohne dabei die Bedürfnisse des Mitarbeiters aus den Augen zu verlieren.
- Er kann einige Fragen für den Einstieg enthalten, die den guten Beginn unterstützen.

Es gelingt naturgemäß viel besser, sich auf ein Gegenüber einzulassen bzw. sich auf den Gecoachten zu konzentrieren, wenn man selber entspannt und voller positiver (oder zumindest nicht voller negativer) Energien ist. Deshalb sollte sich der Coach im Rahmen der Gesprächsvorbereitung auch innerlich einstimmen – z. B. mit Hilfe der dargestellten Mentaltechniken. Im angespannten, gestressten, emotionsgeladenen Zustand wird auch der professionellste Coach wenig Unterstützung bieten können!

> **Einladung zur Selbstreflexion**
>
> Gehen Sie gedanklich alle Ihre Mitarbeiter durch:
>
> - Wie stehen Sie zum Einzelnen?
> - Wie steht jeder einzelne Mitarbeiter Ihrer Meinung nach zu Ihnen?

Geeignetes Umfeld (Setting)

Ein wichtiger Aspekt in einer guten Vorbereitung für ein Coachinggespräch ist die Gestaltung eines geeigneten Umfelds, genannt Setting. Natürlich gilt dies (wie auch die eben ausgeführte Vorbereitung über Selbstreflexion und Fragen) hauptsächlich für vereinbarte, umfassendere Gespräche, die in regelmäßigen Abständen stattfinden. Alltägliches „Tür-und-Angel-Coaching" muss wohl zumeist ohne Vorbereitung stattfinden.

Statt sich jedoch von einem Mitarbeiter plötzlich überrumpeln zu lassen und völlig unvorbereitet in ein vielleicht wenig hilfreiches Gespräch zu stürzen, bitten Sie ihn nach Möglichkeit um eine Terminvereinbarung (es sei denn, es handelt sich um ein unaufschiebbares persönliches oder fachliches Anliegen). Mit dem Argument, dass Ihnen der Mitarbeiter und das Thema zu wichtig sind, um es einfach zwischen Tür und Angel abzuhandeln, und Sie sich dafür Zeit nehmen wollen, wird er sicher Verständnis aufbringen. Schon bei der Terminvereinbarung sollte der jeweilige Gesprächsinitiator seinen Gesprächspartner in groben Zügen informieren, worum es im Gespräch gehen wird.

Ein Umfeld ist dann für ein Coachinggespräch geeignet, wenn sich beide Gesprächspartner möglichst wohl fühlen. Wohlbefinden entspannt, macht ruhiger und schafft damit Offenheit für das Gegenüber. Als Coach können Sie das Wohlbefinden Ihres Mitarbeiters unterstützen, indem Sie einen möglichst neutralen Raum für das Gespräch auswählen, also nicht Ihr eigenes Büro, sondern z. B. ein Besprechungszimmer.

Grundsätzlich wissen Sie nur von sich selbst, was für Sie hilfreich ist, um sich wohl zu fühlen. In der Vorbereitung des Settings können Sie also in erster Linie Ihre eigenen Bedürfnisse berücksichtigen und sich soweit wie möglich in den zu coachenden Mitarbeiter hineinfühlen. Zu Beginn des eigentlichen Gesprächs sollten Sie Ihre Vermutungen jedoch überprüfen, indem Sie den Mitarbeiter fragen, ob das gewählte Umfeld so für ihn in Ordnung ist.

Wichtig ist es in jedem Fall, für eine Sitzposition zu sorgen, die Partnerschaftlichkeit ausdrückt. So sollte etwa die Sitzhöhe gleich bzw. der Abstand zwischen den Gesprächspartnern weder distanziert groß noch kumpelhaft gering sein. Der protzige Schreibtisch der Führungskraft zwischen den Gesprächspartnern wird wenig Partnerschaftlichkeit aufkommen lassen. Auch gute Luft und eine angenehme Temperatur tragen zur Steigerung des Wohlbefindens bei. Stellen Sie auch Getränke, vor allem Wasser bereit – die Zufuhr von reinem Wasser unterstützt unseren Energiehaushalt und hilft uns beim Denken.

Ihre ehrlich gemeinte Wertschätzung drücken Sie vor allem auch dadurch aus, dass Sie pünktlich zum vereinbarten Gesprächstermin kommen und für Ungestörtheit sorgen. Bitten Sie die Kollegen, wirklich nur in äußersten Notfällen ins Zimmer zu kommen (und davon gibt es sehr wenige!), leiten Sie Ihr Telefon um und schalten Sie Ihr Mobiltelefon ab. Achten Sie auf die Zeit (eventuell mit Hilfe einer Wanduhr), um den vereinbarten Zeitrahmen möglichst einhalten zu können.

Legen Sie Papier und Stifte für sich und den Mitarbeiter bereit, um gegebenenfalls Notizen machen und Zeichnungen zum Veranschaulichen des Gesprächsinhalts anfertigen zu können. Zu diesem Zweck ist auch ein Flipchart besonders dienlich.

Es erleichtert meist den Einstieg, wenn Coachinggespäche immer in der gleichen Umgebung stattfinden (es sei denn, es ist an einem bestimmten Ort einmal besonders schief gegangen – dann besser wechseln!). Dies gibt Sicherheit, fördert das Vertrauen (die „Vertrautheit") und unterstützt den Mitarbeiter dabei, sich schneller auf das Gespräch einzulassen.

Falls aufgrund der Rahmenbedingungen die nötige Ungestörtheit nicht gewährleistet ist, kann auch ein Spaziergang oder das Verlassen des Büros – z. B. in ein Extrazimmer eines Cafés – eine mögliche Alternative zum hektischen Großraumbüro sein. Dadurch kommen oftmals auch festgefahrene Sichtweisen und Beziehungen in Bewegung. Bedenken Sie jedoch, was es für die Kollegen bedeuten kann, wenn der Vorgesetzte mit einem Mitarbeiter das Haus verlässt, welche Vermutungen und Gerüchte dadurch entstehen könnten. Auch für den gecoachten Mitarbeiter mag es zu Beginn unangenehm sein, gleichsam „abgeführt" zu werden, oder aber er ist stolz auf diese Sonderbehandlung. Wie auch immer die Auswirkungen in Ihrem „System" sind – es ist wichtig, sich als Coach bewusst zu sein, dass es immer Auswirkungen gibt.

Je besser Ihre Beziehung zu Ihren Mitarbeitern ist, je selbstverständlicher es für alle Beteiligten wird, regelmäßig intensive, hilfreiche Gespräche zu führen, umso weniger „heikel" wird die Vorbereitung sein. Es wird auch von Mitarbeiter zu Mitarbeiter sehr verschieden sein, worauf sie besonderen

Wert legen. Sorgfalt ist in jedem Fall geboten – als Zeichen Ihrer Wertschätzung!

Phase I

Beziehungsklärung

Im ersten Teil des eigentlichen Gesprächs steht noch weniger das Thema der Zusammenkunft als vielmehr das Gespräch als solches und die Beziehung zwischen den Gesprächspartnern im Mittelpunkt des Interesses. Die Führungskraft wird versuchen, ein gutes Klima und eine vertrauensvolle Atmosphäre zwischen ihr und dem Mitarbeiter herzustellen.

Nur wenn die Führungskraft ihren Mitarbeiter als Menschen schätzt und ihm ehrlich signalisieren kann, dass sie ihn grundsätzlich akzeptiert und sich für ihn und seine „Landkarte" interessiert, wird sich der Mitarbeiter öffnen und bereit sein, einen Entwicklungsprozess mitzugehen.

Je besser die Beziehung zwischen Ihrem Mitarbeiter und Ihnen als Führungskraft bereits ist, umso leichter wird es sein, einen Coachingprozess einzuleiten. Manchmal wird es zu Beginn des Coachingprozesses notwendig sein, zwischen Führungskraft und Mitarbeiter zunächst abzuklären, welche Bedingungen erfüllt sein müssen, damit jede Seite sich auf den Coachingprozess einlassen kann.

Folgende Informationen für und Fragen an den Mitarbeiter können dabei hilfreich sein:

- Was ist das Ziel von Coaching? Was ist das Ziel dieses Prozesses?
- Welche Erwartungen an das Gespräch bestehen auf beiden Seiten?
- Was bringt Coaching für den Mitarbeiter? Warum soll er mitmachen?
- Welche Bedingungen müssen erfüllt sein, damit er sich auf den Coachingprozess einlassen kann?
- Welche Ängste/Befürchtungen sind vorhanden?
- Wie wirkt sich das Coachinggespräch auf die nächste Beurteilung aus?
- Was passiert, wenn ich als Mitarbeiter einen Fehler mache?

Gerade wenn Sie mit einem Mitarbeiter erstmals ein Coachinggespräch führen, kann es also Sinn machen, ihn über das Wesen von Coaching zu informieren. Sie könnten ihm erklären, dass Sie in erster Linie Fragen stellen werden, weil Sie an seiner Sichtweise interessiert sind. Dass Ihr möglicherweise etwas verändertes Verhalten darauf zurückzuführen ist, dass Sie für sich entdeckt haben, sich bisher zu wenig auf die Ideen Ihrer

Mitarbeiter gestützt zu haben. Und dass Sie Ihre Rolle als Führungskraft um die Rolle des Coaches im Sinne der Entwicklung der Mitarbeiter erweitern wollen.

Wichtig für Ihren Mitarbeiter wird die Mitteilung sein, dass das Ziel von Coaching generell ein „Noch-Besser-Werden" des Mitarbeiters ist. Die Praxis zeigt immer wieder, dass die meisten Menschen noch besser werden wollen. (Damit signalisieren Sie auch ganz klar, dass der Mitarbeiter bereits gut ist!)

Sichern Sie dem Mitarbeiter Vertraulichkeit bezüglich persönlicher Informationen zu (Gefühle, z.B. Ängste, private Informationen etc.), wobei erst die Erfahrung zeigen wird, ob der Mitarbeiter Ihnen wirklich vertrauen kann und Sie dieses Vertrauen auch verdienen. Sie könnten ihn auch fragen, welchen Nutzen es für ihn haben könnte, ein Gespräch mit Ihnen auf diese Art zu führen.

Wenn Sie sich jedoch in dieser Darstellung von Coaching unsicher fühlen oder befürchten, Ihr Mitarbeiter könnte mit wenig Verständnis reagieren („Wieso befürchten Sie das?"), lassen Sie eine ausführliche Einleitung lieber weg. Beginnen Sie einfach ganz behutsam, indem Sie einige Fragen stellen, und gewöhnen Sie sich und Ihre Mitarbeiter langsam an Coaching, ohne darüber zu reden. Sie wissen ja, die Grundhaltung zählt!

Dennoch ist auch in einem nicht ausdrücklich als solches eingeleiteten Coachinggespräch eine Mindestanforderung unabdingbar: Holen Sie sich vom Mitarbeiter sein Einverständnis für das Gespräch und das vorgesehene Thema („Mini-Vertrag").

„Mir wäre es sehr wichtig, mit Ihnen das Thema X zu besprechen. Ist das für Sie o.k.?"

Gibt er Ihnen dieses Einverständnis nicht, vergeuden Sie mit hoher Wahrscheinlichkeit Ihre Zeit, wenn Sie dennoch am Thema dranbleiben. Es gilt in einem solchen Fall, vom ursprünglich gewünschten Thema loszulassen und die Gründe für die Weigerung des Mitarbeiters zu hinterfragen:

- Was hindert Sie daran, dieses Thema mit mir zu besprechen?
- Was daran liegt an mir, an unserer Beziehung?
- Was hat Ihre Weigerung mit dem Zeitpunkt zu tun?
- Was bräuchten Sie von mir, um dieses Thema besprechen zu können?
- Wie stehen wir grundsätzlich zueinander?

Über das Einverständnis zum Gesprächsthema hinaus hat auch die Darstellung des Gesprächsziels gleich zu Beginn großen Einfluss auf den Gesprächsverlauf. Ein klares Gesprächsziel gibt Orientierung und verhindert meist die „Flucht" in vorgeschobene Alibi-Themen.

Beispiele für konkrete Gesprächsziele:

- Mir ist es in diesem heutigen Gespräch wichtig, in Anbetracht der Umsatzziele für dieses Jahr mit Ihnen gemeinsam zu erarbeiten, mit welchen Maßnahmen Sie das Erreichen der Ziele sicherstellen können.
- Mein Ziel für das heutige Gespräch ist es, herauszufinden, welche Entwicklungsziele Sie aus Ihrer Sicht für das kommende Jahr anstreben wollen.
- Ich bin mit Ihrer Leistung im Punkt X zunehmend unzufrieden. Mir ist es wichtig, im heutigen Gespräch herauszufinden, wie Sie das sehen, wo Sie Gründe für Ihren Leistungsrückgang orten und eventuell auch schon, was zu tun ist, um eine Trendwende herbeizuführen.

Wenig hilfreich ist es hingegen, das Gespräch statt mit einer klaren Zieldarstellung mit verschwommenen, vermeintlich Harmonie fördernden Pseudogründen zu eröffnen:

- Mir ist es wichtig zu erfahren, wie es Ihnen geht und wie ich Ihnen im Bereich X helfen kann.

Der Mitarbeiter wird höchstwahrscheinlich viele Punkte finden, wo Sie ihm helfen können. Sie sind nach diesem Gespräch mit Arbeit zugedeckt, der Mitarbeiter seinerseits hat wenig Anlass, seine Anstrengungen zu verstärken oder in eine andere Richtung zu lenken. Sie sollten hingegen in erster Linie dadurch helfen, dass Sie Ihren Mitarbeiter unterstützen, seine eigenen Fähigkeiten und Potenziale zu aktivieren, um zum gewünschten Ziel zu kommen.

Ist-Analyse

Nachdem Sie das Einverständnis zum Thema erhalten und die jeweiligen Erwartungen an das Gespräch (und dessen Ziele) ausgetauscht haben, wird es am Gesprächsinitiator liegen, den Gesprächsanlass und die Ausgangssituation noch einmal ausführlich darzustellen – sei es, dass der Mitarbeiter, der um Hilfe bei einer Problemlösung bittet, sein Problem schildert; sei es, dass Sie z. B. Ihre Unzufriedenheit mit der Leistung des Mitarbeiters in Form eines qualifizierten Feedbacks erläutern.

Danach ist es die Aufgabe des Coaches, eine ausführliche Analyse der Ist-Situation aus der Sicht des Gecoachten anzuregen, indem er Fragen stellt, aktiv zuhört und sich vorerst ausschließlich für die Bilder, die Landkarte des Mitarbeiters interessiert. Mit Hilfe von Fragen soll nicht nur der Coach möglichst viele Informationen erhalten, auch der Gecoachte selbst wird ermuntert, Dinge von unterschiedlichsten Perspektiven zu betrachten (z. B. durch zirkuläre Fragen) und dadurch ebenfalls neue Aspekte einzubeziehen („Denkprozesse anregen"). Der Gecoachte soll Neues über sich und seine Motive erfahren, um eventuell neue Handlungsalternativen daraus zu ziehen. Dabei sollen auch die Hürden zu Tage treten, die den Gecoachten daran hindern, ein gestecktes Ziel oder eine erwartete Verhaltensänderung zu erreichen.

Natürlich können in dieser Analyse Unterschiede in den Sichtweisen zwischen Führungskraft und Mitarbeiter festgestellt werden. Der Coach akzeptiert jedoch, dass die Dinge für den Mitarbeiter im Moment so sind, ohne diese Sichtweise teilen und gutheißen zu müssen. Der Mitarbeiter soll mit Hilfe Ihres Coachingverhaltens (Nachfragen, Spiegeln, Zusammenfassen etc.) selber Klarheit darüber erhalten, welche Motive und Auswirkungen sein jeweiliges Verhalten hat. Die Führungskraft steuert ihrerseits Klarheit über vorgegebene Rahmenbedingungen und Regeln bzw. vereinbarte Anforderungen bei.

Die große Herausforderung für den Coach liegt darin, sich zurückzuhalten, zu beobachten, zu fragen und keinesfalls Lösungen anzubieten, bevor nicht eine für beide Seiten zufriedenstellende Analyse des eigentlichen Problems (der Ist-Situation) abgeschlossen ist. Ein schnelles Zufriedengeben mit oberflächlichen Symptombeschreibungen verhindert zuverlässig ein Herantasten an den oft weit darunter liegenden Kern des Problems. Der Coach unterstützt den Mitarbeiter vor allem dann, wenn er hartnäckig und geduldig am Thema bleibt und den Mitarbeiter „hinter seine eigenen Kulissen" führt.

Geeignete Fragen des Coaches:

- Was denken Sie dazu/darüber?
- Welche Gedanken verbinden Sie mit dieser Tätigkeit?
- Was sagen Sie dazu?
- Welche Gedanken/Ideen tauchen dabei auf?
- Welche Gefühle haben Sie zu dieser Sache/Tätigkeit?
- Welche Erinnerungen verbinden Sie damit?
- Was bedeutet das für Sie genau/konkret?
- Welchen (Stellen-)Wert besitzt das für Sie?
- Welche Gefühle haben Sie dazu?
- Welche Auswirkungen hat das Problem auf die Menschen in Ihrer Umgebung?
- In welchen Situationen (Kontexten) tritt es auf?

- Wie verändert dieses Problem die Situation? Wie wirkt es sich aus?
- Wer hat welche Vorteile dadurch, dass dieses Problem existiert?
- Welchen Nutzen zieht das gesamte System aus dem Vorhandensein des Problems/Symptoms?
- Welchen Nutzen ziehen Sie persönlich aus dem Vorhandensein des Problems/Symptoms?
- Welche positiven Nebenwirkungen des Problems sollen auf jeden Fall erhalten bleiben?
- Was ist das Positive am Jetztzustand?
- Was davon soll unbedingt erhalten bleiben?
- Welche Funktion erfüllt das Problem für Sie in der Art, wie Sie Ihr Leben gegenwärtig organisieren?
- Was gewinnen Sie dadurch, dass das Problem besteht?
- Was ersparen Sie sich dadurch?

(Siehe auch Kapitel „Werkzeuge" unter „Fragen")

Im Zuge der Ist-Analyse kann sich auch herausstellen, dass ein ganz anderes Thema zuerst bearbeitet werden muss, bevor das von der Führungskraft vorangestellte Gesprächsziel in Angriff genommen werden kann, z. B. weil die Aufmerksamkeit des Mitarbeiters so sehr an einem anderen Thema hängt, dass keine Konzentration auf das ursprüngliche Gesprächsthema möglich ist. Es liegt an der Führungskraft, diese Notwendigkeit zu erkennen und eine Entscheidung für oder gegen einen Themenwechsel zu treffen. Entscheidet sie sich dafür, das neue Thema vorrangig zu behandeln und das ursprüngliche auf einen anderen Zeitpunkt zu verschieben, muss dies klar angekündigt und ein neuerliches Einverständnis eingeholt werden.

Beispiel:
„Ich habe das Gefühl, dass Sie im Moment mit Ihren Gedanken ganz und gar beim Thema X sind. Ist es in Ihrem Sinne, wenn wir uns heute damit beschäftigen und unser ursprüngliches Thema auf einen nächsten Termin verschieben?"

Hürden

Am Ende dieser Phase I sollte – für beide Gesprächspartner ersichtlich – eine (schriftliche) Sammlung von Hürden stehen, die den Mitarbeiter derzeit in seiner Veränderung behindern. Der Coach fasst abschließend zusammen und ordnet die Hürden möglichst nach den Kategorien

- Können (fehlende oder nicht ausreichend vorhandene Fähigkeiten)
- Wissen (fehlendes oder nicht ausreichend vorhandenes Fachwissen)
- Wollen (zu wenig Mut zum Handeln, fehlendes Engagement, Ängste etc.)
- Dürfen (eingeschränkter Freiraum/unklare Kompetenzverteilung)

Nochmals zur Erinnerung: Es geht nicht darum, dass Sie als Coach die Hürden des Mitarbeiters nachvollziehen können oder gar gutheißen! Dennoch akzeptieren Sie verständnisvoll, dass sie im Moment in der Landkarte des Gecoachten existieren. Je glaubwürdiger Sie dieses „Nein" des Gecoachten respektieren und ernst nehmen, umso leichter wird es diesem fallen, seine Hindernisse – zumindest vorübergehend – zur Seite zu stellen.

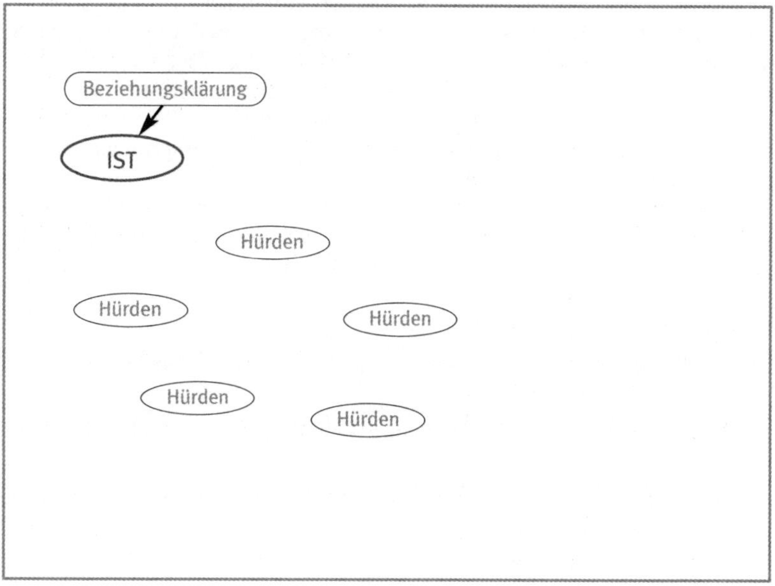

Abbildung 28: Phase I

Phase II

Soll-Phantasie

In dieser Phase ist es Aufgabe des Coaches, den Mitarbeiter zu „verführen", ihn zu ermutigen, sich mit seinem persönlichen Nutzen und den positiven Auswirkungen auseinanderzusetzen, die mit einer Veränderung in Richtung eines konkreten Ziels verbunden wären. Wir gehen davon aus, dass ein Mensch nur etwas tut, wenn er sich davon einen Nutzen (Schmerzvermeidung oder Lustgewinn) verspricht. Oft ist es dem Gecoachten jedoch gar nicht bewusst, welcher Nutzen für ihn heraus- kommen könnte, weil er vor lauter Hürden gar nicht in der Lage ist, vom Ist zum Soll zu sehen.

Nachdem die Hürden in der Ist-Analyse nun einmal von der Seele geredet und vom Coach ernst genommen wurden, fällt es dem Gecoachten in den meisten Fällen leichter, sich gedanklich bis zum Zielzustand und zu dem damit verbundenen persönlichen Vorteil vorzuwagen. Er muss nicht mehr so sehr auf der Betonung dieser Hürden bestehen, weil niemand versucht, sie ihm auszureden. Ganz im Gegenteil: Schriftlich festgehalten, schwarz auf weiß, liegen sie auf dem Tisch.

Der Coach versucht nun, den Mitarbeiter vom Ist zum Soll zu führen, ihn in eine Phantasiewelt zu versetzen („Was wäre, wenn ...") und ihn dabei zu unterstützen, seinen Nutzen herauszuarbeiten.

Geeignete Fragen des Coaches:

- Wir haben alle Hürden festgehalten. Versuchen wir, sie für einen Moment beiseite zu schieben.
- Nehmen wir an, dass Sie diese Aufgaben in der Zukunft oder nur in der Phantasie erledigen würden.
- Stellen Sie sich vor, dass über Nacht ein Wunder geschieht und all Ihre Probleme sind gelöst:
  - Woran würden Sie merken, dass das Wunder geschehen ist?
  - Wie wäre dieser Zustand, den Sie damit erreichen?
  - Was alles und wer würde davon betroffen sein?
  - Was wäre danach (Problemlösung/Aufgabenerledigung) anders?
  - Was ist der Unterschied?
  - Wie würden Sie sich fühlen?
  - Was glauben Sie, würden Ihre Kollegen dazu sagen, Ihre Familienmitglieder?

- Was hätten Sie persönlich davon?
- Welche Vorteile hätten Sie/hätte jemand anderer? Wer?

Wenn es Ihre Beziehung zum gecoachten Mitarbeiter erlaubt und das Klima geeignet ist, können Sie ihn auch animieren, eine kreative Skizze (Zeichnung ohne Worte) dieses gewünschten Zustandes (Vision) anzufertigen. Damit wird seine Kreativität weiter angeregt, zusätzliche Sinneseindrücke fließen mit ein.

Das Ziel, das Teilziel, der erste Schritt

Mit der Energie, die aus dem nun erarbeiteten Nutzenaspekt entsteht, ist der Gecoachte auch meist in der Lage, ein konkretes Ziel ins Auge zu fassen, ein Ziel, das ihm nun erstrebenswert, verlockend und nützlich erscheint. Wir bleiben dazu noch in der Phantasie – die Hürden bleiben „weggeschoben".

Aus der Phantasie, der Vision, leiten Coach und Gecoachter gemeinsam ein konkretes Ziel ab, das gegebenenfalls in Teilziele heruntergebrochen wird.

Zur Konkretisierung dienen Fragen nach:

- Qualität: Was?
- Quantität: Wie viel?
- Zeit: Bis wann? Ab wann? Kontrolltermin?

Aufgabe des Coaches ist es auch, den Gecoachten dabei zu unterstützen, sich realistische Ziele zu setzen und gegebenenfalls zu animieren, sein Ziel qualitativ oder quantitativ zu erhöhen oder zu senken.
(Vertiefende Informationen finden Sie unter „Zielearbeit" im Anhang.)

Geeignete Fragen des Coaches auf dem Weg zum Ziel:

- Was wird der erste Schritt zur Erreichung des Gesamtzieles (der Vision) sein?
- Welche Qualität hat dieses Ziel/Teilziel (was genau, was konkret)?
- Wie viel davon wird nötig sein?
- Bis wann genau werden Sie dieses Teilziel erreicht haben?
- Woran werden Sie merken, dass Sie dieses Teilziel erreicht haben?
- Woran werden Sie merken, dass das Ziel erreicht ist?
- Woran sachlich?
- Woran gefühlsmäßig?

- Woran werden es andere bemerken? Wer?
- Angenommen, Sie haben das Ziel erreicht, welche nächste Aufgabe stellt sich dann?
- Was ist das höhere Ziel, für das dieses unmittelbare Ziel eine Etappe darstellt?
- Wie werden Sie sich nach der Zielerreichung belohnen?
- Mit welchem Ritual bekräftigen (besiegeln) wir das jetzt?
- Wie werden Sie und wir beide gemeinsam die Zielerreichung messen?

Wie schon angeführt, steht am Ende des Weges – sozusagen als Belohnung – (hoffentlich) ein Nutzen für den Gecoachten. Zumeist wird jedoch auch ein „Preis" zu bezahlen sein. Entscheidend für die Zielerreichung wird nun auch die Relation zwischen Preis und Nutzen sein: Ist der Preis, also das, was der Gecoachte aufgeben oder zusätzlich auf sich nehmen muss, zu hoch, wird sich dies als weitere Hürde auf dem Weg zum Ziel erweisen. Die Auswirkungen der Zielerreichung auf alle Lebensbereiche ist also eingehend zu prüfen:

- Welche Auswirkungen hat es, wenn Sie dieses Ziel erreichen?
  - auf Ihr Privatleben
  - auf Ihre berufliche Situation
- Sind Sie mit diesen Auswirkungen einverstanden?
- Wer könnte nicht einverstanden sein?
- Welche Vorteile in der Ist-Situation müssten Sie aufgeben?
- Wie können Sie die Vorteile des Jetzt-Zustandes, wenn auch in anderer Form, mitnehmen?

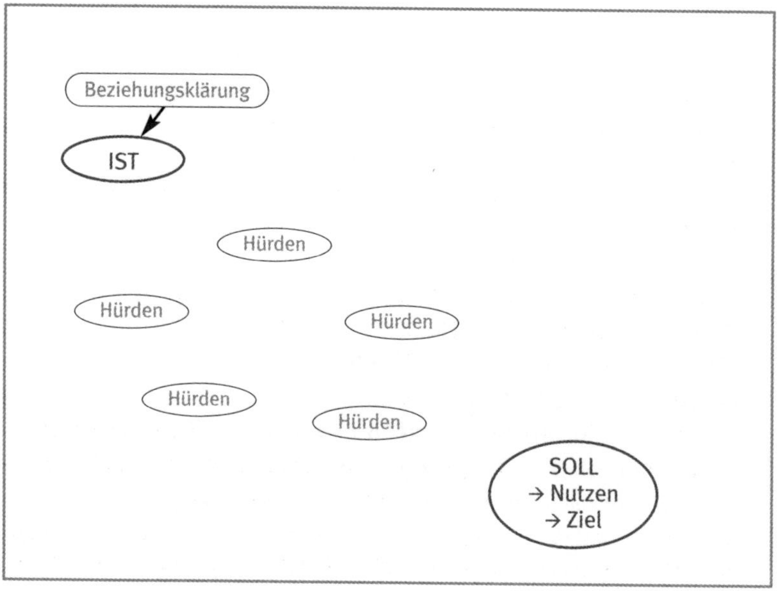

Abbildung 29: Phase I + II

Phase III

Hürden aus dem Weg räumen

Mit aller Energie aus dem Nutzen und der Freude auf die formulierten Ziele gilt es nun noch, den Blick zurück zu wenden auf die Hürden, die eingangs in der Ist-Analyse gefunden wurden. Möglicherweise sind einige dieser Hindernisse durch die Motivationskraft, die im Blick auf die Zielerreichung steckt, bereits ganz von selbst geschrumpft, einige haben sich als nebensächlich entpuppt („Scheinargumente"). Bei wieder anderen kann der Gecoachte entdecken, dass sie zwar weiter vorhanden, aber mit der Zielerreichung gar nicht gekoppelt sind. Sie können also bestehen bleiben, ohne zu stören. Und für die Bewältigung einiger Hürden müssen nun in einem nächsten Schritt Lösungen gefunden werden. Auch hier gilt es wiederum, die Preis-Nutzen-Relation zu beachten: je höher der Nutzen, umso eher wird die Zielerreichung gelingen!

Geeignete Fragen des Coaches:

- Was alles steht der Zielerreichung noch im Weg?
- Welche neuen Hürden sind beim Betrachten des Ziels aufgetaucht?
- Was hindert Sie, den ersten Schritt zu gehen?
- Wie hoch sind diese Hürden wirklich?
- Auf einer Skala von 1 bis 10 – wie hoch waren die Hürden heute morgen, wie hoch sind sie jetzt?
- Was daran ist überwindbar? Was noch?
- Wie könnten Sie diese Hürden überwinden?
- Was werden Sie gegen die Hindernisse tun?
- Wie könnten Sie die restlichen Hürden verkleinern?
- Welcher „Preis“ ist dafür zu zahlen?
- Unter welchen Umständen sind Sie bereit, diesen „Preis“ zu zahlen?
- Welche Hilfe (Ressourcen) könnten Sie dabei in Anspruch nehmen?
- Welche Kontrollen (Absicherungen) werden Sie durchführen?
- Welche Kontrollen/Checkpoints führen wir gemeinsam durch (z. B. gelegentliche Beobachtung bei der Arbeit, Berichte, regelmäßige Feedbackgespräche)?
- Was soll dabei konkret getan/besprochen werden?
- Was müssen wir dazu genau festlegen? Zeitpunkt, Ort, Dauer, Häufigkeit?
- Wie können andere Personen einbezogen werden?
- Wie gehen wir bei Umsetzungsschwierigkeiten/Misserfolg vor?
- Bis wann ist welche Aktivität/Maßnahme beendet?
- Wer übernimmt bei der Umsetzung des Wie-Plans welche Verantwortung?

Die Erstellung eines „Wie-Plans“ geschieht wiederum hauptsächlich durch den Gecoachten: Der Coach muntert ihn mit Fragen auf, in einer Art Brainstorming, vorerst ohne Bewertung, mögliche Lösungen zu sammeln.

- Welche Möglichkeiten könnten Sie sich vorstellen, um ...?
- Wie sollten Sie es nach Möglichkeit nicht machen? (Im Umkehrschluss werden dann mögliche Varianten abgeleitet.)

Hypothetische Fragen können dabei helfen, die bevorzugten Lösungsalternativen in Bezug auf positive und negative Konsequenzen zu überprüfen und zu beurteilen. Dadurch werden im Vorfeld erkennbare Fallen vermieden und mentale Blockaden sichtbar.

EVA VILEMINA

www.vilemina.de | mobil 0160 960 260 91

die camera 09/11/26

<Blaugrauocker VID"> S007 4 N N N N N

- Nur mal angenommen, Sie würden so vorgehen, was könnte alles passieren?
- Vorausgesetzt, Sie würden das so tun, welche Vorteile sehen Sie in dieser Vorgehensweise für sich? Welche Nachteile?

Wie der Coach bestmöglich mit seinen eigenen Lösungsvorschlägen umgeht, finden Sie im Kapitel „Werkzeuge“ unter „Umgang mit eigenen Lösungsideen“ (z. B. „Konstruktives Sprechen“).

Ressourcen wecken

Um gefundene Lösungswege auch in die Tat umsetzen zu können, bedarf es normalerweise unterschiedlichster Ressourcen. Viele davon wird der Gecoachte bereits besitzen, wobei ihm manche gar nicht bewusst sind. Im nächsten Schritt ist es also Aufgabe des Coaches, mit Hilfe von Fragen sämtliche vorhandene Ressourcen, die der Gecoachte zur Lösung einer Aufgabe braucht, bewusst zu machen und zu diskutieren.

Ressourcen gibt es in folgenden Bereichen:

- Wissen
- Können, Fähigkeiten
- Persönliche Eigenschaften
- Erfahrungen

Geeignete Fragen des Coaches:

- Welche ähnliche Aufgaben (Arbeiten) haben Sie bereits erledigt?
- Welche Fähigkeiten waren Ihnen damals hilfreich?
- Was können Sie noch in diesem Zusammenhang?
- Denken Sie zurück. Wann haben Sie schon das oder Ähnliches gemacht und dabei Erfolg gehabt?
- Was haben Sie konkret getan, damit sich der Erfolg einstellte?
- Welche persönlichen Eigenschaften könnten Ihnen dabei nützen?
- Welche Ihrer Fähigkeiten können Sie dabei einsetzen?
- Wenn Sie an Ihre praktische Erfahrung denken, welche Erfahrung können Sie dafür gebrauchen?
- Wenn Sie an vergangene Erfolge (erfolgreich erledigte Aufgaben) denken, womit haben Sie diese Erfolge erreicht?
- Was davon könnten Sie für die aktuelle Aufgabe einsetzen?

- Welche Ressourcen brauchen Sie, um das Ziel zu erreichen?
- Welche haben Sie bereits (z. B. früher schon erfolgreich eingesetzt)?
- Welche können aktiviert werden?
- Welche sind neu zu entwickeln?
- Wie kann das geschehen?

Natürlich bedarf es auch oft neuer Ressourcen, die sich der Mitarbeiter erst aneignen muss, bzw. Ressourcen, die von anderer Seite zur Verfügung gestellt werden müssen (Zeit, Geld etc.). Es ist also neuerlich eine Kosten-Nutzen-Analyse durchzuführen, diesmal von der Führungskraft: Sie muss (vielleicht in Abstimmung mit ihrem Vorgesetzten) entscheiden, ob der erwartete Vorteil einer Entwicklung des Mitarbeiters den ermittelten Preis (Ausbildungen, zeitintensive Begleitung etc.) rechtfertigt.

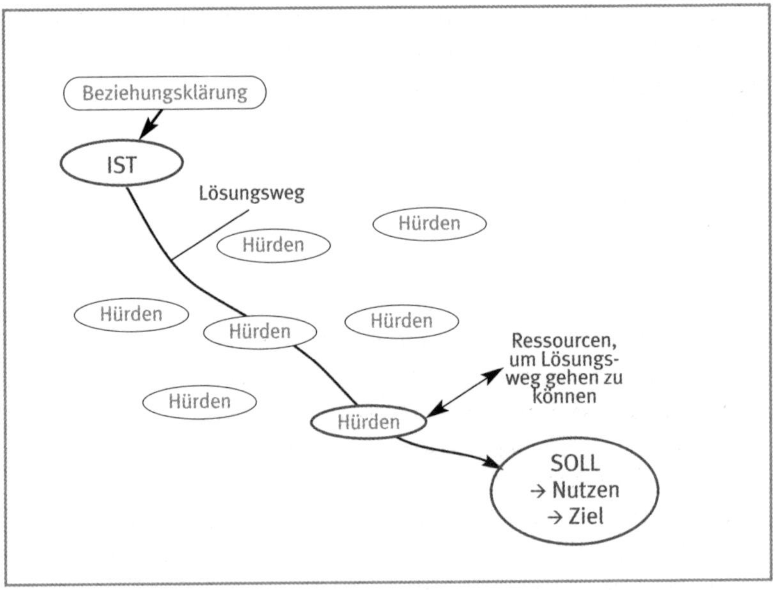

Abbildung 30: Phase I + II + III

Phase IV

Durchführung

Der Mitarbeiter schreitet gut gerüstet zur Tat, der Coach begleitet in der vereinbarten Form. Anerkennung und konstruktive Kritik während des gesamten Coachingprozesses und natürlich auch nach der Zielerreichung sind dabei seine Hauptaufgaben. Der Coach ist gefordert, sich sehr genau an vereinbarte Kontrolltermine zu halten, um damit auch die Wertigkeit der Leistung zu betonen und die gewünschte Konsequenz zu demonstrieren.

Kontrolle der Zielerreichung

Kontrolle ist ein unbeliebtes Wort und dennoch ein unverzichtbarer Bestandteil in der Entwicklung der Mitarbeiter. Allerdings hat jede Führungskraft die Wahl zwischen verschiedenen Arten der Kontrolle. Sie kann Kontrolle so ausüben, dass sie Motivation zerstört; sie kann aber auch so kontrollieren, dass damit Motivation sogar gesteigert wird (siehe auch Kapitel „Grundannahmen" unter „Kontrolle ist gut, Vertrauen ist besser").

Kontrolle im Coaching heißt vor allem gemeinsame Kontrolle, bedeutet Austausch der Sichtweisen, Standortbestimmung, eventuell Korrektur des Weges und Planung der nächsten Schritte. Kontrolle beginnt mit dem neuerlichen Sammeln von Fakten, die eine Abweichung vom und/oder eine Übereinstimmung mit dem vereinbarten Weg/Ziel belegen.

Im Erfolgsfall

Für Erfolge, und seien sie noch so klein, wird der Coach:

- angemessene, ehrlich gemeinte Anerkennung geben;
- vereinbarte Belohnung erbringen;
- Stärken des Gecoachten als Erfolgskriterien hervorheben, um sie für das nächste Mal bewusst einsetzbar zu machen.

Kontrolle dient also auch dazu, Erfolge bewusst und damit zu Motivationsfaktoren zu machen bzw. Erfolge zu feiern.

Unabhängig von Erfolg und Misserfolg verdient allein schon das Bemühen als solches, die Anstrengung und Veränderungsbereitschaft, Anerkennung, auch wenn vielleicht noch nicht sofort der gewünschte Erfolg erzielt wurde.

Bei Misserfolg oder Teil-Misserfolg:

Bei Misserfolg wird der Coach:

- Anstrengungen würdigen;
- die Schuldfrage vermeiden;
- Ursachen analysieren;
- konstruktive Kritik üben.

Kontrolle hat die Aufgabe, den Grad der Zielerreichung zu prüfen und zu hinterfragen, was nicht gut läuft und wo Schwächen sind. Die Differenz zwischen tatsächlichen und erwarteten Ergebnissen wird festgestellt. Es geht dabei um eine Analyse der Ereignisse, basierend auf dem Vertrauen, dass gute Gründe zu dieser Differenz geführt haben. Im Gegensatz zu Vorwürfen und persönlichen Angriffen ermöglicht konstruktive Kritik dem Mitarbeiter, sein Gesicht und seine Würde zu wahren und sein Verbesserungspotenzial zu erkennen. Es gilt zu beachten, dass der Mitarbeiter meist selber unter seinem Misserfolg leidet.

Geeignete Fragen des Coaches:

- Wo stehen wir im Rahmen unserer vereinbarten Maßnahmen?
- Wie kam es zur Abweichung vom Plan?
- Wurden die Erwartungen klar genug ausgetauscht?
- Was und wer war daran beteiligt? Was und wer hatte Anteil am Misserfolg?
- Was und wer trägt welchen (konkreten) Anteil?
- Was war Ihr persönlicher Anteil?
- Welche Umstände waren am Weg zur Zielerfüllung beteiligt?
- Was lag an der Zielfestsetzung?
- Welche Hürden waren noch zu hoch? Und warum? (Können, Wissen, Wollen)
- Welche neuen Hürden sind aufgetaucht?
- Welche Ressourcen haben gefehlt/waren nicht ausreichend?
- Wie sind Sie den „Zielen/Hürden“ begegnet?
- Was können Sie korrigieren, was nicht?
- Was ist für die Zukunft vermeidbar, was nicht?
- Was müsste konkret anders sein?
- Was also könnten wir tun, um die Zielerreichung/den Erfolg sicherzustellen?

- Was könnten Sie tun, um in Zukunft erfolgreicher zu sein?
- Welche Hilfe benötigen Sie?

Der Coach gibt dem Mitarbeiter auch in dieser Phase Anstöße, um dessen Erfahrungsschatz zu aktivieren, und hilft ihm, den Misserfolg möglichst aus eigener Kraft überwinden zu können. Es gilt, den Misserfolg zur Weiterentwicklung zu nutzen – nicht umsonst heißt es: „Fehler sind Erfahrungen, die gefehlt haben!" Darüber hinaus braucht es hier oft Informationen, Feedback, Hilfestellung im weitesten Sinne z. B. durch die Vermittlung von Wissen und Erfahrung.

Im Rahmen von Kritikgesprächen ist es ratsam, so schnell wie möglich darüber zu sprechen, wie künftig in ähnlichen Situationen vorgegangen werden soll. Kein Jammern über Vergangenes, keine Vorwürfe, Schuldzuweisungen und Rechtfertigungen, sondern künftige Verbesserungen planen, heißt die Devise.

Natürlich kann dies kein ewiger Prozess sein, wenn jeweils nur Misserfolge des Mitarbeiters am Ende der gemeinsamen Arbeit stehen. Stimmen Ziele, Wertesystem und Anforderungen des Unternehmens auf Dauer nicht mit den Vorstellungen und Leistungen des Mitarbeiters überein, kann auch eine Trennung das Ende eines Coachingprozesses darstellen.

Nachbearbeitung

Die beste Vorbereitung für ein nächstes Coachinggespräch besteht in der Reflexion und Nachbereitung des eben stattgefundenen. Indem Sie sich überlegen, wie das Gespräch gelaufen ist, welche Ihrer Aktivitäten für den Erfolg des Gesprächs hilfreich, welche eher hinderlich waren, können Sie sicher sein, sich in Ihrer Coachingtätigkeit stetig weiter zu entwickeln. Nehmen Sie sich dazu Zeit – es lohnt sich.

Geeignete Fragen des Coaches in der (Selbst-)Reflexion:

- Wie habe ich mich im Gespräch verhalten?
- Wodurch habe ich dem Partner Wertschätzung entgegengebracht?
- Welche seiner Bedürfnisse habe ich beachtet?
- Wie war das Gesprächsklima?
- Welchen Beitrag habe ich zur Entstehung eines positiven Gesprächsklimas geleistet?
- Welches Bild hat der Mitarbeiter meinem Eindruck nach von mir?

- Welchen Eindruck habe ich von ihm?
- Was werde ich bei weiteren Gesprächen mit ihm beachten? (z. B. Bedürfnisse)
- Wie ist es mir gelungen, eine solide Vertrauensbasis herzustellen?
- Habe ich den Mitarbeiter ausreden lassen?
- Wo haben wir aneinander vorbei geredet?
- Wodurch habe ich ihn zum Nachdenken angeregt?
- Wie konsequent war ich im Nachfragen?
- Wie ist es mir mit dem „Aushalten“ von Pausen ergangen?
- Was habe ich an Neuem und Wichtigem erfahren?
- Hat das Gespräch eine überraschende Wende genommen und wodurch?
- Wie ist es mir gelungen, Missverständnisse zu klären?
- Wie offen war ich für ehrliche und ernst gemeinte Kritik? Wie ist es mir damit gegangen?
- Wie habe ich selber Feedback gegeben?
- Wie haben sich meine Fragen auf das Gespräch und das angestrebte Ziel ausgewirkt?
- Woran habe ich gemerkt, dass mein Gesprächspartner meine Fragen verstanden hat?
- Wie ausführlich waren seine Antworten?
- Wo gab es unterschiedliche Sichtweisen?
- Bei welchen Themen fiel es meinem Gesprächspartner schwer, eine Meinung auszudrücken oder Informationen mitzuteilen?
- In welchen Momenten war mein Gesprächspartner nicht in der Lage oder Willens, Informationen mitzuteilen?
- Inwieweit habe ich mein Gesprächsziel erreicht?

Auch die folgende Checkliste kann Unterstützung bieten, um wesentliche Aspekte von Coaching im Auge zu behalten:

- Ich versuche, mich in die Lage des anderen zu versetzen.
- Ich nehme Rücksicht auf das Befinden des anderen.
- Ich spreche meine Gefühle offen an.
- Ich kann gut mit den Gefühlen meines Gesprächspartners umgehen.

- Ich schaue den anderen an, wenn ich spreche.
- Ich höre aktiv zu.
- Ich nehme mir Zeit für den anderen.
- Ich halte Störungen fern.
- Ich lasse den anderen ausreden.
- Ich vermeide Allerweltsratschläge.
- Ich suche gemeinsam mit dem Gesprächspartner eine Lösung.
- Ich respektiere die Motive und Einstellungen des anderen.
- Ich bin informiert und kompetent.
- Ich spreche genau und entschieden.
- Ich drücke mich verständlich aus.
- Ich habe ehrliches Interesse an Meinungen, Gedanken und Gefühlen anderer.
- Ich nehme mir Zeit, Meinungsverschiedenheiten zu klären.
- Ich gebe Anerkennung und Kritik.
- Ich stehe hinter dem, was ich sage.
- Ich schaffe eine entspannte Atmosphäre.
- Ich lege für Gespräche einen genauen zeitlichen Rahmen fest.
- Ich mache dem anderen klar, was ich erreichen möchte.
- Ich behalte den roten Faden.
- Ich informiere den anderen genau über seine Aufgaben.
- Ich bin offen und vertrage Widerspruch.

Eine gute Möglichkeit, Ihren Lernfortschritt zu veranschaulichen, ist es, auf einer Skala (z. B. von 1 bis 10) zu den einzelnen Punkten aus der Checkliste Ihre Einschätzung Ihrer derzeitigen Kompetenz einzutragen und nach jedem weiteren Gespräch zu aktualisieren.

Wenn Sie die Beziehung zu Ihrem Mitarbeiter für ausreichend tragfähig halten, macht es auch Sinn, das abgelaufene Gespräch mit ihm gemeinsam zu reflektieren. Beide Gesprächspartner können sich gegenseitig Feedback darüber geben, wie sie das eigene Verhalten bzw. das Verhalten des anderen erlebt haben, was sie an der Gesprächsführung geschätzt, was eher unangenehm erlebt haben. Sie drücken mit dieser gemeinsamen Reflexion einmal mehr aus, dass Sie sich beide in einem Lernprozess sehen, in einer Kooperation zwischen zwei Experten, die ein gemeinsames Ziel verfolgen.

Während Sie Experte für eine lösungsorientierte Gesprächsführung sind (bzw. gerade werden!), ist Ihr Mitarbeiter auf dem Weg zum Experten für sein Aufgabengebiet und seine persönliche Landkarte. In dieser Kombination sind Sie unschlagbar!

Ein wichtiger Teil jeder Nachbereitung ist natürlich auch die Auswertung aller Gesprächsnotizen und Vereinbarungen in Bezug auf Folgemaßnahmen: Welche Maßnahmen haben Sie zugesagt, welche davon müssen Sie wie veranlassen (Telefonate, Anträge, Erkundigungen, Terminvereinbarungen, Ausbildungsmaßnahmen etc.). Seien Sie Vorbild, indem Sie Ihren Teil der Vereinbarungen so wichtig nehmen, wie Sie es von Ihrem Mitarbeiter erwarten. Die Enttäuschung des Mitarbeiters, wenn er beim nächsten Kontrolltermin erkennen muss, dass alles nur leeres Gerede war, kann eine gute Beziehung stark belasten.

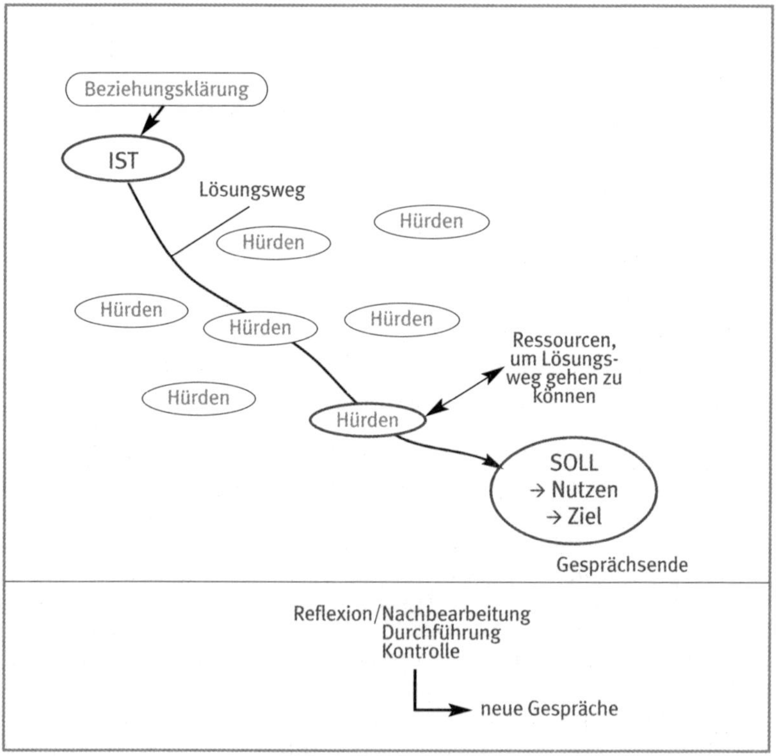

Abbildung 31: Phase I + II + III + IV

Das Protokoll

Gesprächsergebnisse werden sinnvollerweise schriftlich festgehalten. Diese Gesprächsprotokolle dienen bei Nachfolgegesprächen zwischen denselben Gesprächspartnern als Ausgangsbasis und Vergleichsgrundlage, um zwischenzeitliche Veränderungen in den besprochenen Punkten besser feststellen zu können. Überdies erleichtert eine schriftliche Zusammenfassung die Vorbereitung für ein nächstes Gespräch auch insofern, als sich der Coach wichtige persönliche Themen in Erinnerung rufen und daran anknüpfen kann.

Beispiele

Die Führungskraft ist nicht zufrieden mit dem Verhalten ihrer Mitarbeiterin (Thema: Es passieren vermehrt Fehler)

Ausgangssituation:

Frau Maier ist Abteilungssekretärin im Controlling eines Unternehmens. Sie ist in dieser Funktion hauptsächlich für die Unterstützung der Abteilungsleiterin, Frau Huber, aber auch für die Betreuung von fünf weiteren Kollegen zuständig. Unterstützt wird sie dabei von einer weiteren Sekretärin. In dieser zweiten Sekretariatsposition arbeitet seit einigen Wochen eine neue Kollegin, Frau Frank, weil die Vorgängerin in Pension gegangen ist.

Die Abteilungsleiterin, Frau Huber, hat beobachtet, dass Frau Maiers Arbeit in letzter Zeit immer öfter fehlerhaft ist, dass sich ihre Krankenstände häufen, sie immer wieder hysterisch reagiert und weint. Aus diesem Grund bittet sie Frau Maier zu einem Einzelgespräch. In der Vorbereitung hat sie für sich folgende Fragen geklärt:

Was möchte ich ihr unbedingt mitteilen? (Fakten, meine Gefühle)

Fakten: zunehmend Fehler beobachtet, z. B. falsche Zahlen in Vorstandsberichten, emotionale Reaktionen beobachtet, Anzahl der Krankenstandstage stark gestiegen.

Gefühle: Ich schätze Frau Maier und bin in Sorge um sie. Ich bin ärgerlich, weil die Fehler den reibungslosen Ablauf in der Abteilung doch sehr beeinträchtigen (Auswirkungen).

Welche Hypothesen habe ich darüber, wie erkläre ich mir das Verhalten von Frau Maier?

1. Sie hat private Probleme.
2. Sie ist krank und das belastet sie.
3. Es gibt einen Konflikt mit den Kollegen.

4. Sie hat keinen Spaß mehr an der Arbeit.
5. Der Arbeitsaufwand in der Abteilung ist gestiegen.

Meine Interpretation: Frau Maier geht es nicht gut!

Was an meinem Verhalten könnte zur Verschlechterung von Frau Maiers Leistung beigetragen haben?

Aus meiner Sicht hat sich weder der Arbeitsaufwand insgesamt erhöht, noch mein Arbeitsstil verändert.
Die Häufigkeit unserer Kontakte hat sich nicht verändert.
Manchmal werde ich ungeduldig.

Wie stehe ich zu Frau Maier? Wie ist unsere Beziehung?

Meine Einstellung zu ihr ist nach wie vor positiv. Ohne klärendes Gespräch würde sich ihr geändertes Verhalten jedoch negativ auf meine Einstellung auswirken.
Aus meiner Sicht ist unsere Beziehung kollegial und noch nicht belastet.

Was traue ich Frau Maier zu?

Ich traue ihr von ihren Fähigkeiten zu, den Arbeitsaufwand fehlerfrei zu schaffen, was auch früher funktioniert hat.
Ich traue ihr zu, ihr momentanes Verhalten wieder zu verändern.

Welche konkreten Erwartungen habe ich an Frau Maier?

Ihre Fehlzeiten gehen auf das frühere Maß zurück.
Die Fehlerhäufigkeit reduziert sich.
Unsere Beziehung bleibt trotz – aber auch gerade wegen dieses Gespräches unverändert gut.

Wie sind unsere bisherigen Gespräche zu diesem Thema verlaufen? Gibt es bereits Vereinbarungen?

Ich habe sie schon einige Male auf ihre Fehler aufmerksam gemacht, ohne jedoch die Gründe dafür zu hinterfragen und ohne konkrete Vereinbarungen mit ihr zu treffen.

Was ist mein Ziel für dieses Gespräch?

Feedback geben, wie die Situation für mich ist und welche Auswirkungen damit verbunden sind.
Gründe für die Verschlechterung herausfinden.
Eventuell schon Lösungen erarbeiten, wie sie schrittweise wieder zur „alten Form“ zurückfinden kann.

Phase I:

Frau Huber (H.): „Ich freue mich, dass wir uns für ein ausführliches Gespräch getroffen haben. Ich habe beobachtet, dass in letzter Zeit immer wieder Fehler passieren und Sie oft in Tränen ausbrechen. Ich schließe daraus, dass es Ihnen nicht gut geht. Ich mache mir Sorgen um Sie. So kenne ich Sie nicht. Die Fehler wirken sich bereits störend auf den reibungslosen Ablauf in unserer Abteilung aus. *(Feedback)*

Mir wäre wichtig, im heutigen Gespräch herauszufinden, was los ist und was wir tun könnten, um die Situation wieder zu verbessern. *(Gesprächsziel)* Ist das für Sie in Ordnung?" *(Einverständnis einholen)*

Frau Maier (M.):„Sind Sie mit mir nicht zufrieden? Ich bemühe mich doch so und komme jeden Tag schon eine Stunde früher und bleibe länger! Was soll ich noch alles tun?"

H.: „Gerade weil Sie mir wichtig sind und ich immer sehr zufrieden war, suche ich das Gespräch. In letzter Zeit beobachte ich aber, dass Sie sich so bemühen und trotzdem Fehler passieren. Es geht mir nicht um Schuldzuweisungen, sondern darum, herauszufinden, was dahinter steckt. Dazu möchte ich Ihnen in diesem Gespräch vor allem Fragen stellen." *(Beziehungsklärung)*

M.: „Ja, o.k., mir geht es auch nicht gut und ich möchte auch keine Fehler machen." *(Einverständnis für das Gespräch)*

H.: „Erzählen Sie mir einmal, wie Sie die Situation jetzt erleben." *(Ist-Analyse)*

M.: „Es wollen immer alle alles gleichzeitig von mir. Immer ist alles dringend und muss sofort gemacht werden. So kann ich mich auf nichts mehr konzentrieren und hab' alles gleichzeitig im Kopf. Natürlich passieren dann Fehler!"

H.: „Wirklich immer alle? *(Metamodell)* Wie läuft das konkret ab? Jemand kommt zu Ihnen und möchte etwas."

M.: „Ja, er kommt und sagt, er braucht das sofort. Ich sag' dann halt ja und bekomme die Panik, weil ich eigentlich keine Zeit dafür hab'. Aber weil es sonst niemand macht, kann ich auch nicht nein sagen. Und so kommen alle. Ich kann ja nicht entscheiden, wer wichtiger ist."

H.: „Das kann ich gut verstehen, dass Sie das belastet. Sie nehmen also jede Arbeit an, obwohl Sie bereits wissen, dass Sie sie nicht rechtzeitig schaffen können." *(Aktives Zuhören, Spiegeln)*

M.: „Natürlich, wer soll es denn sonst machen?"

H.: „Was würde passieren, wenn Sie nein sagten?"

M.: „Dann würde der glauben, ich hab' was gegen ihn, er ist für mich nicht so wichtig und die Arbeit würde liegen bleiben."

H.: „Die Arbeit würde liegen bleiben?" *(Spiegeln)*

M.: „Ja, aber die bleibt ja so auch liegen, weil ich nicht dazukomme oder ich mach' sie schnell irgendwie zwischendurch und es sind dann Fehler drin."

H.: „Ist das bei allen Kollegen gleich?" *(Frage nach Ausnahmen)*

M.: „Na ja, beim Karl ist es besser. Der fragt wenigstens, ob ich Zeit für seinen Auftrag hab'."

H.: „Was antworten Sie dann?"

M.: „Ich frag' ihn halt, ob das bis morgen Zeit hat."

H.: „Und?"

M.: „Meistens reicht das ja auch. Wenn's ganz dringend ist, erledige ich es halt gleich."

H.: „Angenommen, Kollege Berger kommt und sagt, er braucht was. Wie reagieren Sie darauf?"

M.: „Na gar nicht! Der legt mir das hin und verschwindet, bevor ich irgendwas sagen kann."

H.: „Was glauben Sie, erwartet Herr Berger von Ihnen, wenn er die Sachen auf Ihren Tisch legt?"

M.: „Na, dass sie auch rechtzeitig fertig werden, sonst würde er sie mir nicht geben."

H.: „Rechtzeitig?"

M.: „Na, der will immer alles sofort."

H.: „Wie geht es Ihnen dabei?"

M.: „Schlecht natürlich, weil ich genau weiß, dass ich es nicht schaffe!"

H.: „Könnte Herr Berger irgendwie merken, wie es Ihnen geht?"

M.: (Denkt nach ...) „Wahrscheinlich nicht, weil ich die Panik erst kriege, wenn er wieder draußen ist. (Pause) Hin und wieder sehen die schon, dass mir die Tränen kommen und dann fragen sie entsetzt, was ist."

H.: „Was sagen Sie den Kollegen dann?"

M.: „Ich mag nicht mit denen über meine Sorgen reden."

H.: „Was hindert Sie daran?"

M.: „Nichts Spezielles. Vielleicht würden die das sogar verstehen, aber ich mag halt niemand mit meinen Problemen belasten. Die haben doch selber alle genug am Hals."

H: „Sie verstehen sich also grundsätzlich gut mit Ihren Kollegen?" *(Hypothese 3 überprüfen)*

M.: „Ja, persönlich haben wir überhaupt keine Probleme miteinander.“ *(Hypothese widerlegt)*

H.: „Welche Chance hat dann Herr Berger, herauszufinden, wie es Ihnen geht, wenn er Ihnen Arbeit bringt?“

M.: „Er könnte mich ja gleich fragen, wie es mir geht. Er fragt erst dann, wenn mir die Tränen runter laufen.“

H.: „Woran kann Herr Berger erkennen, dass diese Tränen mit seinen Aufträgen zu tun haben?“

M.: „Hmm, weiß nicht.“ (Pause) „Eigentlich gar nicht.“

H.: „Hmm.“

M.: „Er könnte mich ja einmal fragen, ob das noch klappen wird. (Pause) Ich könnte es ihm auch sagen. Aber wer macht es sonst? Außerdem ärgert er sich, wenn ich nein sag’.“

H.: „Und wie ist es, wenn Sie ja sagen und es doch nicht schaffen?“

M.: „Dann ärgert er sich auch und mir geht es noch viel schlechter, weil ich mich so bemüht hab’ und er trotzdem verärgert ist.“

H.: „Sie glauben also, er ärgert sich in jedem Fall, ob Sie ja oder nein sagen. Ihnen geht es aber schlechter, wenn Sie ja sagen und es nicht schaffen.“

M.: „Genau, egal, was ich mach’, es ist verkehrt.“

H.: „Woher wissen Sie das? Haben Sie schon beides probiert?“

M.: „Nein, das hab’ ich nicht. Nein-Sagen kann ich nicht.“

H.: „Halten wir einmal fest, nein zu sagen und den Kollegen mitzuteilen, dass Sie im Moment keine Zeit haben, fällt Ihnen schwer.“ *(Hürde 1)*

M.: „Mhm.“ (zustimmend)

H.: „Was belastet Sie sonst noch? Gab es früher vielleicht überhaupt weniger Arbeit?“ *(Hypothese 5 überprüfen)*

M.: „Nein, aber mit der früheren Sekretärin, Frau Kammer, konnte ich mir das irgendwie besser aufteilen.“ *(Hypothese widerlegt)*

H.: „Besser aufteilen?“

M.: „Ja, ich war immer für die Korrespondenz zuständig und Frau Kammer für Berichte und Auswertungen. Meine neue Kollegin, die Frau Frank, macht nur die Berichte, für die sie Zeit hat. Wenn sie nein sagt, landen die Berichte zusätzlich auf meinem Tisch.“

H.: „Gut, dass Sie mir das sagen. Ich vermute, dass das die Anfangsschwierigkeiten sind, bis sich Frau Frank eingearbeitet hat. Im Moment scheint das Ihren Arbeitsalltag schwieriger zu machen. *(mögliche Hürde 2)* Was macht Ihnen den Arbeitsalltag sonst noch schwierig?"

M.: „Dass ich nicht weiß, was ich zuerst machen soll." *(Hürde 3)*

H.: „Es wäre Ihnen also wichtig, eine Reihenfolge der Arbeiten zu haben?"

M.: „Ja, dann könnte ich mich wieder auf eins nach dem anderen konzentrieren und würde weniger Fehler machen."

H.: „Mhmm. Gibt es sonst noch was? Privat soweit alles o.k.?" *(Hypothesen 1 und 2 überprüfen)*

M.: „Ja, grundsätzlich schon. Nur wenn ich immer so fertig aus dem Büro komme, hat mein Mann natürlich auch keine Freude mit mir." *(Hypothesen widerlegt)*

H.: „Das kann ich mir gut vorstellen. Dieser Zustand muss sich rasch ändern, nicht wahr? Damit Sie wieder richtig Spaß haben an Ihrer Arbeit." *(Hypothese 4 überprüfen)*

M.: „Meine Arbeit macht mir ja großen Spaß, aber wenn alle auf einmal kommen, ist es nicht mehr lustig." *(Hypothese widerlegt)*

H.: „Fassen wir zusammen: Die momentane Situation belastet Sie. Hauptgründe dafür sind: dass alle Kollegen auf einmal kommen und es Ihnen schwer fällt, nein zu sagen, dass die Arbeitsaufteilung mit Frau Frank noch nicht zufriedenstellend funktioniert und Frau Frank sehr wohl nein sagt, bevor sie überfordert ist, und dass Sie die Prioritäten der Aufgaben nicht kennen. Fehlt noch was?" *(zusammenfassen, mitschreiben)*

M.: „Nein, genau so ist es."

Phase II

H.: „Das sind also die Punkte, die Ihnen das Arbeitsleben schwer machen. Kann ich gut verstehen, dass Sie das belastet. Können wir dennoch für einen Moment diese Dinge alle zur Seite stellen?"

M.: „Wie meinen Sie das?"

H.: „Ich würde Ihnen gerne eine Frage stellen, die Ihnen vielleicht komisch vorkommt. Ich glaube aber, dass sie uns sehr hilfreich sein kann."

M.: „Naja, fragen Sie halt!"

H.: „Angenommen, es würde über Nacht, während Sie schlafen, ein Wunder geschehen und alle Ihre Probleme wären gelöst. Sie wachen am nächsten Tag auf, woran würden Sie merken, dass das Wunder geschehen ist?" *(Wunderfrage)*

M.: „Na, ich würde viel lieber und ganz entspannt ins Büro fahren." *(Nutzen)*

H.: „Und, dort angekommen?"

M.: „Ich wüsste genau, was ich zu tun hätte, würde in Ruhe arbeiten und keine Fehler mehr machen. Alle wären mit mir zufrieden und würden mich wieder loben, weil ich so gewissenhaft bin. Wir hätten wieder jede Menge Spaß im Büro. Das wäre toll!" *(Nutzen)*

H.: „Woran würden das Ihre Kollegen merken?"

M.: „Dass ich nicht mehr weine und wieder mehr lache. Außerdem würden sie ihre Aufträge ohne Fehler bekommen." *(Nutzen)*

H.: „Woran würden sie es sonst noch merken?"

M.: „Na, die Arbeitsaufteilung mit der Frau Frank würde gut funktionieren, sodass wir gut zusammenarbeiten und beide mit unserer Arbeit zurecht kämen." *(Nutzen)*

H.: „Würde es sonst noch jemand merken?"

M.: „Ja, natürlich mein Mann! Der wäre auch froh, wenn ich gut gelaunt nach Hause käme." *(Nutzen)*

H.: „Welches Ziel könnten Sie sich denn konkret vornehmen, damit es so toll wird, wie Sie es gerade geschildert haben?"

M.: „Mein Ziel ist, wieder so fehlerfrei zu arbeiten wie früher." *(Ziel)*

H.: „Und wie können wir überprüfen, dass Sie Ihr Ziel erreicht haben?"

M.: „Na, in der wöchentlichen Abteilungsbesprechung gehen wir ohnehin alles durch, was während der Woche passiert ist, da merken wir es, falls ein Fehler aufgetreten ist."

H.: „Schön. Und was steht jetzt noch zwischen der momentanen Situation und diesem Ziel?" *(Hürden)*

Phase III

M.: „Na, alles, was Sie da aufgeschrieben haben."

H.: „Und was noch?"

M.: „Sonst fällt mir im Moment nichts ein."

H.: „Gut, beginnen wir mit der ersten Hürde, dem Nein-Sagen."

M.: „Es fällt mir zwar sehr schwer, aber ich müsste eben doch einmal anfangen, nein zu sagen, wenn ich keine Zeit habe." *(Preis)*

H.: „Es fällt Ihnen also schwer. Erinnern Sie sich an den Nutzen, den Sie davon hätten?"

M.: „Schon, es würde mir ja dann viel besser gehen. Aber die anderen dürften dann halt nicht böse sein und Frau Frank müsste ihre Arbeit wirklich vollständig selbst erledigen."

H.: „Gut, bleiben wir doch beim Nein-Sagen. Wie könnte das aussehen, damit dennoch nichts liegen bleibt?"

M.: „Nur Nein-Sagen ist sicher zu wenig."

H.: „Ja, sondern?"

M.: „Ich könnte ja fragen, bis wann es unbedingt fertig sein muss. Wenn es dann trotzdem nicht klappen würde, muss jemand entscheiden, was wichtiger ist, ich kann das nicht machen."

H.: „Stimmt, zur Prioritätensetzung kommen wir noch. Was könnte Ihnen erleichtern, zu erkennen, was für Sie bis wann noch passen würde?"

M.: „Na, wenn ich z. B. einen genauen Tagesplan hätte, was ich wann mache, dann wüsste ich, ob noch Platz für etwas Zusätzliches ist."

H.: „Wie könnte so ein Plan aussehen, der möglichst flexibel ist? Schließlich gibt es immer wieder unvorhersehbare Dinge, die eingeschoben werden müssen."

M.: „Ich könnte mir einen Wochenplan erstellen. Ja, und zusätzlich muss ich wohl immer am Vorabend den Plan für den nächsten Tag aktualisieren. Außerdem halte ich jeden Tag eine Stunde frei für Unvorhergesehenes." *(Lösung)*

H.: „Klingt toll. Das ist eine sehr gute Idee. Nehmen wir aber an, es kommt mehr, als Sie insgesamt unterbringen können. Was dann?"

M.: „Zuerst frage ich, bis wann die Arbeit fertig sein muss. Wenn das mit dem Wochenplan nicht vereinbar ist, muss ich halt sagen, dass es nicht klappen wird. Dann muss ich gemeinsam mit den Kollegen eine andere Lösung dafür finden. Ganz leicht wird mir das nicht fallen."

H.: „Was könnte es Ihnen erleichtern?"

M.: „Es würde mir helfen, wenn Sie den Kollegen einmal sagen würden, dass ich hin und wieder einmal nein sagen muss und dass das nicht heißt, dass ich denjenigen nicht mag. Es geht halt nicht anders."

H.: „Das werde ich bestimmt in unserer nächsten Abteilungsbesprechung klarstellen. Die Kollegen müssen in solchen Fällen ihre Termine untereinander koordinieren. Kommt es dabei zu Problemen, besprechen wir das gemeinsam."

M.: „Super. Das hilft mir sehr, aber so oft wird das ja nicht notwendig sein.

Dann bleibt nur noch die Geschichte mit der Frau Frank. Was werden Sie da machen?"

H.: „Sie erwarten also, dass ich hier etwas tue. Was könnten Sie gleich selber erledigen?"

M.: „Ich kann ihr ja nicht sagen, dass sie mehr arbeiten soll."

H.: „Da gebe ich Ihnen Recht. Was könnten Sie ihr sagen?"

M.: „Ich könnte sie fragen, warum sie manche Berichte immer wieder ablehnt. (Pause) Vielleicht kennt sie sich nicht aus?"

H.: „Hmm, könnte sein."

M.: „Wenn ich ihr das einmal erkläre, kann sie es dann vielleicht selber machen und die Kollegen kommen nicht mehr zu mir damit." *(Lösung)*

H.: „Ich finde das ganz toll, dass Sie Ihr großes Wissen weitergeben wollen. Sie haben sich also jetzt vorgenommen, einen Aktivitätenplan zu erstellen, nötigenfalls nein zu sagen und mit Frau Frank zu reden. Welche Erfahrung haben Sie schon mit Zeitplänen?" *(Ressourcen bewusst machen)*

M.: „Zu Hause geht es gar nicht ohne Zeitplan. Da mache ich es genauso und das funktioniert bestens."

H.: „Sie haben also schon große Erfahrung damit. Das wird Ihnen die Arbeitsplanung sicher erleichtern. Wie sieht das mit dem Nein-Sagen aus, haben Sie das schon mal probiert?"

M.: „Zum Karl habe ich schon ein paar Mal gesagt, dass ich jetzt keine Zeit hab. Ihm ist es lieber, wenn ich ihm das gleich sag'."

H.: „Es gibt also Situationen, wo Sie auch heute schon nein sagen können!" *(Ressourcen bewusst machen)*

M.: „Ja und das probier' ich jetzt auch bei den anderen, sobald Sie mit ihnen gesprochen haben."

H.: „Und das Gespräch mit Frau Frank?"

M.: „Ich werde gleich heute Nachmittag mit ihr sprechen. Ich bin doch immer mit meinen Kollegen gut ausgekommen."

H.: „Ich bin wirklich beeindruckt von Ihrem Engagement! Wie geht es Ihnen jetzt?"

M.: „Ich bin echt froh, den Druck losgeworden zu sein. Ich glaub', ich werde das schon wieder hinkriegen."

H.: „Das glaube ich auch, wie ich Sie kenne. Wir sollten uns trotzdem einen Termin für ein nächstes Gespräch vereinbaren, damit wir sehen können, ob alles gut gelaufen ist. Ist es Ihnen in drei Wochen, am 12.10. um 10:00 Uhr recht?"

M.: „Ja, das passt mir gut."

H.: „Gut, und wenn Sie schon früher etwas brauchen, dann kommen Sie bitte zu mir."

Drei Wochen später

H.: „Hallo Frau Maier. Seit unserem letzten Gespräch habe ich keine Fehler mehr bemerkt. Darüber freue ich mich sehr. Wie ist es denn Ihnen in dieser Zeit gegangen?"

M.: „Danke, sehr gut! Es ist so angenehm, endlich wieder konzentriert und fehlerfrei arbeiten zu können. Seitdem Sie in der Abteilungssitzung mit den Kollegen gesprochen haben, sind alle ganz bemüht, auf meinen Zeitplan Rücksicht zu nehmen und rechtzeitig mit ihren Aufträgen zu kommen. Die flexible Stunde pro Tag hat sich auch als sehr hilfreich erwiesen, weil ja immer irgendwas Dringendes dazwischen kommt. Es war nur einmal notwendig, einen Auftrag abzulehnen. Dabei ist es mir aber anfangs nicht so gut gegangen."

H.: „Dabei ist es Ihnen nicht so gut gegangen?"

M.: „Ich hab' gleich wieder aus alter Gewohnheit ja gesagt, obwohl ich genau wusste, dass das nicht klappen kann. Am Abend, bei der Planung des nächsten Tages, bin ich dann schon wieder ganz schön nervös geworden. Dann habe ich mich aber an unser Gespräch erinnert und bin schweren Herzens zum Kollegen gegangen. Wie ich ihm gesagt habe, dass mir die Zeit bis zum vereinbarten Termin doch nicht reicht, hat er total verständnisvoll reagiert und war gar nicht böse auf mich. Ich war ganz überrascht. Und stellen Sie sich vor, wir sind dann gemeinsam zur Frau Frank gegangen und haben sie gebeten, diese dringende Arbeit ausnahmsweise zu übernehmen."

H.: „Ich finde es toll, dass Sie Ihr Vorhaben mit der Zeitplanung so konsequent umsetzen. Der sichtbare Erfolg, dass Sie wieder fehlerfrei arbeiten, entlastet uns alle sehr. Ihr Mut, zum Kollegen zu gehen, obwohl es Ihnen schwer gefallen ist, hat sich also ausgezahlt."

M.: „Ja, dazu hab' ich wirklich großen Mut gebraucht."

H.: „Und diesen Mut haben Sie. Was bedeutet das für ähnliche Situationen in der Zukunft?"

M.: „Das nächste Mal lass' ich es gar nicht erst so weit kommen. Da versuch' ich gleich zu sagen, wenn mir klar ist, dass die Zeit nicht reicht."

H.: „Sollte es Ihnen dennoch nicht gelingen?"

M.: „Dann weiß ich jetzt, dass es auch o.k. ist, einen Fehler einzugestehen und gemeinsam eine Lösung zu suchen. Das war ja gar nicht so schwierig. Auf alle Fälle ist es besser, als in Panik zu verfallen und weitere Fehler zu machen."

H.: „Super, und wie war Ihr Gespräch mit Frau Frank, das Sie sich beim letzten Mal vorgenommen hatten?"

M.: „Das war sehr wichtig. Sonst hätte ich mich gar nicht getraut, mich mit dem einen Auftrag des Kollegen an sie zu wenden."

H.: „Mhm! Es war also wichtig."

M.: „Ja, ich hab' sie ganz freundlich gefragt, wie es ihr mit ihrer Arbeit geht. Ich hab' ihr schon auch gesagt, dass sie ihre Berichte selber machen muss, weil ich nicht so viel Zeit hab'. Und sollte sie sich irgendwo nicht auskennen, helfe ich ihr am Anfang."

H.: „Und wie hat Frau Frank reagiert?"

M.: „Die war richtig froh, weil sie in Manchem noch sehr unsicher ist und sich nicht getraut hat, mich um Hilfe zu bitten. Die ist genauso wie ich. Wir haben uns darüber unterhalten, wie schwer es ist, zuzugeben, dass man etwas nicht schafft, wenn man sich noch nicht so gut kennt. Wir haben beschlossen, uns gegenseitig zu unterstützen, und die Idee mit dem Zeitplan hat sie auch gleich übernommen. Wir werden unsere Zeitpläne aufeinander abstimmen und noch ein durchorganisiertes Sekretariat werden."

H.: „Das klingt ja vielversprechend."

M.: „Ja, allerdings hab' ich da jetzt noch ein ganz anderes Problem ..."

Frau Huber reagiert darauf mit der Vereinbarung eines weiteren Gesprächs.

Die Führungskraft ist nicht zufrieden mit dem Verhalten eines Mitarbeiters (Thema: Entscheidungen treffen)

Ausgangssituation:

Die Führungskraft, der Filialleiter einer Bank, möchte, dass ihre Mitarbeiter, die grundsätzlich sehr gut arbeiten, künftig mehr Verantwortung übernehmen und in ihrem jeweiligen Aufgabengebiet selbständig Entscheidungen treffen. Dies traut sie den drei langjährigen Mitarbeitern durchaus zu. Bisher ist es so, dass Mitarbeiter sogar telefonisch um Entscheidungen anfragen, wenn die Führungskraft nicht im Haus ist. Trotz mehrmaliger Aufforderungen und der kommunizierten „Erlaubnis" haben die Mitarbeiter in diesem Punkt noch wenig Eigeninitiative gezeigt. Aus diesem Grund bittet die Führungskraft einen der Mitarbeiter, Herrn Schuh, zu einem angekündigten Einzelgespräch zum Thema „Entscheidungen treffen". In der Vorbereitung hat sie für sich folgende Fragen geklärt:

Was möchte ich Herrn Schuh unbedingt mitteilen?

Fakten: Mir fällt keine einzige Entscheidung ein, die Herr Schuh getroffen hätte.

Gefühle: Ich bin ärgerlich, weil er nicht macht, was ich von ihm erwarte und weil es mich sehr viel Zeit kostet, mich mit seinen Aufgaben zu beschäftigen. *(Auswirkung)*

Welche Hypothesen habe ich darüber? Wie erkläre ich mir sein Verhalten?

Er macht das mit Absicht.

Vielleicht hat er Angst vor Fehlern und schiebt deshalb Verantwortung ab?

Vielleicht traue ich ihm zu viel zu?

Er war es vielleicht jahrelang nicht gewohnt, Entscheidungen zu treffen, da dies bei meinem Vorgänger nicht erwünscht war.

Was an meinem Verhalten könnte Herrn Schuh daran hindern, Entscheidungen zu treffen?

An mir wird es wohl nicht liegen, ich habe ihm doch oft genug gesagt, was ich erwarte.

Wie stehe ich zu Herrn Schuh? Wie ist unsere Beziehung?

Ich bin grundsätzlich mit seiner Arbeit sehr zufrieden. Er ist gewissenhaft und macht keine Fehler. Wir verstehen uns gut und haben auch immer wieder Spaß im Arbeitsalltag. Ich fühle mich von ihm als Führungskraft geschätzt und anerkannt.

Welche konkreten Erwartungen habe ich an sein Verhalten zum Thema „Entscheiden“?

Herr Schuh entscheidet in Abstimmung mit seinen Kollegen selbst, wann er sich vom Kundenverkehr zurückzieht, um ungestört und effizient Anträge zu bearbeiten.

Herr Schuh entscheidet über Kreditvergaben und Konditionen im Rahmen seiner Vollmacht.

Was traue ich Herrn Schuh zu?

Aufgrund seiner langjährigen Erfahrung und seiner persönlichen Qualitäten traue ich ihm zu, meine Erwartungen erfüllen zu können.

Wie sind unsere bisherigen Gespräche zu diesem Thema verlaufen? Gibt es bereits Vereinbarungen?

Herr Schuh stimmte meinen Aufforderungen immer zu, ohne sie jedoch in die Tat umzusetzen.

Konkrete Vereinbarungen gibt es allerdings noch nicht.

Was ist mein Ziel für dieses Gespräch?

Die Gründe für das Verhalten von Herrn Schuh herauszufinden, also meine Hypothesen zu hinterfragen.

Herausfinden, inwieweit mein Verhalten doch Einfluss darauf hat.

Vereinbarungen treffen, wie eine Entwicklung in Richtung mehr Entscheidungsbereitschaft stattfinden kann.

Klarstellen, dass ich seine Entscheidungen künftig sicher nicht mehr treffe. Falls Herr Schuh weiterhin keine Entscheidungen trifft, muss eine andere Lösung erfolgen, z. B. die Definition eines Gruppenleiters innerhalb des Teams.

Das Gespräch findet statt:

Führungskraft (F): „Ja, Herr Schuh, ich bin froh, dass wir endlich die Zeit gefunden haben, uns zusammen zu setzen. Mir ist dieses Gespräch sehr wichtig und ich habe mir, wie angekündigt, eine Stunde Zeit genommen. Passt das für Sie?

Herr Schuh (S): „Ja natürlich. Ich weiß zwar nicht genau, was es so lange zu besprechen gibt, aber gut."

F.: „Bevor wir ins Thema einsteigen, interessiert mich noch, wie bei Ihnen zu Hause der Schulbeginn gelaufen ist. Bei uns war es wie immer sehr hektisch."

S.: „Na und bei uns erst. Mein Sohn konnte schon die ganze Nacht nicht schlafen vor lauter Aufregung. Außerdem ist er ganz unglücklich, weil sein bester Kindergartenfreund in eine andere Schule geht. Es gibt immer irgend welche Sorgen!"

F.: „Tja, und trotz all dem Stress können wir wirklich froh sein, dass wir sie haben, die Kleinen! Was täten wir ohne sie, nicht wahr? So, und jetzt zu uns. Wie schon gesagt, es ist mir ein großes Anliegen, mich mit Ihnen darüber zu unterhalten, wie bei uns im Team Entscheidungen getroffen werden. Sind Sie damit einverstanden?"

S.: „Ja, schon, obwohl ich nicht ganz verstehe, was Sie so stört."

F.: „Ich bin mit der derzeitigen Situation gar nicht zufrieden. Ich werde Ihnen Ihre Entscheidungen künftig nicht mehr abnehmen. Wir müssen also eine Lösung finden. Mein Ziel für das heutige Gespräch ist es, herauszufinden, wie Sie das sehen, und auch einen Plan zu erarbeiten, wie wir das in Zukunft besser handhaben können."

S.: „Ich habe schon gemerkt, dass Sie in letzter Zeit anders reagieren, wenn ich Sie um eine Entscheidung bitte."

F.: „Ja, da haben Sie Recht, ich bin wirklich schon ärgerlich. Denn obwohl ich Sie und Ihre Kollegen doch schon des öfteren gebeten habe, Ihre Vollmacht auszuschöpfen und selbständig Entscheidungen zu treffen, habe ich bisher noch keinerlei Anzeichen bemerkt, dass Sie diese Kompetenz auch wahrnehmen. Ich kann mir das nicht erklären, da ich doch sonst so zufrieden mit Ihren Leistungen bin und Ihnen das ohne Weiteres zutraue. Wie sehen Sie das?"

S.: „Na, ich trau' mir das auch zu."

F.: „Und trotzdem kommen Sie jedesmal wieder zu mir, entscheiden soll dann immer ich. Es kostet mich sehr viel Zeit, für jede Entscheidung in die Materie einzusteigen. Ich hab' schon langsam das Gefühl, Sie machen das mit Absicht."

S.: „Wieso sollte ich das mit Absicht machen, wir arbeiten doch gut zusammen."

F.: „Das sehe ich grundsätzlich auch so. Trotzdem bedarf es z. B. bezüglich Ihrer Zeiteinteilung immer wieder meines ‚Machtwortes', damit Sie sich vom Schalter zurückziehen und in Ruhe die Anträge abarbeiten. Dabei haben Sie doch alle Freiheiten, Ihre Zeit und Ihre Aufgaben in Abstimmung mit Ihren Kollegen so einzuteilen, wie es Ihnen vernünftig und hilfreich erscheint."

S.: „So leicht ist das auch wieder nicht, wie Sie glauben. Wie soll ich mir denn die Zeit einteilen, wenn ständig Kunden da sind. Seit unserem Umbau haben wir doppelt so viele Kunden zu betreuen. Wir wissen ja vor lauter Arbeit nicht mehr ein noch aus."

F.: „Ja, der Umbau hat sich wirklich ausgezahlt. Wir werden bald eine der erfolgreichsten Filialen sein. Das hat mir kürzlich schon der Bereichsleiter bestätigt. Und ich finde es ganz toll, wie Sie alle mit dieser Mehrarbeit zurecht kommen. Gerade deshalb ist es wichtig, dass wir uns überlegen, wie wir noch effizienter in der Abwicklung werden können."

S.: „Der Bereichsleiter hat das auch schon bemerkt?"

F.: „Ja, unser Erfolg macht schon die Runde."

S.: „Hmm, es ist ja sehr schön, erfolgreich zu sein. Das ändert aber nichts daran, dass wir keine Zeit haben, unsere Anträge in Ruhe abzuarbeiten. Im Gegenteil, es kommen immer mehr Kunden."

F.: „Hmm."

S.: „Ich kann ja die Kunden warten lassen, wenn Sie meinen."

F.: „Was wäre dann?"

S.: „Na, ich weiß schon, dass das nicht geht. Gerade deshalb bleibe ich ja am Schalter."

F.: „Und wie erklären Sie sich, dass es dann funktioniert, ohne dass ein Kunde warten muss, wenn ich Sie vom Schalter wegschicke?"

S.: „Hmm, das habe ich mir noch nicht überlegt."

F.: (schweigt)

S.: „Na ja, wenn Sie es sagen, dann wird das schon passen. Da brauch' ich dann nicht mehr an die Kunden zu denken."

F.: „Nicht mehr an die Kunden denken?"

S.: „Ich weiß ja, dass Sie den Kollegen sagen, sie sollen sich in der Zwischenzeit um die Kunden kümmern."

F.: „Was hindert Sie daran, das selbst mit den Kollegen zu vereinbaren?"

S.: „Eigentlich nichts."

F.: „Eigentlich?"

S.: „Nein, gar nichts."

F.: „Wenn Kollege Huber hier wäre, was glauben Sie, würde der davon halten?"

S.: „Das weiß ich doch nicht."

F.: „Na, raten Sie einfach mal."

S.: „Der wäre wahrscheinlich einverstanden, wenn er sich dafür auch mal vom Schalter zurückziehen könnte. Das wäre ihm sicher auch angenehm."

F.: „Welchen Unterschied würde es machen, ob ich Ihre Zeit einteile oder ob Sie das selber im Team organisieren?"

S.: „Naja, wenn wir das untereinander ausmachen, dann könnten wir unsere übrigen Termine noch besser einplanen. Wir wissen doch selbst am besten über unsere Arbeit Bescheid."

F.: „Mhm, davon bin ich überzeugt. Aber irgendetwas ist da doch, was Sie davon abhält. Gibt es irgendwelche Befürchtungen? Was würde passieren, wenn Sie eine falsche Entscheidung treffen?"

S.: „Befürchtungen? Nein. Sie kontrollieren ohnehin alles nach. Da kann nichts passieren."

F.: „Aha, das ist es also nicht. Wie war es bei meinem Vorgänger? Wer hat denn da die Entscheidungen getroffen?"

S.: „Da mussten wir uns fast alles selber machen. Der war ja nie da."

F.: „Das überrascht mich sehr. Wenn ich auch nur einen halben Tag nicht da bin, rufen Sie mich an, sobald Sie eine Entscheidung brauchen. Was macht den Unterschied?"

S.: „Unterschied? Das frag ich mich jetzt gerade selber. (Pause) Ihr Vorgänger war irgendwie anders.“

F.: „Anders?“

S.: „Ja, den hat das gar nicht so interessiert, was wir den ganzen Tag machen. Hauptsache, es hat funktioniert.“

F.: „Das ist auch für mich das Wichtigste, dass es funktioniert.“

S.: „Ja schon, aber Sie kontrollieren jeden einzelnen Schritt. Sie wollen immer über alles informiert sein und bevor wir noch was tun können, haben Sie es schon in die Hand genommen.“

F.: „Ah, so ist das für Sie. Gut, dass Sie mir das sagen. Aber Sie kommen doch auch so oft zu mir um eine Entscheidung. Wie erklären Sie sich das?“

S.: „Ja, wenn Sie mich so fragen: Eigentlich habe ich das Gefühl, dass es Ihnen am liebsten ist, alles selber zu entscheiden.“

F.: „Aha, das wundert mich. Ich hab Ihnen doch schon so oft gesagt, dass ich von Ihnen Entscheidungen erwarte.“

S.: „Ja schon, aber irgendwie halbherzig. Ich hab' gleichzeitig das Gefühl gehabt, unsere Entscheidungen sind nie gut genug. Sonst würden Sie nicht immer alles überprüfen und manchmal sogar wieder rückgängig machen.“

F.: „Sie haben also das Gefühl, dass ich Ihnen gar nicht zutraue, richtige Entscheidungen zu treffen.“

S.: „Zutrauen schon, aber vielleicht glauben Sie, ohne Sie geht's nicht. Tut mir leid, dass ich das jetzt so gesagt habe, natürlich sind wir froh, dass wir Sie haben, aber ...(Pause) .“

F.: „Sie brauchen sich nicht zu entschuldigen. Ich bin froh, dass Sie so offen sind, das schätze ich sehr.“

S.: „Ich bin auch froh, dass wir darüber gesprochen haben. Mir war das nämlich auch nicht so bewusst.“

F.: „Gut, fassen wir zusammen: Ich meine es ganz ernst, wenn ich sage, Sie sollen Ihre Entscheidungen selber treffen, und ich traue Ihnen das auch wirklich zu. Jetzt, wo ich es weiß, werde ich mich künftig auch sehr bemühen, mich zurückzuhalten und Ihnen freie Hand zu lassen. Sollte ich es trotzdem mal nicht schaffen, bitte ich Sie, mir sofort Feedback zu geben. Meinen Sie, dass Sie unter diesen Voraussetzungen in der Lage sind, künftig Entscheidungen zu treffen, sowohl bei der Arbeitseinteilung als auch im Rahmen Ihrer Vollmacht?“

S.: „Na wenn das so ist, dann werd ich das schon schaffen. Und wenn ich wieder in die alten Gewohnheiten zurückfallen sollte, dann bitte ich Sie, mir das auch zu sagen.“

F.: „Das klingt gut. Abgemacht! Probieren wir das jetzt beide drei Wochen lang und treffen wir uns dann wieder, um zu schauen, wie es uns gegangen ist. Woran werden wir merken, ob wir erfolgreich waren?"

S.: „Ganz einfach daran, dass ich meine Entscheidungen selber getroffen habe. Wenn ich das Gefühl habe, dass Sie meine Entscheidungen treffen wollen, werd' ich Ihnen das sagen."

F.: „Und wenn Sie mich um eine Entscheidung bitten, werde ich Sie unverrichteter Dinge wegschicken. Natürlich bin ich aber weiterhin für Sie da, wenn Sie mich brauchen."

S.: „Aber das weiß ich doch."

Wie das Beispiel zeigt, kann bereits eine Ausführliche Ist-Analyse bisher unbeachtete Aspekte sichtbar machen. Das Problem liegt an einer anderen Stelle als ursprünglich angenommen und bedarf daher auch einer ganz anderen Lösung. In diesem Fall erübrigen sich die weiteren Phasen. Die Führungskraft wird an einer Veränderung ihres Verhaltens arbeiten und dadurch das Gesamtsystem verändern.

Mitarbeiter kommt mit einem Problem

Ausgangssituation:

Herr Müller, der Mitarbeiter eines Versicherungsaußendienstes, hat zum Halbjahr alle Spartenziele erreicht – mit Ausnahme der Lebensversicherungen. Einigermaßen mutlos kommt er zu seiner Führungskraft, Herrn Bauer, mit dem Ansinnen, er möge doch zustimmen, ihn aus dieser Verpflichtung zu befreien und ihm einen Ausgleich über die anderen Sparten zu ermöglichen. Im Zuge der Ist-Analyse begründet Herr Müller dies mit der schwierigen Marktsituation, der minderen Qualität des Produktes und seiner spezifischen Kundenstruktur, die gerade für Lebensversicherungen seiner Meinung nach wenig Potenzial enthält. Herr Bauer hat alle diese Argumente ernst genommen, bleibt aber hartnäckig daran, weitere mögliche Ursachen für den Misserfolg zu erforschen, weil er das Gefühl hat, noch nicht am Kern des Problems zu sein.

Weiterer Gesprächsverlauf:

Herr Bauer (B.).: „Fassen wir einmal zusammen: In allen Sparten erreichen Sie Ihre Ziele problemlos, damit bin ich sehr zufrieden. Das zeigt auch, dass Sie ein guter Verkäufer sind. Die Qualität unserer Lebensversicherung erachten Sie aber als nicht konkurrenzfähig, den Markt dafür als sehr schwierig. Außerdem haben Ihre Kunden Ihrer Meinung nach keinen Bedarf an Lebensversicherungen."

Herr Müller (M.): „Ja genau, deshalb kann ich sie auch nicht verkaufen."

B.: „Nun, keine Lebensversicherungen mehr zu verkaufen kann doch nicht die Lösung sein. Ich hab' irgendwie das Gefühl, dass da noch etwas dahinter steckt. Schauen wir doch noch gemeinsam weiter, was es Ihnen so schwierig macht."

M.: „Was soll da schon dahinter stecken? So ein Produkt kann man doch nicht verkaufen."

B.: „Man?"

M.: „Ich weiß schon, manche Kollegen können das sehr gut, aber bei meinen Kunden passt das einfach nicht."

B.: „Was ist denn der Unterschied zwischen Ihren Kunden und denen der Kollegen?"

M.: „Was ist eigentlich los, glauben Sie mir nicht?"

B.: „Doch, ich glaube Ihnen schon, ich möchte nur verstehen, wo das Problem liegt, und Sie dabei unterstützen, auch in dieser sehr einträglichen Sparte erfolgreich zu sein."

M.: „Ich weiß schon, dass da gute Prämien drin sind, und das ärgert mich ja auch."

B.: „Ja, es wäre doch schade, diese Möglichkeit nicht zu nutzen. Bleiben wir also bei den Kunden, wo sehen Sie die Unterschiede?"

M.: „Na ja, das kann man nicht so leicht sagen. (Pause) Meine Kunden sind fast alle jung."

B.: „Einige Lebensversicherungen haben Sie ja verkauft. Wie ist Ihnen das gelungen?"

M.: „Na, die haben mich von sich aus darauf angesprochen. Die wollten das unbedingt."

B.: „Was glauben Sie, wieso die eine Lebensversicherung wollten?"

M.: „Das ist doch klar, die haben Kinder und müssen vorsorgen. Es könnte ja was passieren."

B.: „Und Kunden, die Sie nicht von sich aus darauf ansprechen?"

M.: „Für die ist das noch kein Thema. (Pause) Passieren kann natürlich immer was, aber wer will schon daran denken."

B.: „Und wie geht es Ihnen, wenn Sie daran denken?"

M.: „Na, angenehm ist das nicht, sich mit dem Tod zu beschäftigen, wenn man mitten im Leben steht."

B.: „Mhm, das ist nicht angenehm."

M.: „Wenn ich es mir recht überlege, kann ich mich schwer überwinden, jemand mit diesem Thema zu quälen."

B.: „Zu quälen?"

M.: „Ich habe zu meinen Kunden eine so gute Beziehung, wir haben immer so viel Spaß, da kann ich doch nicht mit so was Ernstem daherkommen, wenn die das nicht wollen."

B.: „Nehmen wir an, weder Sie noch der Kunde wollen sich mit so was Ernstem beschäftigen, und dann passiert plötzlich was."

M.: (Pause) „Hmm, dann hat seine Familie ein Problem, wenn sie unversorgt dasteht. (Pause) Und ihm wär' das sicher auch nicht recht."

B.: „Was hätte der Kunde davon, wenn Sie ihn also doch auf dieses ernste Thema ansprechen?"

M.: „Naja, so gesehen ... (Pause) Vielleicht würde das unsere Beziehung sogar noch verbessern, wenn der draufkommt, dass ich ihn gar nicht quälen will, sondern es wirklich gut mit ihm meine."

B.: „Wie könnte das Ihre Einstellung zu Lebensversicherungen verändern?"

M.: „Es ist mir trotzdem nicht angenehm, mich mit dem Tod zu beschäftigen. Gleichzeitig könnte ich aber meine Kunden mit einer guten Vorsorgeberatung vor noch größerem Schaden bei einem möglichen Unglück bewahren. Ich muss mir das noch durch den Kopf gehen lassen."

B.: „Tun Sie das, Herr Müller. Vielleicht können Sie es bei nächster Gelegenheit ja einmal ausprobieren, einen Kunden mit dieser Einstellung anzusprechen. Dann reden wir wieder darüber, wie es Ihnen gegangen ist. Ist das o.k.?

M.: „Ja, danke. Jetzt geht es mir besser. Grundsätzlich ist es ja wirklich wichtig, für die Zukunft vorzusorgen. Und lukrativ ist es ja schließlich auch, wenn ich mein Ziel in der Lebensversicherung erreiche."

Seminarbesuch – Transfer

Ihre Coaching-Aktivitäten sind idealerweise in einen umfassenden Trainings- und Entwicklungsplan integriert, der zumindest sowohl Seminare durch externe und interne Trainer als auch das Coaching vor und nach den Seminaren vorsieht. Oder anders: Seminare vermitteln Theorien und Techniken pur; Ihr Coaching ist das Training in und an der Praxis. Seminare – auch die besten – können Ihre Coaching-Bemühungen nicht ersetzen, Ihr Coaching kann nicht statt einer Ausbildung in Seminaren passieren. Beide ergänzen einander.

Aus vielen Trainings wird nicht der optimale Nutzen gewonnen, weil Mitarbeiter zu Seminaren geschickt werden, ohne dass sich die Führungskraft mit ihnen über das Seminar, die Ziele und Inhalte ausgetauscht hat. Um den Transfer des Gelernten sicherzustellen, ist also die Begleitung des Mitarbeiters vor, während und nach den Seminartagen – wiederum mit Coaching – notwendig und hilfreich.

Schon vor der Seminaranmeldung ist gemeinsam zu klären und auszutauschen, was der Sinn des Seminarbesuchs ist. Dabei sind folgende Fragen nützlich:

- Was erwarte ich als Führungskraft von der Seminarteilnahme meines Mitarbeiters?
- Was erwartet der Mitarbeiter von der Teilnahme?
- Für welche Arbeitssituationen sollen neue, zusätzliche Alternativen erworben werden?
- Für welche Fragen der Kollegen soll der Mitarbeiter Lösungen, Ideen oder Anregungen vom Seminar mitbringen?
- Wie stelle ich mir die Transferphase als Führungskraft/Mitarbeiter vor?

Während des Seminarbesuchs gilt es, dem Mitarbeiter „den Kopf freizuhalten". Das heißt, er soll sich ganz auf die Seminarinhalte und seinen Lernfortschritt konzentrieren können, ohne ständig mit Alltagsproblemen aus dem Unternehmen konfrontiert zu werden. Er darf auch nicht daran denken müssen, wie viel Arbeit inzwischen im Büro liegen bleibt und nach seiner Rückkehr auf ihn wartet. Für eine Übernahme zumindest einiger seiner Aufgaben durch Kollegen ist also möglichst zu sorgen.

Nach der Rückkehr vom Seminar ist ein so genanntes Transfergespräch für den Umsetzungserfolg von großer Bedeutung. Dazu eignen sich folgende Fragen:

- Welche neuen Erkenntnisse haben Sie gewonnen?
- Wie helfen diese neuen Erkenntnisse unserer Abteilung/dem Team weiter?
- Wo und wie werden Sie das Gelernte einsetzen?
- Was brauchen Sie noch, um es umsetzen zu können?
- Wie geschieht der Austausch über Umsetzungserfolge und -schwierigkeiten?
- Bis wann werden welche Umsetzungsaktivitäten beendet sein?

Während der Umsetzung begleitet die Führungskraft in regelmäßigen Feedbackgesprächen:

- Was ist bereits umgesetzt?
- Was hat die Umsetzung von diesem oder jenem behindert?
- Wie gehen wir vor, sodass diese Aktivität noch realisiert wird?
- Wie gehen wir weiter vor?

Durch einen gezielten Coachingprozess rund um die Weiterbildungsmaßnahme kann die getätigte Investition zum höchsten Gewinn für das Unternehmen und für den Mitarbeiter in seiner Entwicklung zum Experten werden.

Erinnern Sie sich an Herrn P. (Seite 11)? Wie würde er wohl – nach der Lektüre dieses Buches – sein Mitarbeitergespräch führen, um Herrn A. bestmöglich auf seinem Weg zu einem „gewandelten“ Mitarbeiter zu begleiten?

Aus der Praxis

In unseren Seminaren zum Thema Coaching trainieren die teilnehmenden Führungskräfte zahlreiche Coachinggespräche in unterschiedlichen Übungsanordnungen (Rollenspiele, Beratung unter Kollegen etc.). Dabei treten immer wieder ähnliche Schwierigkeiten auf, die wir mittlerweile als für den Beginn der Coachingtätigkeit typische „Fallen" identifiziert haben. Die häufigsten werden im Folgenden dargestellt, um Sie vor vergleichbaren Situationen zu bewahren bzw. um Ihnen Anregungen zu deren Bewältigung zu geben.

„Coachingfallen"

Verschwommener Einstieg

Wie schon im Kapitel „Strukturierter Ablauf eines Coachingprozesses" erläutert, kann bereits der Beginn eines Coachinggesprächs über dessen Qualität und Verlauf entscheiden. Es gilt – nach entsprechend sorgfältiger Vorbereitung des Coaches im Vorfeld – Gesprächsthema und Gesprächsziel klar und eindeutig auf den Tisch zu legen („Mir ist heute wichtig ..."). Ist das Gesprächsziel nicht klar formuliert, kann das Gespräch einen Verlauf nehmen, den Sie ganz und gar nicht beabsichtigt haben!

Vermitteln Sie dem Mitarbeiter, dass Sie deshalb so ausführlich und in dieser Form mit ihm sprechen, weil er Ihnen wichtig ist, egal ob Sie im Moment mit seinen Leistungen mehr oder weniger zufrieden sind.

Geben Sie jedoch nicht vor, sich „ganz allgemein" über sein Wohlbefinden zu erkundigen, wenn Sie sich über ein ganz bestimmtes Thema, vielleicht auch ein für ihn unangenehmes, unterhalten wollen!

Eine oftmals betretene Falle ist die durchaus gut gemeinte Frage: „Was kann ich für Sie tun?", die einer Rückdelegation Tür und Tor öffnet. Eine hilfreichere Frage ist statt dessen: „Wie können Sie die beste Lösung für Ihr Problem finden? Wie kann ich Sie dabei unterstützen?"

Auch wenn Sie das Gefühl haben, der Einstieg wäre aus irgendwelchen Gründen schief gelaufen, lassen Sie sich nicht verleiten, als letzte Rettung den „Boss" hervorzukehren und mit Autorität punkten zu wollen, um das Gespräch doch noch in die Richtung Ihrer Ziele zu lenken. Bringen Sie das Gespräch wieder „in Ordnung", indem Sie Ihre Gefühle öffentlich machen und neu starten:

„Ich habe das Gefühl, unser Gespräch bewegt sich in eine Richtung, die so gar nicht meinen ursprünglichen Intentionen entspricht. Es ist mir nämlich wichtig, heute mit Ihnen das Thema ... zu besprechen, weil ..."

Kein Einverständnis für das Gespräch

Daran anschließend noch einmal zur Erinnerung: Holen Sie sich ein klares Einverständnis des Mitarbeiters zum vorgeschlagenen Gesprächsthema. Es wäre doch schade um die Zeit, wenn sich der Mitarbeiter in der Folge nicht kooperativ zeigt, weil ihn Ängste, eine ungeklärte Beziehung zu Ihnen oder ein anderes, für ihn wichtigeres Thema davon abhalten.
„Es ist mir wichtig, heute mit Ihnen das Thema ... zu besprechen, weil ... Ist das für Sie in Ordnung?"

Sollte der Mitarbeiter Gründe nennen, die es ihm schwer oder unmöglich machen, das anstehende Thema zu behandeln, wird es meist sinnvoll sein, sich zuerst diesen Gründen zu widmen.

Zu früh zum Ziel bzw. zur Lösung gehen

Weil es so wichtig ist und dennoch erfahrungsgemäß oft nicht ausreichend Beachtung findet, nochmals der Hinweis: Wenn Sie es als Coach versäumen, gemeinsam mit dem Gecoachten eine wirklich umfassende Ist-Analyse durchzuführen, wird zwar möglicherweise eine Lösung als Ergebnis des Gesprächs vorliegen. Vielleicht jedoch für das „falsche" (oberflächliche) Problem bzw. für ein Symptom des Problems. Die Lösung wird dann entweder erst gar nicht umgesetzt oder sie bewirkt nicht das erwünschte Ergebnis.
Daraus folgt als große „Falle":

Sich selbst am Fragen (und Zuhören) durch „Wissen" hindern

Wann immer eine Führungskraft glaubt, ohnehin schon zu wissen, wie etwas ist, wie der Mitarbeiter denkt, was er antwortet etc., wird sie kaum echtes Interesse für die Sichtweise des Mitarbeiters aufbringen können. Dies ist jedoch Voraussetzung für jede hilfreiche Frage! Eine Frage nur um der Frage willen, als Technik eingesetzt, ohne Interesse an der Antwort, wird als Farce entlarvt werden und dazu führen, dass der Mitarbeiter sich nicht ernst und sogar auf den Arm genommen fühlt.

Auch die Bereitschaft, zuzuhören, wird durch die Überzeugung, schon zu wissen, behindert, wie die folgende Erzählung einer Führungskraft zeigt: „Jahrelang habe ich den Fehler gemacht, nicht zuzuhören, wenn man mit mir sprach. Ich habe mir schon im Voraus überlegt, was ich antworten könnte. Wenn früher einer meiner Mitarbeiter zu mir ins Büro kam und über irgendetwas schimpfte, hab' ich sofort überlegt, was ich dem Störenfried antworten könnte. Ich hatte dann schon die Antwort parat, bevor er auch nur zur Hälfte fertig war. Das war dann zwar eine Antwort, aber nicht die Antwort auf das Problem, das ihm wirklich zu schaffen machte. Dieses habe ich nie erfahren. Damit hab' ich oft das falsche Problem gelöst. Heute höre ich zuerst einmal zu, wenn einer mit seinem Problem zu mir kommt. Ich stelle Fragen, mache mir Notizen und schalte meine eigenen Gedanken weitestgehend aus. Oft stellt sich dann heraus, dass das eigentliche Problem ganz woanders liegt. Und die Mitarbeiter finden auch meistens ihre Lösungen selber, wenn man ihnen nur zuhört und Fragen stellt."

Es kommt also nicht nur darauf an, den Mitarbeiter ausreden zu lassen und während dieser Zeit selbst den Mund zu halten (und sogar das fällt vielen Führungskräften erfahrungsgemäß sehr schwer). Hinhören und beobachten ist wichtig, auf den Mitarbeiter und sein Thema konzentriert sein, die eigenen Gedanken erst einmal zurückstellen. Sie werden staunen, wie viel die Mitarbeiter selbst wissen über ihre eigenen Leistungen, Stärken und Schwächen – wenn Sie ihnen nur zuhören und Fragen stellen.

Aus der „Ich weiß schon ganz genau"-Haltung werden auch Vorurteile und das „Schubladisieren" der Mitarbeiter genährt. „Der war schon immer so, der wird sich nicht ändern!", „Was soll der in seinem Alter noch dazu lernen!", „Der hat von Anfang an schon schlampig gearbeitet, wieso sollte der noch mal zuverlässig werden?" – diese und ähnliche Aussagen und Gedanken von Führungskräften ziehen mit hoher Wahrscheinlichkeit ein dementsprechendes Verhalten der Mitarbeiter nach sich. Wenn man sich so sicher ist, wird man kaum in der Lage sein, dem Mitarbeiter das für eine Veränderung nötige Klima und die vielleicht unterstützenden Rahmenbedingungen zu schaffen. Und vor allem würde man es gar nicht bemerken, dass die jeweilige Überzeugung vielleicht doch nicht immer zutrifft ...

Sich selbst am Fragen durch Betroffenheit hindern

Wann immer eine Führungskraft durch die Antworten des Mitarbeiters oder durch sein Verhalten allgemein persönlich betroffen, also verärgert oder beleidigt ist oder sich persönlich angegriffen fühlt, ist sie nur mehr sehr schwer in der Lage, ein Coachinggespräch sinnvoll weiterzuführen, solange ihre Gefühle aufgestaut sind. Betroffenheit bedeutet, mit sich selbst beschäftigt sein. Gleichzeitig empathisch beim Mitarbeiter zu sein, ist dann kaum möglich.

Statt also das Gespräch mit zusammengebissenen Zähnen fortzusetzen und die aufgestauten Emotionen in verdeckten Angriffen und Verurteilungen des Mitarbeiters zu kanalisieren, ist es auf jeden Fall besser, die eigene Betroffenheit und die damit verbundenen Gefühle anzusprechen und die Beziehung zu klären: „Herr Mayer, ich bin jetzt so ärgerlich nach Ihren Aussagen, ich fühle mich dermaßen persönlich angegriffen, dass ich so nicht mehr weiterreden möchte."

Manchmal ist es sogar besser, das Gespräch zu vertagen: „Ich halte es für besser, unser Gespräch zu einem anderen Zeitpunkt fortzusetzen."

Einladung zur Selbstreflexion

- Wie schafft es der Mitarbeiter, mich so betroffen zu machen?
- Wieso beziehe ich seine Aussagen so sehr auf mich?
- Was ist mein Anteil daran?
- Was könnte ihn zu diesen Aussagen gebracht haben?
- Wie steht es mit unserer Beziehung allgemein?

Je nach Antwort auf diese Fragen der Selbstreflexion wird es der Führungskraft möglich sein, dem Mitarbeiter das nächste Mal mit einer entspannteren Haltung gegenüber zu treten bzw. ein Gespräch über die Beziehung zwischen ihr und dem Mitarbeiter zu führen. Auch im Mitarbeiter hat sich in der Zwischenzeit mit Sicherheit einiges getan, da ihm die Auswirkungen seines Verhaltens bewusst sind.

Störungen ignorieren

Alles, was die Aufmerksamkeit der Führungskraft bzw. die des Mitarbeiters während des Gesprächs ablenkt, gilt als Störung. Dazu zählen Emotionen genauso wie Geräusche, ständiges Auf-die-Uhr-sehen etc. Sobald also die Führungskraft dieses Abgelenkt-Sein in sich bemerkt bzw. aufgrund des Verhaltens des Mitarbeiters vermutet, er wäre nicht bei der Sache, gilt es, dies anzusprechen (öffentlich machen), auch wenn es nicht zum Thema gehört („Störungen haben Vorrang"). Unterlässt sie diese Unterbrechung des Gesprächs, das in einer solchen Situation ohnehin meist nicht fließt, vergeudet sie oft Zeit, weil ohne Konzentration wenig Ergebnis zu erwarten

ist. Darüber hinaus kann jede Störung einen wichtigen Hinweis liefern, dass gerade ein wichtiger Punkt des Themas berührt wurde, der vielleicht unbewusst verdrängt wurde und sich durch ein überraschendes Verhalten Ausdruck verschafft.
„Herr Mayer, ich habe jetzt gerade den Eindruck, dass Sie gar nicht bei der Sache sind. Sie rutschen so unruhig auf dem Sessel hin und her und schauen ständig auf die Uhr. Was ist los? (Oder:) Was beschäftigt Sie? (Oder:) Was hat das mit unserem Thema zu tun?"
„Herr Mayer, ich merke, dass ich immer ungeduldiger werde. Was hindert Sie daran, mir diese Frage zu beantworten?" – statt zunehmend nervös und nach außen hin überaus freundlich (inkongruent!) die eigenen Emotionen zu unterdrücken. Coaching heißt nicht „lieb sein" und Engelsgeduld haben! Coaching heißt, den anderen ernst nehmen, auch, indem ich ihm sage, was ich denke und fühle.

Alle Pfeile aus dem Köcher ziehen und verschießen

Oft ist es die größte Falle für den Coach, dass er als Führungskraft gewohnt ist, etwas leisten zu müssen. Dieser selbst auferlegte Leistungsdruck wirkt sich im Coaching häufig kontraproduktiv aus. Er verführt z. B. dazu, eine Frage nach der anderen hinaus zu jagen, statt nach jeder Frage eine angemessene Pause einzuschieben, um dem Mitarbeiter Zeit zum Nachdenken und zum Antworten zu geben. Der „Hochleistungs-Coach" neigt auch dazu, sich seine Fragen selbst zu beantworten und vorschnelle Lösungsvorschläge anzubieten. Er formuliert viele Gedanken auf einmal, stellt viele schnelle Fragen in unterschiedlichste Richtungen, ohne jeweils ruhig und behutsam in die Tiefe zu gehen und so lang dranzubleiben, bis er wirklich etwas erfahren hat (Metamodell!). Wenn dann keine Frage mehr im „Köcher" ist, kommt er oft zum Schluss: „Diesen Mitarbeiter kann man nicht coachen!"

Statt dessen ist gelassenes Zurücklehnen gefordert – auch wenn es schwer fällt! Je weniger der Coach „arbeitet", umso besser ist wahrscheinlich das Coachinggespräch bzw. das Ergebnis. Der Gesprächsanteil des Mitarbeiters ist höher, er hat Zeit, nachzudenken, die Lösungen kommen von ihm, wenn auch vielleicht anfangs noch zögerlich. Denkprozesse sind in Gang gesetzt, die auch nach dem Gespräch noch weiterwirken.

Die eigene Landkarte abfragen

Coaches wissen, dass Fragen hilfreiche Werkzeuge sind. Statt jedoch die Wirklichkeit, die Bilder des Gecoachten zu erfragen, neigen sie dazu, sich durch Fragen eher Bestätigung für die eigene Landkarte, also die eigene Meinung (Hypothese) zu holen. Viele geschlossene Fragen bzw. sogar Suggestivfragen sind die Folge:

- Sehen Sie auch, dass ...?
- Könnte es sein, dass ...?
- Ich glaube, ... Sehen Sie das auch so?
- Sehen Sie das so ... oder so ... oder so ...? (Statt: Wie sehen Sie das?)

Diese Art zu fragen bringt dem Coach wenig Information über seinen Gesprächspartner und gibt dem Gecoachten weder Denkanstöße noch das Gefühl, der Coach wäre ernsthaft an seiner Meinung interessiert („Wieso fragt er mich, wenn er es ohnehin besser weiß?"). Außerdem hören Führungskräfte mit dieser Einstellung nur solche Antworten, die auch in ihre Landkarte passen.

Im Kreis drehen

Häufig ist zu beobachten, dass Coachinggespräche beginnen, sich im Kreis zu drehen: Der Coach stellt unterschiedliche Fragen, der Mitarbeiter kommt immer wieder auf ähnliche Antworten, die oft wenig zu den gestellten Fragen passen. Dies ist meist ein Zeichen dafür, dass der Coach eine für den Mitarbeiter (unbewusst) wichtige Aussage nicht gehört oder nicht ausreichend beachtet hat. Der Mitarbeiter wird diesen Punkt (sein verstecktes Problem, eine Information, die dahintersteckt etc.) so lange wiederholen und immer wieder darauf zurückkommen, bis er sich gehört, verstanden und ernst genommen fühlt. Um diesen Kreis zu stoppen und wieder in konstruktive Bahnen zu kommen, hilft es, genauer hinzuhören und/oder die Beobachtung anzusprechen.
„Ich habe den Eindruck, dass wir uns im Kreis drehen. Offensichtlich habe ich etwas noch nicht herausgehört, was Ihnen wichtig ist."

Ping-Pong-Spiel

Ähnliches gilt für das beliebte „Ping-Pong-Spiel": Der Coach stellt immer wieder eine ähnliche Frage und erhält als Antwort immer wieder eine ähnliche, wenig hilfreiche Aussage. Dies stellt im Übrigen eine Parallele zum allgemeinen Verhalten dar: Auf das immer gleiche Verhalten der Führungskraft im Alltag kommen vom Mitarbeiter immer die gleichen Reaktionen (Muster). In beiden Situationen liegt es an der Führungskraft, dieses verbindende Reiz-Reaktionsmuster zu durchbrechen. Im Gespräch gelingt dies, indem sie sich selbst und ihr Frageverhalten beobachtet und dieses dann verändert (Was ist mein „Ping"? Was kann ich daran verändern?).

Natürlich kann auch in dieser Situation ein Ansprechen als Unterbrechung dienen.
„Ich habe das Gefühl, wir spielen miteinander ‚Ping-Pong'. Welche Frage müsste ich Ihnen stellen, damit wir in unserem Gespräch weiterkämen?"

Flüchten lassen

Sobald der Coach selbst Angst vor einer gewissen Tiefe im Gespräch hat, sobald er sich scheut, mit Emotionen und Konflikten umzugehen, wird er es kaum verhindern wollen, dass der Gecoachte es bei oberflächlichen Problemanalysen belässt. Er wird Vorwände und fadenscheinige Pseudo-Ursachen zulassen und dementsprechende Lösungen akzeptieren, die keine echte Veränderung bewirken können. Ein Coach ist seinen Mitarbeitern vor allem dann hilfreich, wenn er den Mut hat, sie mit wertschätzenden, aber dennoch hartnäckigen Fragen mit den tieferen Hintergründen ihrer Probleme in Kontakt zu bringen.

Gemeinsam jammern

Wenig Hilfe bietet auch ein Coach, der sich gemeinsam mit seinen Mitarbeitern im Anklagen der furchtbaren Welt übt. Natürlich ist eine Analyse der Probleme und deren Würdigung wichtig. Dennoch ist es dann Aufgabe der Führungskraft, den Blick in Richtung Lösung zu lenken und die Mitarbeiter – mit geeigneten Fragen – anzuregen, es ihr gleich zu tun. „Circle of influence" statt „Circle of concern" heisst die Devise! (Siehe Kapitel „Grundannahmen" unter „Jeder Mensch hat zu jedem Zeitpunkt Spielräume und ist für sich verantwortlich".)

Eigene Unklarheit des Coaches

Eine überaus wichtige Voraussetzung für ein gutes Coachinggespräch ist die eigene Klarheit des Coaches. So lange dieser entweder nicht genau weiß, was er will (z. B. Ziel des Gesprächs), bzw. sich nicht traut, Themen offen anzusprechen, wird ein verschwommenes Gerede um den heißen Brei die Folge sein. Der Coach ist also einerseits gefordert, sich gut auf Gespräche vorzubereiten: Wie lauten die Rahmenbedingungen, die es dem Mitarbeiter bewusst zu machen und von diesem einzuhalten gilt? Was ist mein Ziel für dieses Gespräch? Andererseits bedarf es der Kongruenz der Führungskraft, ihres Mutes, auch offen zu kontroversen Standpunkten, zu unangenehmen

Themen und zu einzufordernden Ergebnissen zu stehen, statt um diese herum zu reden.

Unklare Beziehung zwischen Coach und Mitarbeiter

Ist die Beziehung zwischen der Führungskraft und einem Mitarbeiter nicht geklärt, hat es meist auch wenig Sinn, Sachthemen miteinander zu besprechen. Beide werden sich vielleicht abmühen, die trennenden persönlichen Aspekte hinter aufgabenbezogenen Diskussionen zu verstecken. Sehr häufig sind jedoch scheinbar fachliche Meinungsverschiedenheiten das Ventil der menschlichen Unstimmigkeit. Aus Sorge, der Konflikt könnte eskalieren und das Verhältnis danach noch schlechter sein als vorher, vermeiden beide ein direktes Ansprechen der „wahren" Hintergründe oder unangenehmen Gefühle. Erfahrungsgemäß ist diese Sorge unbegründet: Eine belastete Beziehung neigt eher dann dazu, noch schlechter zu werden, wenn versucht wird, sie zu negieren.

Ein reinigendes Gespräch über empfundene persönliche Verletzungen und daraus entstandene Antipathien bzw. über die Gründe unterschwelliger Konflikte muss nicht dazu führen, dass Führungskraft und Mitarbeiter zu den besten Freunden mutieren. Dennoch kann ein offenes Wort für Klärung sorgen und die durch den unausgesprochenen Konflikt abgezogenen Energien freisetzen. Dadurch ist wieder Effizienz in der fachlichen Kooperation möglich. Gegenseitige Akzeptanz und Wertschätzung ist Basis für eine konstruktive Auseinandersetzung mit Sachthemen.

In manchen Fällen kann es allerdings notwendig sein, dem Mitarbeiter eine andere Person als Coach zu empfehlen bzw. als Coach die eigene Betroffenheit im Konflikt mit einem Mitarbeiter mit einem Supervisor zu reflektieren.

Diagnosen stellen

Ein Coach ist aufgerufen, dem Mitarbeiter das Recht auf dessen eigene, legitime Wirklichkeit und einen guten Grund für dessen daraus resultierende Handlungen zuzugestehen. Wenn der Coach nun beginnt, Vermutungen über die Wirklichkeit des anderen anzustellen, ist es von entscheidender Bedeutung für die Qualität eines Coachings, dass der Coach seine Hypothesen nicht als „die Wirklichkeit" darstellt, sondern als seine subjektive Interpretation definiert und als solche beim Mitarbeiter hinterfragt.

Die Falle besteht also darin, Diagnosen über die Wirklichkeit des Mitarbeiters zu stellen:

- Das sagen Sie nur, weil Sie ärgerlich sind!
- Sie sind ja nur eifersüchtig!
- Was Sie wirklich brauchen, ist ...
- Sie wollen doch nur Eindruck schinden.
- Sie leiden wohl unter Verfolgungswahn.

Statt dessen:

Hypothese des Coaches: Der Mitarbeiter sagt das, weil er ärgerlich ist.

- Feedback und Überprüfung der Hypothese: Sie sagen ... Ich habe das Gefühl, dass Sie sich über etwas ärgern. Ist das so?

Vorwürfe

Vor allem, wenn die Beziehung zum Mitarbeiter unklar ist, kann es der Führungskraft schwer fallen, dem Mitarbeiter mit den erforderlichen Grundhaltungen zu begegnen.

Vorwürfe oder Fragen, in denen ein Angriff verpackt ist, sind oft die Folge:

- Das meinen Sie doch nicht ernst?
- Sind Sie immer so stur?
- Haben Sie im Ernst gedacht, Sie könnten mit diesem Vorschlag durchkommen?
- Ja, was dachten Sie denn?
- Wie wollen Sie denn auf diesem Stellplatz fünf Einheiten unterbringen?

Statt dessen:

Vor dem Gespräch Reflexion über die Beziehung zum Mitarbeiter:
Was weiß ich vom Mitarbeiter und was bedeutet das für mich?

- Im Gespräch: Beziehung klären
- Neutrale Frage: Wie meinen Sie das?
- Feedback: Bei mir entsteht der Eindruck, als seien Sie im Moment stur.

Problem nicht ernst nehmen

Eine weitere Spielart von fehlenden Coaching-Grundhaltungen ist es, den Mitarbeiter in der von ihm als problematisch erlebten Situation nicht ernst zu nehmen. Wenn die Führungskraft versucht, den Gecoachten zu beschwichtigen, vermittelt sie ihm das Gefühl, er müsse schon sehr „schwach" und „beschränkt" sein, um diese Lappalien als Problem zu empfinden.

- Morgen werden Sie anders über die Sache denken!
- Überschlafen Sie das besser noch einmal.
- Die Dinge sehen schlimmer aus, als sie sind.
- Es wird schon wieder besser werden.
- Nehmen Sie sich das doch nicht so zu Herzen.
- So schlimm ist das doch gar nicht!

Statt dessen:

- Ich habe den Eindruck, dass das für Sie ein großes Problem ist. Ich möchte es noch besser verstehen.
- Ich kann gut verstehen, dass das im Moment für Sie eine große Herausforderung darstellt. Erzählen Sie mir doch genauer, was Sie konkret so bedrückt, damit wir gemeinsam eine Lösung finden können.

Überzeugen statt coachen

Coaching heißt auch zu akzeptieren, dass nur der andere weiß, was für ihn das Beste ist. Statt zu coachen versuchen jedoch viele Führungskräfte ihre Mitarbeiter – in bester Absicht – von ihren eigenen Sichtweisen zu überzeugen, in der trügerischen Hoffnung, damit deren Ängste und Zweifel zu zerstreuen:
„Sie werden sehen, es ist die beste Lösung, wenn Sie sich mit dem neuen EDV-Programm anfreunden. Das sind ja nur die Umstellungsschwierigkeiten, in ein paar Tagen werden Sie gar nicht mehr ohne diese tolle EDV-Unterstützung sein wollen! Das ist immer so, wenn man etwas Neues einführt, die Fakten sprechen jedoch eindeutig für das neue System!"

Statt dessen:

„Die Geschäftsleitung hat die Einführung der neuen EDV beschlossen. Welche Vor- und Nachteile sehen Sie für sich persönlich bei der Umstellung …"

Hincoachen auf Vorgegebenes

Immer wieder versuchen Führungskräfte, Coaching auch dann einzusetzen, wenn der Anlass nicht geeignet ist, z. B. bei vorgegebenen Zielen, fixen Rahmenbedingungen, Regeln und nicht verhandelbaren Verpflichtungen. Dies geschieht zum Teil in der guten Absicht, das hilfreiche Instrument Coaching einzusetzen, zum Teil in der manipulativen Absicht, dem Mitarbeiter zu suggerieren, er selbst hätte diese Entscheidung getroffen. In beiden Fällen verspricht sich die Führungskraft eine höhere Motivation des Mitarbeiters bei der Umsetzung. Es ist jedoch eine Illusion zu glauben, der Mitarbeiter würde diese Taktik nicht früher oder später durchschauen – Misstrauen und sogar das Gefühl, betrogen worden zu sein, sind die Folgen, demotivierte Mitarbeiter das Resultat.

Statt dessen gilt es, Vorgegebenes ganz klar darzustellen und mit Hilfe von Coaching gemeinsam mit dem Mitarbeiter zu erarbeiten, wie er bestmöglich damit umgehen und einen persönlichen Nutzen daraus ziehen kann (z. B. Wege, um ein vorgegebenes Ziel zu erreichen, welchen eigenen Beitrag er dazu leisten kann und Nutzen der Zielerreichung).

Ablenken, aufziehen, ausweichen, Zynismus

Es sollte sich von selbst verstehen, dass die folgenden Beispiele in einer Beziehung zwischen Coach und Gecoachtem keinen Platz haben, da sie jegliches Vertrauen zerstören!

- Kommen Sie erst mal wieder zu sich, bevor Sie sich darüber Gedanken machen.
- Lassen Sie uns zum Essen gehen und es vergessen.
- Das erinnert mich an die Zeit, als ich selbst ...
- Sie haben vielleicht Probleme!

Statt dessen:

Vor dem Gespräch Reflexion über die Beziehung zum Mitarbeiter:

- Was steht zwischen uns?
- Was löst dieser Mitarbeiter bei mir aus?
- Was hindert mich daran, diesen Mitarbeiter zu coachen?

Verhören

Sobald die nötigen Grundhaltungen fehlen, besteht auch die Gefahr, dass ein Coachinggespräch zu einem Verhör verkommt: Nicht das Interesse am Gecoachten steht dabei als Motivation hinter den Fragen, sondern die Absicht, den Mitarbeiter in die Enge zu treiben.

- „Warum haben Sie das getan?“

Statt dessen:

Vor dem Gespräch Reflexion über die Beziehung zum Mitarbeiter:

- Was hindert mich daran, diesem Mitarbeiter mit den nötigen Grundhaltungen entgegenzutreten?

- Im Gespräch: Neugierig darauf sein, was dahinter steckt. „Ich möchte gerne Ihre Beweggründe verstehen ...“

Mitarbeiter hört nicht auf zu reden

Sobald sich die Führungskraft auf ein Gespräch mit einem Mitarbeiter eingelassen hat, kann es passieren, dass dieser gar nicht mehr aufhören möchte zu reden. Gründe für einen solchen Redeschwall gibt es viele:

Vielleicht hat der Mitarbeiter schon lange nicht mehr reden „dürfen“, also keine Gelegenheit bekommen, der Führungskraft sein Herz auszuschütten. Er muss erst Dampf ablassen, alles loswerden, was ihn lange belastet hat, bevor er konstruktiv an einem bestimmten Thema arbeiten kann. Auch „Auskotzen“ kann mal notwendig sein! Der Coach dient dabei als Klagemauer, er hört verständnisvoll zu, um Platz für Neues zu schaffen. Manchmal gilt es auch, den Erfolgen des Mitarbeiters Raum zu geben. Er hat vielleicht lange keine Anerkennung bekommen und benützt diese Gelegenheit, um sie sich zu holen. Und außerdem: es gibt eben auch kommunikativere Menschen!

Allerdings kann ein kaum zu bremsender Redefluss auch eine bewusste oder unbewusste Strategie des Mitarbeiters sein, von unangenehmen Themen abzulenken und die Gesprächsführung zu übernehmen. Es bedarf hoher Sensibilität von Seiten des Coaches, um zu entscheiden, welche Motivation hinter dem Redefluss steht. Der Coach wird seine Hypothese darüber bilden, diese durch Fragen überprüfen und dem Redefluss gegebenenfalls Einhalt gebieten:

„Ich verstehe, dass Sie mir vieles erzählen wollen. Es ist mir aber sehr wichtig, jetzt beim Thema zu bleiben, mit dem auch Sie einverstanden waren. Ich habe gefragt, ...“
„Ich habe das Gefühl, Sie möchten mit Ihren Erzählungen vom Thema ablenken. Was hindert Sie daran, jetzt mit mir dieses Thema zu besprechen?“

Ähnliches gilt auch für die Art mancher Mitarbeiter, durch die Präsentation unzusammenhängender und völlig konfus erscheinender Inhalte Verwirrung zu stiften. Oft wird dies ein Zeichen dafür sein, dass der Mitarbeiter selbst in seine eigene Verwirrung tief verstrickt ist und die Hilfe der Führungskraft braucht, um Struktur zu bekommen. Der Coach unterstützt, indem er mitschreibt, zusammenfasst, Zeichnungen anfertigt oder anfertigen lässt, in Unterthemen gliedert bzw. manche Aspekte in ein nächstes Gespräch auslagert.

Verwirrung stiften kann jedoch auch wiederum eine (unbewusste) Ablenkungsstrategie des Mitarbeiters darstellen. Dies gilt es durch Feedback und das Ansprechen der ausgelösten Gefühle zu unterbrechen:

„Ich höre, dass Sie mir sehr vieles, für mich Unzusammenhängendes erzählen. Ich vermute, dass Sie nicht über das vereinbarte Thema mit mir sprechen wollen. Das macht mich ärgerlich, weil Sie doch ursprünglich diesem Gespräch zugestimmt haben. Was hindert Sie daran, es nun mit mir zu führen?"

Dadurch realisiert der Mitarbeiter vielleicht erst, wie er sich verhält und beginnt nachzudenken, was ihn zu diesen Ablenkungsmanövern bewegt.

Mitarbeiter antwortet sehr einsilbig

Gerade zu Beginn einer Coachingtätigkeit, wenn der Mitarbeiter nicht gewohnt ist, mit vielen Fragen konfrontiert zu werden, kann Einsilbigkeit ein Zeichen von Misstrauen und Vorsicht sein. Hilfreich ist es dann oft, (nochmals) zu erklären, warum die Fragen gestellt werden: „Es ist mir wichtig zu erfahren, wie Sie das sehen, damit wir gemeinsam eine Lösung finden" etc.

Manchmal reichen diese Erklärungen bzw. ein langsames Gewöhnen an die Fragestellungen. Dabei ist es sehr wichtig, dass der Coach die entstehenden Pausen aushält und dem Mitarbeiter nicht zu sehr entgegenkommt, indem er sofort die nächste Frage oder gar die Antwort selbst nachschiebt. Eine weitere Reaktionsmöglichkeit für den Coach liegt – wie so oft – darin, die Beobachtung anzusprechen: „Ich merke, dass Sie sehr schweigsam sind und kaum auf meine Fragen antworten. Was macht Ihnen das Antworten so schwer? Was daran liegt am Thema unseres Gesprächs?"

Und außerdem: Es gibt eben auch introvertiertere Menschen!

Verführung: Hilflosigkeit

Mitarbeiter laden ihre Führungskräfte – je nach Mentalität, Vorerfahrung und Situation – in unterschiedlichen Arten ein, mit ihnen umzugehen. Einige dieser Einladungen sollten Coaches besser ausschlagen, da die entstehende Kooperationsform dem gemeinsamen Entwicklungsprozess wenig dienlich wäre.

Wenn der Mitarbeiter beispielsweise mit der Haltung: „Ich bin so hilflos, zeig mir wie es geht!" auftritt, sind Führungskräfte gefährdet, mit dem Gefühl des Samariters und wohl auch einigermaßen geschmeichelt von der eigenen Wichtigkeit die gesamte Verantwortung zu übernehmen und „es schon zu machen".

Die Aufgabe des Coaches ist es jedoch, den Gecoachten wieder zu seiner Eigenverantwortung zurückzuführen, ihn wieder kompetent zu machen.

Es gilt, ihn zu unterstützen, schrittweise Selbstvertrauen zu entwickeln, statt ihn zunehmend zu entmündigen. Nur Führungskräfte, die sich in irgendeiner Form selber bedroht fühlen, brauchen hilflose Mitarbeiter! (Selbstreflexion, siehe „Pygmalioneffekt“ im Anhang)

Verführung: Fachexperte

Eine weitere Spielart der „Verführung“ von Seiten der Mitarbeiter stellt der Anspruch dar, die Führungskraft müsse doch bester Fachmann sein und dementsprechend führen und vorgeben. Mit der Haltung (oder sogar Aussage) des Mitarbeiters: „Zeig mal, was du kannst! Ich würde dich ja gar nicht brauchen, wenn du nicht führst und mir sagst, wie es geht“ kann jede Führungskraft, die Angst vor Kompetenzverlust verspürt, schnell wieder in alte Bahnen gelenkt werden. Sie wird weiterhin Lösungen erdenken und vorgeben, statt die Mitarbeiter mit „dummen“ Fragen zum Nachdenken zu animieren.

Der Coach hingegen ist überzeugt: „Ich kann selbstbewusst dumme/schlaue Fragen stellen. Ich muss nicht beweisen, dass ich der beste Experte für das operative Geschäft bin. Ich bin Experte für Führung und Coaching im Sinne der Entwicklung meiner Mitarbeiter und bringe ihnen und meinem Unternehmen damit Nutzen.“

Führung muss im Kopf des Coaches neu definiert sein, damit er dieser Verführung widerstehen kann.

Verführung: Inkompetenz

Oftmals hat ein Mitarbeiter – aus langjähriger Erfahrung mit entsprechenden Vorgesetzten – ein Bild von der „Führungskraft als Feind“ im Kopf. Mit der Haltung: „Mein besserwisserischer Chef macht mir täglich bewusst, wie inkompetent ich im Gegensatz zu ihm bin“ laden Mitarbeiter ihre Führungskraft (unbewusst) ein, in einen Konkurrenzkampf zu treten, der Ärger und Widerstand auf Seiten des Mitarbeiters und zweifelhafte Pyrrhussiege der Führungskraft zur Folge hat.

Der Coach reagiert auf diese Verführung mit einer partnerschaftlichen Einladung zur Kooperation unter Experten: „Du, lieber Mitarbeiter, bist Experte deiner Landkarte und kompetent für dein Umfeld. Ich brauche Informationen und Unterstützung von dir, um mein Expertentum für Coaching und Führung leben zu können und um gemeinsam mit dir erfolgreich zu sein.“

Verführung: Reden über Dritte

Coaching dient dazu, dem Mitarbeiter seine Fähigkeit zur Problemlösung bewusst zu machen und zu erarbeiten, was er beiträgt und beitragen kann. Oft sind Mitarbeiter jedoch gewohnt, nur über andere zu reden, z. B. Kollegen zu kritisieren und ihnen die Schuld an bestimmten Situationen zuzuschieben, was überdies eine beliebte Flucht vor eigener Verantwortung darstellt. Es ist eine starke Verführung für den Coach, sich in diese Diskussionen über nicht anwesende Dritte hineinziehen zu lassen und Charakterbeschreibungen über andere und einseitige Darstellungen als „die Wahrheit" zu übernehmen.

Natürlich sind manche Informationen zum Verständnis eines Problems hilfreich und notwendig, um Zusammenhänge zu erkennen. Dennoch ist es nicht Inhalt eines Coachinggesprächs, gemeinsam das Verhalten anderer zu diskutieren und zu bewerten. Der gecoachte Mitarbeiter steht im Mittelpunkt, Ablenkungen durch lange Erzählungen über andere sollten nicht zugelassen werden.

Der Ausweg heißt einmal mehr: Ansprechen!

„Nun, ich merke, dass wir schon geraume Zeit über Ihren Kollegen, Herrn Huber, sprechen. Wir können über die Motive seines Verhaltens jedoch nur Hypothesen anstellen. In diesem Gespräch geht es mir jetzt viel mehr um Sie, um Ihren Anteil am Geschehen, um Ihre Möglichkeiten, die Situation zu verändern, und um Ihre Gefühle, die Herr Huber in Ihnen auslöst."

Für alle diese „Fallen" gilt: Je besser die Beziehung zwischen Führungskraft und Mitarbeiter ist, je mehr die Mitarbeiter gewohnt sind, wertschätzend und empathisch um ihre Standpunkte und Ideen gefragt zu werden, umso größer ist deren Toleranz gegenüber jeder Aktivität „ihres" Coaches, und sei sie noch so wenig „perfekt". Wenn die Führungskraft dann z. B. aus lauter Begeisterung oder Überzeugung mit einer eigenen Lösung herausplatzt, wird das die Mitarbeiter kaum mehr hindern, ihre Ideen dennoch vorzubringen. Wenn die Führungskraft einmal schlechter Laune ist und sich dies über die Mitarbeiter entlädt, können die Mitarbeiter entweder mit einem qualifizierten, offenen Feedback an die Führungskraft darauf eingehen oder sie werden verständnisvoll ihre Unterstützung in einer offenbar unangenehmen Situation anbieten. Die Loyalität der Mitarbeiter ist in einem Klima der Partnerschaftlichkeit durch allzu Menschliches nicht mehr so leicht zu erschüttern!

Einige Haltungen, die Coaching verhindern

Keine Zeit zum Coachen

Immer wieder kristallisiert sich in Seminaren mit Führungskräften eine zentrale Befürchtung als Schlüsselfrage heraus: „Woher soll ich denn noch die Zeit dafür nehmen?"

Natürlich sind viele Arbeitssituationen nicht ideal, um sich mit voller Aufmerksamkeit den Mitarbeitern zuzuwenden. Die Organisation verlangt Ergebnisse und bietet der Führungskraft selten genug aktiv einen teilweisen Rückzug aus den bisher geleisteten operativen Tätigkeiten zugunsten von mehr Führungstätigkeit an.

Dennoch bedarf es einer sehr kritischen Auseinandersetzung mit diesem beliebten Argument des Zeitmangels. Viele Menschen machen sehr gerne das, was sie gut können und wobei sie sich sicher fühlen. Mitarbeiter steigen im Beruf meistens wegen ihrer Erfolge in der Erledigung von Sachaufgaben in Führungspositionen auf. Sachaufgaben werden dann – von der nunmehrigen Führungskraft – gerne beibehalten, da sie diese beherrscht und Führungsaufgaben eher als diffus empfindet. Außerdem machen sich die Auswirkungen von guter Führungsarbeit oft erst nach einiger Zeit bemerkbar. Somit öffnet die Führungskraft jeder Form von Rückdelegation von Seiten der Mitarbeiter Tür und Tor, sie wird weiterhin versuchen, der beste Experte zu sein und ihre Erfolgserlebnisse aus der operativen Tätigkeit zu beziehen. Und das kostet Zeit – die für Coaching fehlt!

Jeder Führungskraft sei demnach empfohlen, sich im Sinne der Selbstreflexion sehr kritisch mit den eigenen Tätigkeiten und der Notwendigkeit, sie selbst zu erledigen, auseinanderzusetzen. Sehr oft stellt sich heraus, dass niemand anderer als die Führungskraft selbst ein so hohes Maß an operativer Arbeit von ihr erwartet oder fordert. Und auch das Argument: „Bei mir ist das ganz bestimmt nicht so!" sei nochmals angezweifelt! (Woher wissen Sie das?)

Darüber hinaus geht es – wie so oft – darum, die richtigen Dinge zu tun, statt Dinge richtig (mehr) zu tun. Es bedarf oft nicht mehr Zeit für die Mitarbeiter, sondern eine andere Form, um die Zeit mit ihnen zu nutzen. Mit Coaching kann sehr gezielt nach den tatsächlichen Problemursachen gefahndet, Probleme können dann nachhaltig gelöst werden. Sind sie gelöst, tauchen sie nicht immer wieder in anderer Form oder an anderer Stelle auf. Die für diesen Suchprozess aufgewendete Zeit ist also gut angelegt, weil die Effektivität der Führungsarbeit (des Coachings) enorm steigt. Statt zwanzig Mal „schnell" Anweisungen zu geben, weil der Mitarbeiter immer wieder um Entscheidungen bittet, kann ein ausführlicheres Coachinggespräch dazu führen, dass der Mitarbeiter seine Angst vor Entscheidungen überwindet und nunmehr selbständig Entscheidungen (im Rahmen seiner Vollmacht) trifft – eine enorme Zeitersparnis für beide!

Mit Coaching begleitete Mitarbeiter werden auch zunehmend operative Aufgaben von der Führungskraft übernehmen und für die Erreichung der gewünschten Zahlenziele sorgen – die Führungskraft muss z. B. nicht mehr selbst der beste Verkäufer sein.

Und außerdem: Es kostet Sie keine Minute mehr, mit den Grundhaltungen des Coachings auf Ihre Mitarbeiter zuzugehen!

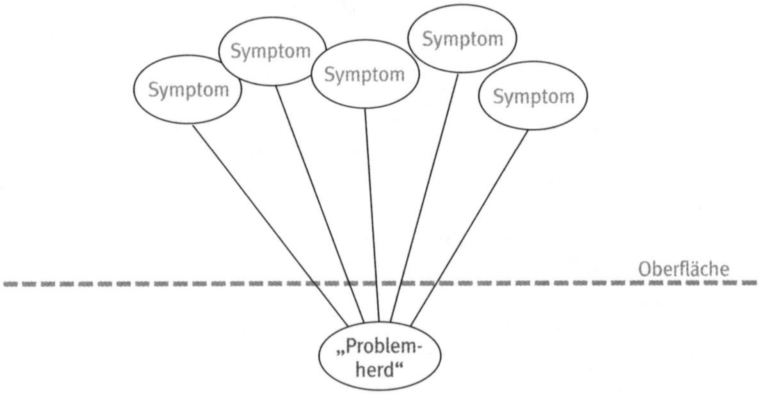

Abbildung 32: Symptom-Blumenstrauß: Es kostet viel mehr Zeit, jede einzelne „Blume“ (jedes Symptom) zu bearbeiten, statt einmal das dahinter liegende Problem (den „Herd“) herauszufinden und zu behandeln.

Sagen ist besser als fragen

Viele Führungskräfte sind nach wie vor durchdrungen von der Überzeugung, ihre Funktion wäre gleichbedeutend mit einer umfassenden Gesamtverantwortung für alles und jeden in ihrem Bereich.

Die Überzeugungen „Ich muss alles kontrollieren“ und „Ich muss sagen, wo es langgeht“ wurden hinlänglich als entwicklungshemmend ausgeführt. Die Haltung „Ich bin für alles verantwortlich, für Erfolg und Misserfolg, also auch für die Probleme meiner Mitarbeiter und darf kein Risiko eingehen" verhindert zusätzlich eine vertrauensvolle Hinwendung zu den Fähigkeiten der Mitarbeiter (Selbstreflexion: „Was trau ich meinen Mitarbeitern zu?").

Natürlich sind Führungskräfte verantwortlich, besser gesagt rechenschaftspflichtig: Sie müssen Rechenschaft ablegen, nicht Ihre Mitarbeiter. Allerdings ist für die Rechenschaftspflicht einer Führungskraft nicht im mindesten relevant, wer die Probleme löst und wie Entscheidungen zustande kommen. Coaches sorgen dafür, dass Probleme gelöst werden, ohne sie (immer) selber zu lösen. Dies gilt für aufgabenbezogene Fragestellungen genauso wie für menschliche Probleme. Statt selber ein guter Problemlöser zu sein, bahnt der Coach die Problemlösung an und unterstützt den Prozess mit den entsprechenden Werkzeugen. Coaches gehen auch davon aus, dass Entscheidungen, an denen Mitarbeiter maßgeblich beteiligt waren, besser sind als solche, die von ihnen allein getroffen werden. Sie sind davon überzeugt, dass möglichst alle Fähigkeiten (die der Mitarbeiter und der Führungskraft) genutzt werden müssen, um optimale Ergebnisse zu erzielen, und dass sie für solche Entscheidungen gerne Verantwortung tragen. Sie wissen, dass es ein viel größeres Risiko ist, auf die Potenziale ihrer Mitarbeiter zu verzichten, als so manchen Fehler auf dem Weg der Entwicklung zuzulassen.

Alle Mitarbeiter sind gleich

Abgesehen davon, dass jeder Mitarbeiter ein einzigartiges Individuum ist und ihm die Führungskraft als Mensch dementsprechend differenziert begegnen sollte, ist auch die Beachtung der unterschiedlichen Entwicklungsstufen der Mitarbeiter bezogen auf ihre jeweilige Funktion für Coaching von großer Bedeutung.

Während ein Anfänger noch viel Anleitung beim Kennenlernen seines neuen Aufgabengebietes brauchen und von übermäßiger Verantwortung für Entscheidungen eher überfordert sein wird, gilt es mit zunehmender fachlicher Sicherheit die Gestaltungsbefugnisse zu erweitern und die Selbstverantwortung zu steigern. Ein hochspezialisierter Mitarbeiter, der keinerlei Unterstützung in der Bewältigung seiner (zumindest bisherigen) Aufgaben benötigt, wird hauptsächlich am sozialen Kontakt mit der Führungskraft interessiert sein, die ihm Vertrauen, Anerkennung und Schutz signalisiert.

Viele Führungskräfte neigen dazu, auch dann noch mit Vorgaben in die Angelegenheiten der Mitarbeiter hinein zu regieren, wenn diese längst partnerschaftliche Diskussion für ihre Weiterentwicklung bräuchten. Andererseits kümmern sie sich oft zu wenig um selbständige, erfahrene Mitarbeiter, die jedoch ebenfalls Zuwendung und Verstärkung brauchen. Nur sind nicht

Einmischung und Vorgaben gewünscht, sondern Fragen und Hinhören. Führungskräfte können auch von ihren Mitarbeitern lernen!

Ungleiche Menschen gleich zu behandeln,
ist nicht Gleichberechtigung,
sondern Gleichmacherei.

Was sollen meine Mitarbeiter denken,
wenn ich plötzlich mit Coaching komme?

Egal, was Ihre Mitarbeiter anfangs denken – Ihre konsequente und durch Wertschätzung getragene Coachingtätigkeit wird sie vom Nutzen überzeugen, den sie daraus ziehen können.

Das mach ich doch schon seit Jahren!

Das Todesurteil für jegliche Entwicklung:

Wer glaubt, schon alles zu wissen,
weiß nicht, was ihm entgeht!

Grenzen von Coaching

Es wird immer wieder Situationen geben, wo die Führungskraft bezüglich Coaching an ihre Grenzen stößt. Es gibt keine allgemeingültigen Regeln, wann dies der Fall ist. Es ist individuell von der Person der Führungskraft, vom Kontext und von der jeweiligen Verfassung abhängig. Häufig genannte Gründe sind:

- Die eigene Betroffenheit der Führungskraft.
  Der Mitarbeiter schildert ein Problem, das die eigene „Geschichte" der Führungskraft wieder aufleben lässt. Es ist dann nur schwer möglich, die eigene Geschichte von der des Mitarbeiters zu trennen. Die Betroffenheit führt dazu, dass die Führungskraft mit sich beschäftigt ist und sich nicht auf die Landkarte des Mitarbeiters konzentrieren kann.
- Der Führungskraft ist es nicht möglich, dem Mitarbeiter mit den erforderlichen Grundhaltungen von Coaching zu begegnen.
  Es ist ganz natürlich, dass uns manche Menschen eher sympathisch sind als andere. Daher kann es vorkommen, dass die Antipathie zu einem Mitarbeiter Wertschätzung unmöglich macht. Sie vorzutäuschen, würde der Kongruenz widersprechen und wäre für den Mitarbeiter sicherlich spürbar.
  Es besteht jedoch auch in einem solchen Fall die Möglichkeit, sich selbst zu hinterfragen, was zu dieser ausgeprägten Antipathie geführt hat (was hat das mit mir zu tun?), und zu versuchen, eine zumindest neutrale Haltung dem Mitarbeiter gegenüber zu erreichen (z. B. indem man sich gezielt die positiven Eigenschaften des Mitarbeiters bewusst macht).
- Die Führungskraft ist „nicht gut drauf", hat eigene Probleme oder Sorgen.
  In einer solchen Verfassung ist es nur schwer möglich, sich voll Interesse auf einen Mitarbeiter einzulassen. Es wäre sinnvoll, ein geplantes Coachinggespräch wenn möglich zu verschieben, durchaus mit dem wahrheitsgetreuen Argument: „Es tut mir leid, aber es geht mir heute nicht gut. Unser Gespräch ist mir zu wichtig, um es in einer solchen Lage zu führen. Darf ich Sie bitten, dass wir uns einen neuen Termin vereinbaren?"
- Krankheitswertige Störungen, wie z. B. Alkoholismus.
  Jede krankheitswertige Störung muss behandelt werden. Sobald eine

Führungskraft das Gefühl hat, mit einem persönlichen Problem des Mitarbeiters überfordert zu sein, kann sie ihn dabei unterstützen, professionelle Hilfe (z. B. externes Coaching, Lebensberatung oder Therapie) in Anspruch zu nehmen.

Eine relativ häufige Krankheit ist Alkoholismus. Bei Alkoholkranken spielt das Umfeld eine große Rolle. Meist sind viele Personen im Umfeld coabhängig, d. h. in der guten Absicht zu helfen unterstützen sie den Betroffenen dabei, das Problem aufrecht zu erhalten (z. B. durch große Toleranz, Wegschauen, Bagatellisieren, finanzielle Unterstützung, Sonderregelungen etc.). Auch viele Führungskräfte neigen dazu, alkoholkranke Mitarbeiter sehr lange zu decken bzw. „wegzuschauen", was meist zu einer Verschlimmerung der Situation beiträgt. Alkoholismus ist eine Krankheit und muss professionell behandelt werden!

- Die Führungskraft ist in einen Konflikt mit dem Mitarbeiter selbst involviert.
  Es bedarf einiger Erfahrung und viel Selbstreflexion, um den eigenen, kontroversen Standpunkt zu vertreten und sich gleichzeitig im Sinne des Coachings nicht wertend mit den Argumenten des Mitarbeiters auseinanderzusetzen. Hier ist oft die Hilfe durch einen externen Coach angezeigt, der mit beiden gemeinsam ein Konfliktgespräch führt.
- Die Führungskraft ist davon überzeugt, dass es in einer bestimmten Situation hilfreicher ist, nicht zu coachen.
  Es wird immer wieder Situationen geben, wo die Führungskraft anweisen, entscheiden oder eine Lösung vorgeben wird. Es liegt in der Verantwortung der Führungskraft, jeweils zu entscheiden, ob der Schwerpunkt im Moment auf der Entwicklung des Mitarbeiters liegt oder ob andere Kriterien den Ausschlag geben (Risiko, Einheitlichkeit etc.).
- Private Probleme des Mitarbeiters.
  Es ist keineswegs Aufgabe der Führungskraft, ihre Mitarbeiter bei all ihren privaten Problemen zu betreuen. Wichtig ist es, die Auswirkungen der privaten Probleme auf die Arbeit anzusprechen und gegebenenfalls Ausnahmeregelungen für eine Übergangszeit bzw. externe Hilfe anzubieten.

Vor dem Start

Natürlich gibt es in einem Unternehmen ideale Bedingungen, um mit Coaching zu beginnen: Wenn die oberste Unternehmensführung im Zuge einer Visions- und/oder Strategieentwicklung Coaching als Bestandteil des Führungsleitbildes definiert und die Personalabteilung beauftragt, entsprechende Ausbildungsprogramme für alle Führungskräfte zu entwickeln, ist die Chance, Coaching wirklich zu implementieren und durchgängig und dauerhaft zu einem essentiellen Element der Unternehmenskultur zu machen, überaus groß.

Ob eine solche Managemententscheidung ernst gemeint und nicht nur Lippenbekenntnis ist, zeigt sich auch am weiteren Verhalten dieser Entscheidungsträger selbst: Wie viel Zeit und Geld wird in die Ausbildung investiert? Nehmen sie selbst am Ausbildungsprogramm teil oder lässt man nur ausbilden? Wird Führungskräften zugestanden, dass gerade in einer Übergangs- und Lernphase Fehler passieren? Dürfen Gesamtleistungen kurzfristig vielleicht sogar zurückgehen, weil sich die Führungskräfte mehr um ihre Mitarbeiter als um bisherige operative Tätigkeiten kümmern und die Mitarbeiter nicht von einem Tag zum anderen so weit sind, um diese Leistungen (mehr als) zu kompensieren? Verhindert man mit der Beistellung externer Supervisoren, dass Führungskräfte über den Anfangsschwierigkeiten den Mut verlieren, oder setzt man auf manchmal frustrierende „Stand-alone-Coaching"-Konzepte? In Unternehmen, in denen man es wirklich ernst meint, gibt es z. B. eine Reihe externer Coaches, einen so genannten Coaching-Pool, aus dem sich autorisierte Führungskräfte bedienen, sobald sie Bedarf haben.

Nun, es ist wunderbar, inmitten idealer Voraussetzungen und Rahmenbedingungen coachen zu können. Die Realität ist meist noch eine andere. Im Sinne des „Circle of influence" liegt es dennoch an jedem Einzelnen, an Ihnen, der Sie sich vielleicht entschlossen haben, ein (noch besserer) Coach zu werden, damit zu beginnen! Jede Aktivität in diese Richtung, und sei sie anfangs noch so zaghaft oder auf einen kleinen Bereich beschränkt, hat Auswirkungen im System. Kleine Veränderungen können große Wirkung haben! Um negative Konsequenzen und persönliche Frustration zu vermeiden, bedenken Sie bitte die folgenden Aspekte vor dem Start:

Falls Sie sich im Moment in einem eher autoritären Unternehmensumfeld bewegen, sind Ihre Mitarbeiter, vor allem die „länger dienenden", höchstwahrscheinlich sehr daran gewöhnt, Anweisungen zu empfangen und relativ unselbständig zu agieren. Diese Mitarbeiter werden sich vielleicht schwer tun, eine Umstellung im Führungsstil zu akzeptieren. Ängste können die Folge sein, die sich oft in Form von Widerstand ausdrücken. Andere Mitarbeiter, die schon viele „Neuerscheinungen" miterlebt haben, werden vielleicht mit „Aussitzen" auf Ihre Bemühungen reagieren: „Der Anfall geht vorüber, wie MbO (Führen durch Ziele), Lean Management, KVP (Kontinuierlicher Verbesserungsprozess) und andere, angeblich moderne Methoden. Wir kennen unsere Chefs!" Um mit diesen – aufgrund der jeweiligen Geschichten – durchaus verständlichen Reaktionen der Mitarbeiter umzugehen, bedarf es viel Geduld und Hartnäckigkeit. Widerstände verschwinden meist schon nach einigen Wochen, wenn Sie dranbleiben, mit viel Konsequenz die Ernsthaftigkeit Ihres Anliegens deutlich machen und die neuen Prinzipien schrittweise integrieren. Sobald die Mitarbeiter erkennen, dass sie großen Nutzen aus den Veränderungen ziehen und diese nicht mehr als Bedrohung erleben, werden die meisten Ihr Angebot gerne annehmen.

Viele Chefs geben Coaching auf, bevor es überhaupt wirken kann: „Ich hab's versucht, bei uns klappt das nicht!" ist ein häufiges Argument. Enttäuscht und oft persönlich beleidigt über die Skepsis der Mitarbeiter greifen sie sofort auf den alten Führungsstil zurück, vor allem dann, wenn auch noch Termindruck oder Probleme mit Kunden, Quartalsergebnissen etc. dazwischen funken.

Veränderungen brauchen jedoch Zeit. Seien Sie also nicht ungeduldig und enttäuscht, wenn es nicht auf Anhieb klappt. Halten Sie durch, und überlegen Sie, inwieweit es doch Sinn machen könnte, Ihren Mitarbeitern den Wechsel Ihres Führungsstils zu erklären (siehe Kapitel „Ablauf eines Coachingprozesses" unter „Beziehungsklärung") und mit Ihnen gemeinsam den Nutzen für alle Beteiligten zu erarbeiten. Natürlich brauchen Mitarbeiter, die gecoacht werden sollen, auch Arbeitsbedingungen, die viele Freiheiten bieten. Achten Sie also auch darauf, dass Sie die Rahmenbedingungen zumindest in Ihrem Bereich (wenn möglich auch außerhalb) diesen geänderten Ansprüchen anpassen, sonst wird Ihr Coaching unglaubwürdig.

Entwickeln Sie gemeinsam mit Ihren Mitarbeitern eine Abteilungsvision. Leiten Sie diese entweder von der Unternehmensvision ab, oder finden Sie – falls keine solche vorhanden ist – gemeinsam eine eigene, statt vielleicht ewig auf die „von oben" zu warten. Es ist durchaus legitim und zulässig, im Rahmen des Gesamtsystems gemeinsam mit Ihren Mitarbeitern Zukunftsvisionen ganz speziell für Ihre Abteilung zu erarbeiten. Wichtig ist dabei, dass die Vision bei den Mitarbeitern Begeisterung auslöst und einen hohen Identifikationsgrad aufweist. Und das funktioniert meist, wenn Mitarbeiter ihre Visionen – mit Unterstützung der Führungskraft und eventuell mit Hilfe externer Experten – selbst entstehen lassen können. (Zum Thema „Visionsentwicklung“ gibt es vielfältige Literatur und ein breites Seminarangebot. Siehe auch unter „Zu den Autoren“ im Anhang)

Suchen Sie sich auch Verbündete im Unternehmen. Vielleicht gibt es ja Kollegen, die ähnlich wie Sie erkannt haben, dass Mitarbeiterführung in der beschriebenen Form den aktuellen Anforderungen am besten gerecht wird. Beziehen Sie Kollegen aus der Personalabteilung in Ihre Vorhaben (z. B. Visionsentwicklung) mit ein, holen Sie sich dort Unterstützung, wo man „an der Quelle sitzt“. Und wer weiß, vielleicht ist ja sogar Ihr Vorgesetzter interessiert daran, den Erfolg seines Bereiches mit Hilfe von Coaching zu steigern – sobald Sie hingehen und ihm erzählen, wie das geht! Am besten, indem Sie ihn gleich coachen!

Sofern es in Ihrem Unternehmen noch kein standardisiertes, jährliches Mitarbeitergespräch gibt, wäre dies eine gute Gelegenheit, Coaching und Mitarbeitergespräch in einem Zug einzuführen und die Ausbildung dafür zu kombinieren. Vielleicht ist ja in der Personalabteilung gerade ein diesbezügliches Projekt in Arbeit, wenn nicht, regen Sie es an! Sollte bereits ein unternehmensweites, strukturiertes Mitarbeitergespräch existieren, kann es bestimmt nach den Prinzipien von Coaching adaptiert und durchgeführt werden.

Natürlich ist all das sehr herausfordernd, wenn die coachende Führungskraft ihrerseits nicht gecoacht wird, sei es vom eigenen Vorgesetzten und/oder von einem externen Supervisor. Versuchen Sie also, sich diese Unterstützung zu verschaffen, wo Sie dann z. B. anhand konkreter Situationen besprechen können, wie Sie die Vorbehalte der Mitarbeiter gegenüber der „neuen Idee“ entkräften. Als gesunde Basis für Ihre Coachingtätigkeit ist – über das Studium dieses Buches hinaus – eine intensive Ausbildung in Form von Seminarbesuchen sehr zu empfehlen. Im Rahmen solcher Veranstaltungen können Sie die ersten Schritte der Selbstreflexion und in der Anwendung der Werkzeuge unter Anleitung von Profis und im geschützten Rahmen gehen. Sie erhalten qualifiziertes Feedback und können in aller Ruhe Fehler machen, die Sie sich dann im „richtigen Leben“ wahrscheinlich ersparen.

Bedenken Sie bitte: Den günstigsten Zeitpunkt, um mit Coaching zu beginnen, gibt es nie – oder jederzeit. Haben Sie also Mut, die ersten Schritte zu gehen. Allein dadurch, dass Sie Ihren Mitarbeitern mit den besprochenen Grundhaltungen begegnen, wird vieles in Bewegung kommen. Wenn Sie hin und wieder eine Frage stellen, kann dies schon verblüffende Ergebnisse hervorrufen. „Kratzen“ Sie „an der Tür Ihres Vorgesetzten“, um die zusätzlich nötige Unterstützung (Ausbildung, Supervision, Rahmenbedingungen) auf Ihrem Weg zu erhalten. Seien Sie sich Ihres Wertes bewusst – als Führungskraft, die mit Hilfe von Coaching ihre Mitarbeiter zu mehr Erfolg führt und damit auch dem ganzen Unternehmen nützt. Und genießen Sie es, gemeinsam mit Ihren Mitarbeitern als Persönlichkeit zu wachsen und in der Partnerschaft mit ihnen neue Lebensqualität zu finden.

Ganz gleich, ob Sie glauben,
Sie können etwas oder nicht, Sie haben in jedem Fall Recht.
Henry Ford

Anhang
Vertiefende Informationen

Zielearbeit

Ziele fokussieren unsere Aufmerksamkeit und damit unsere Energie und sind daher eine wesentliche Unterstützung für jede Leistungserbringung. Unabhängig davon, ob dem Mitarbeiter ein Ziel vorgegeben wird oder ob er es selbst festlegt, wird der Nutzen, den er in der Zielerreichung für sich erkennt, seine Motivation stark beeinflussen (siehe Kapitel „Ablauf eines Coachingprozesses" unter „Phase II").

Zusätzlich kommt der Formulierung von Zielen große Bedeutung zu.

Die Kriterien für eine wohlgeformte Zielformulierung:

- Positive Formulierung
  Statt: Ich will bei der Präsentation nicht den Faden verlieren.
  Besser: Ich bereite mich so vor, dass ich meine Präsentation flüssig und strukturiert bis zum Ende vortrage.
  Statt: Ich will nicht mehr die Kritik meiner Kollegen ablehnen und darüber verärgert sein.
  Besser: Ich gehe mit der Kritik meiner Kollegen konstruktiv um.
  Negative Formulierungen fokussieren auf das unerwünschte Ergebnis. Werden Sie aufgefordert, an alles außer einen blauen Elefanten zu denken, wird wahrscheinlich gerade dieser vor Ihrem geistigen Auge erscheinen.
  Außerdem wissen Sie bei einer negativen Formulierung eines Ziels zwar, was Sie nicht wollen (nicht den Faden verlieren), aber was Sie wollen ist deshalb noch lange nicht klar, dafür bleiben viele Möglichkeiten offen (was statt dessen?).
- Unter eigener Kontrolle
  Dieses Kriterium unterscheidet ein Ziel von einem Wunsch: Dass morgen die Sonne scheint, kann ich mir zwar wünschen, aber nicht beeinflussen und kontrollieren.
  Statt: Ich will, dass sich Kollege Müller ändert.
  Reflexion: Was ist mein Beitrag dazu, dass sich Herr Müller so verhält?

Besser: Ich verändere meinen Beitrag, um die Wahrscheinlichkeit, dass Kollege Müller sich ändert, zu erhöhen.
Statt: Ich werde meine Aufgabe erfüllen, wenn mein Kollege mir rechtzeitig seine Zahlen zur Verfügung stellt.
Besser: Ich gehe rechtzeitig auf meinen Kollegen zu und fordere die nötigen Zahlen ein.

Folgende Fragen dienen zur Überprüfung:
Steht das Ergebnis unter meinem Einfluss?
Was kann ich von mir aus aktiv tun, damit ich die Wahrscheinlichkeit meines Erfolges erhöhe?

- Konkret
  Ziele sollten den Kontext (wann, wo, mit wem) mit einbeziehen und die Verhaltensgewohnheiten berücksichtigen.
  Statt: Ich möchte wieder Entspannungsübungen machen.
  Besser: Ich ziehe mich täglich nach der Mittagspause in mein Arbeitszimmer zurück und mache 10 Minuten lang die Entspannungsübung von der CD.

  Folgende Fragen sind zur Abstimmung auf die eigenen Gewohnheiten hilfreich:
  Wie genau will ich das machen?
  Was ist aus meiner Sicht ein geeignetes Vorgehen?
  Was ist ein günstiger Ort? Ein günstiger Zeitpunkt?
  Wie oft werde ich das tun? Wie lange wird das genau dauern?

- Beobachtbar und überprüfbar
  Statt: Ich werde mir meine Zeit besser einteilen.
  Besser: Ich schreibe mir gleich morgens eine Liste mit allen zu erledigenden Aufgaben, ordne Sie der Priorität nach und schätze die Dauer der Tätigkeiten ein. Ich streiche die erledigten Aufgaben durch und überprüfe, wie viel Zeit mir noch übrigbleibt.

  Hilfreiche Fragen dazu:
  Woran merke ich, dass ich mein Ziel erreicht habe?
  Wie genau überprüfe ich meine Zielerreichung?
  Wer wird es merken, dass ich mein Ziel erreicht habe? Was wird dann anders sein?

- In der Gegenwart
  Statt: Ich werde mal mit meinem Kollegen sprechen.
  Besser: Ich bitte den Kollegen am Montag Vormittag zu einem Gespräch, um unsere Beziehung zu klären.

- Realistisch

  Realistisch bedeutet: den individuellen Fähigkeiten entsprechend. Da sich Fähigkeiten ständig verändern, werden sich auch die Grenzen dessen, was als realistisch bezeichnet und erlebt wird, verschieben.
  Statt: Ich werde diesmal den doppelten Umsatz machen.
  Besser: Aufgrund meiner vorigen Umsatzzahlen und der geänderten Rahmenbedingungen erreiche ich bis zum 31.12.2008 eine Umsatzsteigerung von 15 %.

  Die Höhe des Ziels, das sich ein Mitarbeiter setzt, hängt davon ab, ob er eher ein so genannter „Misserfolgsmeider" oder eher ein „Erfolgssucher" ist, wie bereits im Kapitel „Werkzeuge" unter „Umgang mit Fehlern" beschrieben. Misserfolgsmeider setzen sich entweder ganz niedrige Ziele, die sie leicht erreichen können und ihnen aber auch keine Erfolgserlebnisse bringen (es war ja so leicht, keine besondere Leistung), oder sie setzen sich unrealistisch hohe Ziele, um die Nichterreichung gut mit Argumenten belegen zu können. Erfolgssucher hingegen nehmen sich herausfordernde, aber realistische Ziele vor. Dementsprechend ist es Aufgabe des Coaches, zu erkennen, welcher Erfolgstyp ein Mitarbeiter ist, um auf diese Grundtendenz eingehen zu können. Er wird einen Misserfolgsmeider ermutigen, seine Ziele – in kleinen Schritten – in realistische Bahnen zu bringen. Das Erfolgserlebnis, Teilziele erreicht zu haben, wird dem Mitarbeiter erlauben, sich auch auf größere Schritte einzulassen. Die Analyse während eines Coachings, wie genau die Teilziele erreicht wurden, welche Verbesserungen noch möglich bzw. welche Änderungen nötig sind, ermutigen dazu, die nächsten bewussten Anstrengungen in Richtung Gesamtziel zu unternehmen. Den Erfolgssucher wird der Coach in seinen hohen, aber realistischen Zielen bestärken und für seine Erfolge anerkennen.

Motivation

In der Motivationspsychologie, die sich mit beruflicher Arbeit beschäftigt, unterscheidet man zwei große Gruppen von Motiven:

- jene Motive, die nicht durch das Tätigsein selbst, sondern durch die Folgen der Tätigkeit oder durch deren Begleitumstände befriedigt werden. Man nennt sie extrinsische Arbeitsmotive.
- jene Motive, die durch die Tätigkeit selbst befriedigt werden. Man nennt sie intrinsische Motive.

Zu den extrinsischen Arbeitsmotiven:

Ein besonders wichtiges Motiv ist der Wunsch nach Geld. Mit dem in unseren Breiten vorherrschenden relativen Wohlstand und der gleichzeitigen Zunahme der Arbeitslosigkeit hat sich jedoch das Sicherheitsbedürfnis als noch wichtigeres extrinsisches Arbeitsmotiv entwickelt. Man möchte einerseits das gute Einkommen auch in Zukunft gesichert wissen, gleichzeitig jedoch auch nicht-finanzielle Aspekte beibehalten wie Einfluss, Anerkennung, äußere Arbeitsbedingungen etc. Neben Geld und Sicherheit ist Geltungsbedürfnis als weiteres wichtiges extrinsisches Arbeitsmotiv zu nennen. Die berufliche Stellung ist weitgehend die Ursache dafür, wie wir innerhalb des Betriebes angesehen werden, wie hoch unser Prestige ist. Sie ist (war?) aber auch eine entscheidende Bestimmungsgröße für das Ansehen, das wir außerhalb des Betriebes, im Bekanntenkreis etc. genießen.

So groß die Bedeutung der genannten extrinsischen Arbeitsmotive auch war, ist und bis zu einem bestimmten Grad in absehbarer Zukunft sein wird – in ihrem Einfluss auf das Arbeitsverhalten dürften auf Dauer die intrinsischen Motive die weit stärkeren sein.

Zu diesen intrinsischen Motiven zählen:

Der Wunsch nach Energieabfuhr

Überlastung ist unangenehm, gänzliches Untätigsein jedoch auch. Ein mittlerer Grad an Aktivität und Tätigkeit ist der menschlichen Motivation angemessen: Arbeit bietet die Möglichkeit, dieses Motiv zu befriedigen. Dieses Forum für Tätigsein gibt es natürlich auch zunehmend in der stetig wachsenden Freizeit. Ein reichhaltiges Angebot an Freizeit- und Lebensgestaltung, das den Erlebnishunger und das Verlangen nach Abwechslung eher noch steigert, bietet Gelegenheit für Selbstverwirklichung und Erfolgserlebnis. Das bedeutet, dass die Arbeitswelt ihre Attraktivität noch mehr steigern muss, um dennoch „konkurrenzfähig“ zu bleiben und nicht zur reinen Geldbeschaffungsmaßnahme zu verkommen.

Gemäß der Erkenntnisse aus der Verhaltensbiologie ist der Mensch in gewissem Maß auf Anstrengung programmiert, auf den Einsatz seiner Trieb- und Aktionspotenziale und nicht auf das Schlaraffenland. Lust ohne Anstrengung führt zu Langeweile, Aggression und Selbstzerstörung. Sehr schädlich dabei scheint die Trennung von Anstrengung und Lust in Arbeit und Freizeit zu sein. Arbeit ohne Herausforderung, ohne Entdecken können, ohne Bewältigung neuer Aufgaben wird zur Schinderei. Ausgleich dazu wird in der Freizeit gesucht. Arbeit soll also die Einheit von Lust und Anstrengung ermöglichen, die man ebenso als Leistung bezeichnen kann. Leistung als Suchen, Erforschen und Überwinden neuer Herausforderungen, als Wissenserwerb, als Problemlösen, als Meistern von Risiken, als Verwandlung von Unsicherheit in Sicherheit, die mit Lust und (sozialer) Anerkennung belohnt wird.

Csikszentmihalyi bezeichnet dieses Gefühl, diesen „besonders dynamischen Zustand", wie es zum Beispiel Bergsteiger beschreiben (lustvolle Anstrengung), dieses „holistische Gefühl bei völligem Aufgehen in einer Tätigkeit", insbesondere in einer anstrengenden Tätigkeit, in der die Unsicherheit des Neuen durch eigene Kraft in das eigene Sicherheitssystem eingeordnet wird, als „Flow". Jeder kennt die Lust, die mit der Lösung eines Problems oder der Bewältigung einer Gefahr verbunden ist: Sie reicht vom Aha-Erlebnis über das Flow-Erlebnis bis hin zum Freudentanz.

Dies heißt jedoch auch, dass eine routinierte Tätigkeit, auch wenn sie noch so gekonnt durchgeführt wird, keine Lust aufkommen lässt, sie führt zu Langeweile, zu einem Zustand „toter" Sicherheit, zu einem Mangel an Unsicherheit.

Hier öffnen sich die Möglichkeiten zeitgemäßer Führung, in Form von Coaching ausgeübt: Der Mitarbeiter soll auf Basis eines möglichst sicheren Arbeitsplatzes und einer hinreichenden Kompetenz für den eigenen Aufgabenbereich die Chance bekommen, explorierend seine Grenzen hinauszuschieben, neue Aufgaben zu lösen oder neue Lösungswege für anstehende Probleme zu finden. Er braucht Freiraum für Kreativität und Eigenverantwortung.

Die Leistungsmotivation

Ein herausforderndes Leistungsziel, das man sich selbst gesetzt hat und das zu erreichen man interessiert ist, befriedigt. Der Beruf bietet die Möglichkeit dafür, und zwar umso stärker, je selbständiger man innerhalb seiner Tätigkeit ist, je mehr man also Einfluss auf die eigenen Aufgaben und Arbeitsziele hat.

Das Kontaktbedürfnis

stellt ein weiteres Motiv dieser Gruppe dar. Moderne Arbeit ist weitgehend Teamarbeit geworden und fordert unter anderem deshalb zwischenmenschliches Gespräch als Teil der Arbeit. In der Familie bieten sich dagegen tendenziell weniger Kontaktmöglichkeiten (Trend zum Singledasein, Klein- und Kleinstfamilienstruktur, wenig Zeit miteinander).

Das Machtstreben

Mit Hilfe seiner beruflichen Tätigkeit Einfluss auf Personen, Sachzusammenhänge und Ereignisse zu nehmen, befriedigt dieses weitere intrinsische Motiv, jedoch nur, wenn der Mensch das Gefühl und die Gelegenheit hat, auf eigene Verantwortung hin zu agieren statt „auf Befehl" anderer.

Der Wunsch nach Sinngebung und Selbstverwirklichung
Jeder Mensch hat das Bedürfnis, nicht sinnlos dahinzuvegetieren, sondern etwas zu leisten, was der Gemeinschaft nützt und Bedeutung hat. Der Beruf bietet dazu die Möglichkeit, wenn dem Einzelnen einsichtig gemacht wird, welches Gewicht seine Tätigkeit für einen größeren Zusammenhang hat.

Die Arbeit so zu gestalten, dass sie intrinsische Motivbefriedigung für alle bietet, sollte entscheidendes Ziel qualifizierter und zielorientierter Führung sein. Die Schwierigkeit dabei liegt allerdings unter anderem in der sehr individuellen, situationsabhängigen und sich ständig ändernden Gewichtung dieser Motive – die es mit geeignetem Coachingverhalten herauszufinden gilt!

Um die unterschiedlichen Motive und Bedingungen im Arbeitsprozess und deren Auswirkung noch deutlicher zu machen, dient eine Darstellung von Herzberg, die man als Zweifaktorentheorie der Zufriedenheit bezeichnet. Sie besagt folgende Zusammenhänge:

Zufriedenheit bedingt durch:

- erbrachte Leistung
- Zuteilwerden von Anerkennung
- interessanten Arbeitsinhalt
- übertragbare Verantwortung
- erfolgten Aufstieg
- Möglichkeiten zur Selbstverwirklichung

etc.

Keine Zufriedenheit bedingt durch:

- unzureichende Leistung
- Fehlen von Anerkennung
- langweiligen Arbeitsinhalt
- Stellung mit geringer Verantwortung
- nicht erfolgten Aufstieg
- mangelnde Möglichkeit zur Selbstverwirklichung

etc.

Unzufriedenheit bedingt durch:

- schlechte Unternehmenspolitik und -verwaltung
- schlechte Personalführung
- schlechte Entlohnung

- schlechte zwischenmenschliche Beziehung mit Vorgesetzten, Gleichgestellten und Nachgeordneten
- schlechte Arbeitsbedingungen

  etc.

Keine Unzufriedenheit bedingt durch:

- gute Unternehmenspolitik und -verwaltung
- gute Personalführung
- gute Entlohnung
- gute zwischenmenschliche Beziehungen
- gute Arbeitsbedingungen

  etc.

Zusammenfassend bedeutet dies, dass extrinsische Faktoren zwar über Unzufriedenheit und Nicht-Unzufriedenheit entscheiden, echte Zufriedenheit jedoch erst über die Befriedigung intrinsischer Motive erreicht werden kann. Eine Gehaltserhöhung kann demnach nur kurzfristig über eine sinnlose, uninteressante Tätigkeit und fehlende Eigenverantwortung hinwegtrösten! Auf Dauer ist die einzige wirklich effektive Motivation die interne oder Selbstmotivation. Coaching kann die Voraussetzungen für Selbstmotivation schaffen und helfen, diese Selbstmotivation in effektives Handeln umzusetzen.

Antreibertest

Das Modell der inneren Antreiber kommt aus der Transaktionsanalyse, die darunter elterliche Forderungen versteht, mit denen konventionelle, kulturelle und soziale Vorstellungen verbunden sind. Diese Anweisungen werden uns als Ermahnungen durch Worte und durch beispielhaftes Tun der Eltern, später von Lehrern und Vorgesetzten übermittelt. Sie werden in bester Absicht gegeben und sollen uns in die Lage versetzen, das Leben zu meistern, sind also „Erfolgsstrategien", die uns tatsächlich weiterbringen. Als Eltern-Gebote haben diese Botschaften für Kinder einen Absolutheitscharakter, der nicht angezweifelt wird, denn ihre Nichteinhaltung könnte zur Folge haben, nicht mehr geliebt zu werden. Erst im Erwachsenenalter haben wir die Möglichkeit zu erkennen, dass es Alternativen zu den elterlichen Botschaften gibt. Zu diesem Zeitpunkt haben sich diese Botschaften jedoch schon stark im Unterbewusstsein verankert. Unbedacht versuchen wir daher auch als

Erwachsene, im Privat- wie im Berufsleben die Forderungen der Gebote zu erfüllen, als ob wir unter einem geheimen Zwang stünden.

Um ein bestimmtes Ziel zu erreichen, ist es durchaus angebracht, vorübergehend perfekt zu sein, sich anzustrengen, sich zu beeilen, sich anzupassen oder Stärke zu beweisen. Sobald jemand jedoch dem Zwang unterliegt, sich ständig, ohne Rücksicht auf die Erfordernisse der jeweiligen Situation, der Botschaft eines Antreibers gemäß zu verhalten, wirken Antreiber als Stresserzeuger, die verhindern können, dass wir unser volles Potenzial einsetzen. Antreiber lösen dabei Ängste aus. Im Falle des Antreibers „sei perfekt“ bedeutet dies zum Beispiel, dass jemand mehr oder minder ständig Angst hat, dass etwas schief geht oder nicht klappt.

Mit Hilfe des nachfolgenden Tests können Sie Ihre Ausprägung der einzelnen Antreiber herausfinden. Stark ausgeprägte Antreiber können eine Eigendynamik entwickeln, sie kontrollieren immer stärker die innere Einstellung und das Verhalten: Man treibt sich selbst immer stärker an, um zu mehr Erfolg und Anerkennung zu kommen, erreicht aber eher nur mehr Stress (bei sich und anderen) und damit das Gegenteil von dem, was man sich erhofft.

Wenn Antreiber zu mächtig werden, beginnen die meisten Menschen, die Botschaften dieser inneren Antreiber auch von anderen Menschen zu verlangen. Ein „Mach schnell“ treibt z. B. seine Mitarbeiter ständig an und beschwert sich, dass sie zu langsam sind und nichts weiterbringen. Er beginnt, das eigene (Antreiber-)Verhalten als einzig wahr und richtig darzustellen, zu verteidigen und scheint dabei zu vergessen, dass andere Menschen wahrscheinlich von anderen Antreibern geprägt sind. Ob ein Verhalten vor- oder nachteilig ist, hängt von der eigenen Sichtweise und der jeweiligen Situation ab. Die Stärken und Fallen der Antreiber finden Sie in der Auswertung.

Bitte führen Sie den Test spontan durch. Beantworten Sie nachfolgende Sätze, wie Sie sich gegenwärtig in Ihrem Berufsleben sehen, und verwenden Sie dazu die Skala von 1 bis 5.

Trifft ... 1 = gar nicht; 2 = kaum; 3 = etwas; 4 = gut; 5 = voll und ganz zu

1. Ich mache meine Arbeit immer gründlich und genau.	___
2. Ich fühle mich dafür verantwortlich, dass diejenigen, die mit mir zu tun haben, sich wohl fühlen.	___
3. Ich bin ständig auf Trab.	___
4. Für mich gilt das Sprichwort: „Wer rastet, der rostet."	___
5. Anderen gegenüber zeige ich meine Schwächen nicht gerne.	___
6. Häufig gebrauche ich den Satz: „Es ist schwierig, etwas so genau zu sagen."	___
7. Ich sage oft mehr, als eigentlich notwendig wäre.	___
8. Ich habe Mühe, Leute zu akzeptieren, die nicht genau sind.	___
9. Es fällt mir schwer, Gefühle zu zeigen.	___
10. Mein Motto lautet: „Nur nicht locker lassen."	___
11. Wenn ich eine Meinung äußere, begründe ich sie auch.	___
12. Die Wünsche, die ich habe, erfülle ich mir schnell.	___
13. Ich liefere einen Bericht erst ab, wenn ich ihn mehrere Male überarbeitet habe.	___
14. Leute, die „herumtrödeln", regen mich auf.	___
15. Ich finde es wichtig, dass andere mich akzeptieren.	___
16. Ich bin der Typ „Raue Schale, weicher Kern".	___
17. Ich versuche oft herauszufinden, was andere von mir erwarten, um mich danach zu richten.	___
18. Ich kann Menschen, die unbekümmert in den Tag hineinleben, nur schwer verstehen.	___
19. Bei Diskussionen unterbreche ich den anderen oft.	___
20. Ich löse meine Probleme selber.	___
21. Aufgaben erledige ich möglichst rasch.	___
22. Im Umgang mit anderen bin ich auf Distanz bedacht.	___
23. Ich sollte viele Aufgaben noch besser erledigen.	___
24. Ich kümmere mich persönlich auch um nebensächlich Dinge.	___

25. Erfolge fallen nicht vom Himmel, ich muss sie hart erarbeiten.	___
26. Für dumme Fehler habe ich wenig Verständnis.	___
27. Ich schätze es, wenn meine Fragen rasch und bündig beantwortet werden.	___
28. Es ist mir wichtig, von anderen zu erfahren, ob ich meine Sache richtig gemacht habe.	___
29. Wenn ich eine Aufgabe einmal begonnen habe, führe ich sie auch zu Ende.	___
30. Ich achte mehr auf die Bedürfnisse anderer und stelle meine eigenen zurück.	___
31. Ich bin anderen gegenüber oft hart, um von ihnen nicht verletzt zu werden.	___
32. Ich trommle oft ungeduldig mit den Fingern auf den Tisch (ich bin ungeduldig).	___
33. Beim Erklären von Zusammenhängen verwende ich gerne die klare Aufzählung: erstens ...; zweitens ...; drittens ...	___
34. Ich glaube, dass die meisten Dinge nicht so einfach sind, wie viele meinen.	___
35. Es ist mir unangenehm, andere Leute zu kritisieren.	___
36. Bei Diskussionen nicke ich häufig mit dem Kopf.	___
37. Ich strenge mich an, um meine Ziele zu erreichen.	___
38. Mein Gesichtsausdruck ist eher ernst.	___
39. Ich bin nervös.	___
40. So schnell kann mich nichts erschüttern.	___
41. Meine Probleme gehen andere nichts an.	___
42. Ich sage oft: „Tempo, Tempo, das muss rascher gehen!“	___
43. Ich sage oft: „genau“, „exakt“, „klar“, „logisch“ und Ähnliches.	___
44. Ich sage oft: „Das verstehe ich nicht ...“	___
45. Ich sage gerne: „Könnten Sie es nicht einmal versuchen?“ und sage nicht gerne: „Versuchen Sie es einmal.“	___
46. Ich bin diplomatisch.	___
47. Ich versuche, die an mich gestellten Erwartungen zu übertreffen.	___
48. Ich mache manchmal zwei Tätigkeiten gleichzeitig.	___

49. „Die Zähne zusammenbeißen“ heißt meine Devise.	___
50. Trotz enormer Anstrengungen will mir vieles einfach nicht gelingen.	___

Übertragen Sie nun Ihre Bewertung in die nachfolgende Tabelle:

„Sei perfekt“		„Mach schnell“		„Streng dich an“		„Mach es allen recht“		„Sei stark“	
Nr. 1	___	Nr. 3	___	Nr. 4	___	Nr. 2	___	Nr. 5	___
Nr. 8	___	Nr. 12	___	Nr. 6	___	Nr. 7	___	Nr. 9	___
Nr. 11	___	Nr. 14	___	Nr. 10	___	Nr. 15	___	Nr. 16	___
Nr. 13	___	Nr. 19	___	Nr. 18	___	Nr. 17	___	Nr. 20	___
Nr. 23	___	Nr. 21	___	Nr. 25	___	Nr. 28	___	Nr. 22	___
Nr. 24	___	Nr. 27	___	Nr. 29	___	Nr. 30	___	Nr. 26	___
Nr. 33	___	Nr. 32	___	Nr. 34	___	Nr. 35	___	Nr. 31	___
Nr. 38	___	Nr. 39	___	Nr. 37	___	Nr. 36	___	Nr. 40	___
Nr. 43	___	Nr. 42	___	Nr. 44	___	Nr. 45	___	Nr. 41	___
Nr. 47	___	Nr. 48	___	Nr. 50	___	Nr. 46	___	Nr. 49	___
Summe	___	Summe	___	Summe	___	Summe	___	Summe	___

Ziel einer Beschäftigung mit unseren Antreibern (Selbstbeobachtung und bewusstes Registrieren des Feedbacks anderer, situatives Zurücknehmen automatisierter Verhaltensweisen, Ausprobieren alternativen Vorgehens) ist es, die damit verbundenen Erfolgsstrategien weiterhin – gezielt – einzusetzen und mögliche „Fallen“ zu vermeiden. Damit erreichen wir einen bewussten Umgang mit unseren Prägungen, statt von ihnen „ferngesteuert“ zu sein. Außerdem kann es uns mit dem Wissen um die Antreiber gelingen, die „Andersartigkeit“ unserer Mitmenschen leichter zu akzeptieren – auch sie haben „gute Gründe“ für ihr Verhalten!

Im Coaching ist zu beachten, dass die durch eigene Antreiber bedingten Ansprüche oft nicht in gleichem Maße vom Mitarbeiter erfüllt werden können, wenn dieser von einem anderen Hauptantreiber geprägt ist. Ein anderes Verhalten, das dem eigenen Antreiber nicht entspricht, kann sowohl auf die Führungskraft als auch auf den Mitarbeiter störend oder verunsichernd wirken (Beispiele dafür sind unter dem Punkt „Fallen“ bei den jeweiligen Antreibertypen angeführt). Es gilt, eigene Beobachtungen und die damit verbundenen Gefühle anzusprechen, wechselseitige Erwartungen bezüglich des gewünschten Verhaltens auszutauschen und herauszufinden, welches Bedürfnis hinter diesem Verhalten steckt, das befriedigt werden will.

Idealerweise ergänzen sich Menschen mit unterschiedlichen Antreibern (= unterschiedlichen Stärken), anstatt sich zu bekämpfen!

Stärken und Fallen der Antreiber

„Sei perfekt":

Stärken:
Ist enorm genau und zuverlässig, was die Qualität erledigter Arbeit anbelangt; geht in die Tiefe und kümmert sich um das Detail; bringt viel Geduld auf, um ja alles richtig zu machen; beleuchtet Dinge von mehreren Seiten; plant sehr genau im Vorfeld.

Fallen:
Vergisst über dieser Genauigkeit oftmals Fertigstellungstermine bzw. arbeitet bis tief in die Nacht, um es doch noch zu schaffen; will alle Aufgaben 100%ig erledigen, auch solche, bei denen 80 % ausreichend wären (sein Qualitätsanspruch ist enorm hoch: was für andere schon 100 % bedeutet, liegt auf seiner subjektiven Skala meist noch weit unter dem Optimum); kann keine Fehler zulassen; delegiert ungern, weil andere doch niemals so perfekt sein können; ist mit seiner Arbeit nie wirklich zufrieden („I-Tüpferlreiter"); die Umsetzung in die Praxis fällt ihm schwer, beschäftigt sich lieber mit der Theorie.

Im Coaching ist darauf zu achten, dass der Antreiber nicht dazu führt, einen Mitarbeiter „niederzucoachen", indem eine Frage nach der anderen gestellt wird, um es besonders gut zu machen und um ein möglichst „perfektes Ergebnis" zu erzielen. Sich selbst Fehler einzugestehen und beim anderen zuzulassen, ist für einen „sei perfekt"-Typ äußerst schwierig. Daher Vorsicht vor übermäßiger Kritik und zugleich die Anregung, ausreichend Anerkennung zu geben, auch wenn das Ergebnis noch nicht bis ins allerletzte perfekt erscheint.

Eine „sei perfekt"-Führungskraft wird sich mit Mitarbeitern, die vom „mach schnell"- oder „mach es allen recht"-Antreiber geprägt sind, besonders schwer tun: Ein „mach schnell" neigt eher zu kurzen Antworten mit nur den wichtigsten Informationen, ist sprunghaft in seinen Gedanken und wird leicht ungeduldig. Ein „mach es allen recht"-Typ wird in seinen Aussagen auf einen „sei perfekt" manchmal „schwammig" wirken – er kann sich schwer auf eine eigene Meinung festlegen.

Innerer Glaubenssatz:
„Ich muss alles noch besser machen, es ist nie gut genug."

Bedürfnis:
Anerkennung für Leistung, Struktur (z. B. Zeitpläne)

„Mach schnell":

Stärken:
Bewältigt ein enormes Arbeitspensum in kurzer Zeit; macht mehrere Tätigkeiten gleichzeitig; bringt Dynamik in jede Arbeitsgruppe; treibt andere zu mehr Tempo an; kann mitreißen und begeistern; hat den Überblick; verliert sich nicht im Detail; delegiert gerne; ist flexibel und offen für Neues.

Fallen:
Fehleranfällig bei zu großer Oberflächlichkeit; Ungeduld gegenüber anderen, die ihre Ideen langsamer entwickeln wollen; hat Probleme beim Zuhören, weil er schon wieder an etwas anderes denkt; gibt oft zu wenig Informationen weiter; konzentriert sich selten auf eine Sache; tanzt auf vielen Hochzeiten; verbreitet Hektik und tut sich schwer, innezuhalten (Rückblick – Vorausschau).

Diese Fallen können sich natürlich alle im Coaching auswirken. Eine „mach schnell"-Führungskraft nimmt sich oft zu wenig Zeit, sich auf ihr Gegenüber einzustellen und geduldig auf Antworten zu warten. Ein „sei perfekt"-Typ wird von ihr als kompliziert, zu umständlich und natürlich zu langsam erlebt. Sie gibt oft vorschnell eigene Lösungen preis, damit „etwas weitergeht". Da sie in einem Gespräch gleich mehrere Themen abzuhandeln versucht, führt das Coaching nicht genügend in die Tiefe, um zum Kern des Problems zu kommen oder konkrete Lösungen zu erarbeiten.

Innerer Glaubenssatz:
„Ich muss schnell sein, sonst werde ich nicht fertig."

Bedürfnis:
Aktion, Herausforderung

„Streng dich an":

Stärken:
Zuverlässig; pflichtbewusst; ein echtes Vorbild, wenn es um das Durchbeißen und Dranbleiben bei schwierigen Problemen geht; zeichnet sich durch Vielseitigkeit aus und kann in mehreren Projekten gleichzeitig involviert sein (emsige Biene).

Fallen:
Kann einen Erfolg nur dann als solchen gelten lassen, wenn er im Schweiße

seines Angesichts hart erarbeitet wurde; wählt oft den Weg des größten Widerstandes; Leichtigkeit und Unbeschwertheit fehlen; auch die Erfolge anderer werden nur geschätzt, wenn sie mühsam erreicht wurden; einfache Lösungen werden nur ungern angenommen; das Leben scheint hart für ihn zu sein – zieht durch Jammern Energie ab; übernimmt zu viele Aufgaben; kann Erfolge nicht feiern.

Auch diese Fallen nehmen Einfluss auf eine Coachingtätigkeit. Vor allem Lösungen eines Mitarbeiters, die dem „streng dich an“-Typ zu leicht erscheinen, werden gerne im Gespräch ignoriert. Da eine „streng dich an“- Führungskraft dazu neigt, anderen Aufgaben abzunehmen, ist darauf zu achten, dass Lösungen vom Mitarbeiter selbst erarbeitet und nicht an sie zurückdelegiert werden.

Innere Glaubenssätze:
„Ich muss mich immer anstrengen, egal wobei.“
„Das Leben ist hart.“
„Ohne Fleiß kein Preis.“

Bedürfnis:
Anerkennung für die Anstrengung, die Mühe

„Mach es allen recht“:

Stärken:
„Beziehungsmanager“; hohe soziale Kompetenz; kümmert sich um die emotionale Ebene in Gemeinschaften; kann gut auf andere eingehen; teamfähig; kompromissbereit; ausgleichend; hilfsbereit und integrierend.

Fallen:
Lässt sich leicht ausnutzen; kann schwer Entscheidungen treffen, weil er niemanden verletzten möchte; gibt auch ungern negatives Feedback; konfliktscheu; stellt eigene Bedürfnisse (die er oft gar nicht kennt) und Standpunkte zurück – fühlt sich dann als Opfer; andere wissen deswegen oft nicht, woran sie sind; wird als „schwammig“ erlebt, wie ein „Fähnchen im Wind“; ist stark abhängig von der Anerkennung anderer; kann nicht Nein sagen.

Einer „mach es allen recht“-Führungskraft fällt es schwer, im Coaching ein Verhalten seines Mitarbeiters anzusprechen, das sie als negativ bzw. unangenehm erlebt. Die „mach es allen recht“-Führungskraft versucht eher, das eigene Verhalten auf den Mitarbeiter abzustimmen: Dadurch kann sie aber inkongruent wirken!

Innerer Glaubenssatz:
„Ich bin dann wertvoll, wenn alle mit mir zufrieden sind. Wenn ich Nein sage, werde ich abgelehnt.“

Bedürfnis:
Anerkennung als Person („Ich freue mich, dass Sie in meinem Team sind!")

„Sei stark":

Stärken:
Durchsetzungsstark; konsequent; entscheidungsfreudig; ist wie ein „Fels in der Brandung", der in Krisensituationen Sicherheit und Geborgenheit für andere bietet; Führungsfähigkeit; Autorität.

Fallen:
Ein „sei stark"-Antreibertyp interessiert sich wenig für die Sichtweisen anderer; in seinem Führungsanspruch fährt er oft über andere drüber; hat starke Gefühle, zeigt sie aber ungern anderen, schon gar keine Schwächen oder Fehler; hat Probleme mit menschlicher Nähe, daher Gefahr der Isolation; kann schwer Hilfe annehmen und schon gar nicht erbitten; braucht eine dicke Schutzmauer, um seinen verletzlichen Kern gut zu verstecken.

Im Coaching kann eine „sei stark"-Führungskraft es als unangenehm empfinden, wenn sich der Mitarbeiter durch intensive Gespräche immer mehr vertrauensvoll öffnet und auch seine Gefühle ausdrückt. Noch schwerer fällt es der „sei stark"-Führungskraft, die eigenen Gefühle öffentlich zu machen. Sie muss meist an sich arbeiten, um ausreichend Feedback zu geben oder zu nehmen.

Innerer Glaubenssatz:
„Niemand darf es merken, dass ich schwach, empfindlich oder ratlos bin. Gefühle zeigt man nicht. Gefühle sind ein Zeichen von Schwäche und machen verletzbar. Indianer kennen keinen Schmerz."

Bedürfnis:
Anerkennung für die Meinung und die Stärke

Pygmalioneffekt

Der Pygmalioneffekt beschreibt den Prozess, mittels dessen ein Führer (Eltern, Lehrer, Vorgesetzte) andere einem bestimmten Bild gemäß einstuft und sie langsam nach seiner Vorstellung so „formt", dass die Geführten nach einiger Zeit tatsächlich „so" sind und sich entsprechend verhalten. Es handelt sich dabei um eine so genannte „selbsterfüllende Prophezeiung", welche den Führenden in ihren Auswirkungen überzeugt: „Das habe ich ja gleich gewusst!" Er bestätigt sich damit und fühlt sich im Recht, nicht wissend, ob seine ursprüngliche Einschätzung „richtig" oder „falsch" war.

Was wir einem Menschen vom ersten Augenblick an zutrauen, entscheidet also über seine Leistung und möglicherweise über seine gesamte Lebensführung. Eine Harvard-Studie hat den Pygmalioneffekt zunächst bei Lehrern nachgewiesen, er wurde dann auf Menschenführung allgemein übertragen.

Das Rosenthal-Experiment

Ein amerikanischer Sozialpsychologe, Professor Robert Rosenthal (Harvard University), hat dieses Phänomen in einer Reihe von Experimenten genauestens untersucht (Rosenthal-Experiment) und damit viel Aufsehen erregt. Er hat Schüler einiger Grundschulklassen mittels eines Intelligenztests getestet, die Testergebnisse aber ungelesen weggelegt und 20 % der Kinder jeder Klasse willkürlich ausgewählt. Diese nannte er den Lehrern als besonders vielversprechend und begabt.

Acht Monate später wurde der Test bei allen Kindern noch einmal durchgeführt. Im Schnitt hatten die Kinder der Versuchsgruppen (jene also, die den Lehrern als besonders vielversprechend vorgestellt worden waren) ihren IQ-Wert um vier Punkte mehr verbessert als die Kinder der Kontrollgruppen. Dieses Ergebnis war unabhängig von dem generellen Leistungsniveau der Klasse (ob es sich also um eine eher über- oder unterdurchschnittliche Klasse handelte).

Die Kinder hatten sich also entsprechend der Erwartungen der Lehrer entwickelt!

Die Auswertungen haben gezeigt, dass Lehrer, die glauben, es mit einem begabten Schüler zu tun zu haben, diesen öfter anlächeln, zustimmende Kopfbewegungen machen, ihm länger in die Augen schauen (positive Körpersprache) und mehr und eindeutigeres Feedback (Anerkennung wie Kritik) geben. Außerdem spornen sie mehr an, rufen die Kinder öfter auf, geben ihnen sogar objektiv mehr Information, stellen ihnen anspruchsvollere Aufgaben, lassen mehr Zeit für die Antworten und helfen ihnen eher dabei.

Als weiteres schockierendes Ergebnis wurde berichtet: Wenn Kinder, die vom Lehrer als unbegabt angesehen werden, gute Leistungen erbringen, so ziehen sie sich den Unmut der Lehrer zu.

Mit anderen Worten: Eine unerwartete Leistung ist für den, der sie erbringt, mit Risiko behaftet, weil der Lehrer den Schüler nicht für seine gute Leistung belohnt, sondern ihn bestraft, weil er den Erwartungen des Lehrers nicht gerecht wird.

Die Versuche wurden über Jahrzehnte in unterschiedlichen Situationen oft wiederholt: Der Pygmalioneffekt gilt für Schüler und Heranwachsende wie für Erwachsene gleichermaßen.

Die Macht der Erwartungen, die wir an einen anderen Menschen stellen, beeinflusst diesen ständig in seinem Verhalten. Es ist dabei nicht notwendig, der Umwelt unsere innere Einstellung durch Worte mitzuteilen, die Menschen spüren sie auch so und reagieren darauf. Es ist bewiesen, dass wir nur zu 20% verbal kommunizieren, der Rest setzt sich aus Körpersprache und vor allem Energie zusammen, die durch unser Denken und Fühlen, durch unsere Einstellung verursacht wird. Woran ein Mensch denkt und glaubt, wird zu seiner Identität und erschafft Realität im Außen.

Was du denkst, fühlst und glaubst, bist du.
Was du bist, strahlst du aus.
Was du ausstrahlst, ziehst du wieder an.

„Jeder Chef hat die Mitarbeiter, die er verdient!" lässt sich aus obigem Spruch leicht ableiten. Eine Veränderung im Äußeren muss durch eine bewusste neue Denkweise der Führungskraft eingeleitet werden, die automatisch das eigene Verhalten und in der Folge das Verhalten anderer beeinflusst.

Als Führungskraft beeinflussen Sie mit Ihrer Einstellung in hohem Maße, was Menschen in Ihrem Umfeld von sich zeigen bzw. an sich entwickeln. Wenn Sie davon ausgehen, dass Ihr Mitarbeiter seiner Aufgabe nicht gewachsen ist, Sie enttäuschen wird etc., dann werden sich Ihre Erwartungen wahrscheinlich erfüllen. Konzentrieren Sie sich hingegen auf seine Stärken und bringen ihm Vertrauen entgegen, dann kann er seine Fähigkeiten entwickeln und das Beste aus sich herausholen. Ein Vertrauensvorschuss ist eine gute Investition! Ihr Mitarbeiter wird sich bemühen, diesem gerecht zu werden – und Ihre Einstellung wird ihn dabei unterstützen. Jeder Mensch hat alles (Gutes und Schlechtes) in sich, und Sie entscheiden, welche Potenziale Sie in Ihren Mitmenschen ansprechen.

Besonders gilt das sicher für junge oder neue Mitarbeiter, die ein noch weniger gefestigtes Bild ihres Könnens und ihrer Potenziale haben. Es hat sich eingebürgert, sich immer eher auf die Fehlleistungen zu konzentrieren, auf Bereiche, die nicht so gut funktionieren und verbessert werden müssen. Alles, worauf wir unsere Aufmerksamkeit und unsere Gedanken konzentrieren, erhält jedoch Energie und wird verstärkt.

Konzentrieren Sie sich mehr auf die Stärken und Fähigkeiten Ihrer Mitarbeiter, und die Schwächen bekommen weniger Nahrung, weniger Gewicht und werden nach und nach verschwinden.

Eine weitere langjährige Harvard-Studie ergab folgende Ergebnisse:

1. Die erste Arbeitsstelle, die ein Mitarbeiter hat, prägt ihn maßgeblich in seiner beruflichen Karriere:
   Hatte der Mitarbeiter eine Führungskraft, die ihn forderte und förderte, so entwickelte er sich gut, wurde später erfolgreich und war seinen Mitarbeitern später ein ähnlicher Vorgesetzter! Und leider auch umgekehrt: War der erste Vorgesetzte ein ewiger Pessimist, der meinte: „Ich bin von lauter Idioten umgeben!", zeigte der Mitarbeiter als Führungskraft ein ähnliches Verhalten!
2. Der Führungsstil des ersten Vorgesetzten ist also prägend:
   Jede Führungskraft tendiert dazu, denjenigen Führungsstil anzuwenden, unter dem sie die ersten Jahre ihres Berufslebens gelebt (bzw. sogar gelitten) hat. Mitunter fällt es der Führungskraft gar nicht auf oder sie bestreitet es sogar, dass ihr Führungsstil dem des ersten Vorgesetzten ähnelt.
3. Je weniger Vertrauen eine Führungskraft in sich selber hat, desto weniger Vertrauen kann sie für andere entwickeln.
   Die Studie hat erwiesen, dass die erfolgreichsten Vorgesetzten Menschen mit großem Selbstvertrauen und Selbstwertgefühl waren. Nur diese sind in der Lage, anderen zu erlauben, sich zu entwickeln. Für Menschen mit wenig Selbstvertrauen stellen gute Mitarbeiter eine Bedrohung dar („Die sägen ja an meinem Chefstuhl!").
4. Vorgesetzte, welche die Einstellung besitzen: „Wenn ich es nicht selber mache, passiert nichts!", müssen tatsächlich mehr Arbeiten selber machen.

Einladung zur Selbstreflexion

- Was denke ich über meine Mitarbeiter?
- Wie viel traue ich ihnen zu?
- In welcher Weise fordere und fördere ich sie?
- Was kann ich an meinem Führungsstil verbessern, in welcher Weise hilft mir Coaching dabei?
- Was traue ich mir selbst noch an Verbesserungen zu? Wie sehr glaube ich an mich?

Mögliche Lösungen zur Übung zum Metamodell (Seite 112):

Zu jeder Aussage finden Sie beispielhaft einige hilfreiche Fragen. Welche Frage gerade passend ist, hängt von der Qualität der Beziehung zwischen Führungskraft und Mitarbeiter und der jeweiligen Situation ab.

- Aussage: Alle wissen, dass ich mein Bestes gebe.
  Fragen: Wirklich alle?
  Wen genau meinen Sie mit „alle“?
  Gibt es jemanden, der das nicht weiß?
  Was ist das für Sie: „das Beste geben“?
  In welchen Situationen meinen Sie, dies zu tun?
  Woran können die anderen merken, dass Sie Ihr Bestes geben?
  Wie kommen Sie zu diesem Wissen?
- Aussage: Man zwingt mich, unnachgiebig zu sein.
  Fragen: Wer zwingt Sie dazu?
  Wie schaffen es andere, Sie dazu zu zwingen?
  Woher wissen Sie, dass Sie jemand zwingt?
  Was genau verstehen Sie unter „unnachgiebig sein“?
  Wie äußert sich ein unnachgiebiges Verhalten bei Ihnen?
  In genau welchen Situationen meinen Sie, unnachgiebig sein zu müssen?
- Aussage: Wir haben uns immer bemüht.
  Fragen: Wer genau hat sich bemüht?
  Wirklich immer bemüht?
  Gab es eine Zeit, in der Sie sich nicht bemüht haben?
  Wie haben sich diese Bemühungen gezeigt?
  Was war die Mühe?
- Aussage: Ich habe Angst.
  Fragen: Wovor genau haben Sie Angst?
  Was muss passieren, damit Sie Angst haben?
  In welchen Situationen haben Sie Angst?
  Worin liegt die Angst begründet?
  Wie äußert sich die Angst?
- Aussage: Man kann niemandem vertrauen.
  Fragen: Wer kann nicht vertrauen?
  Woher wissen Sie das?
  Für wen gilt das?

Wirklich niemandem?
Wem können Sie nicht vertrauen?
Was bedeutet für Sie „vertrauen“?
Woran merken Sie, dass Sie vertrauen?
Was müsste passieren, dass Sie vertrauen können?

- Aussage: Ich habe ihn verärgert.
  Fragen: Wen haben Sie verärgert?
  Wodurch haben Sie ihn verärgert?
  Wie haben Sie es geschafft, ihn ärgerlich zu machen?
  Wann haben Sie ihn verärgert?
  Woher wissen Sie, dass Sie ihn verärgert haben?
  Woran merken Sie, dass Sie ihn verärgert haben?
- Aussage: Allein, wenn ich den schon sehe, wird mir schlecht.
  Fragen: Wenn Sie wen sehen, wird Ihnen schlecht?
  Wie schafft er das, dass Ihnen schlecht wird?
  Wie ist das für Sie, wenn Ihnen schlecht ist?
  Ist das immer so?
  Gelingt das nur ihm?
- Aussage: Ich trage die Verantwortung.
  Fragen: Für was/wen genau tragen Sie die Verantwortung?
  Wann tragen Sie die Verantwortung?
  In welchem Ausmaß tragen Sie die Verantwortung?
  Was genau verstehen Sie unter Verantwortung?
  Wie zeigt es sich, dass Sie Verantwortung tragen?
  Wer sagt, dass Sie die Verantwortung tragen?
- Aussage: Wir müssen das erledigen.
  Fragen: Wer ist „wir“?
  Was genau muss erledigt werden?
  Auf welche Weise muss es erledigt werden?
  Wann muss es erledigt werden?
  Wer sagt, dass Sie es erledigen müssen?
  Was würde passieren, wenn es nicht erledigt wird?
- Aussage: Es sollte wirklich etwas gemacht werden!
  Fragen: Wer sagt das?
  Was genau sollte gemacht werden?
  Wer sollte was machen?
  Auf welche Weise sollte es gemacht werden?
  Was hindert Sie, es zu machen?
  Was würde passieren, wenn Sie es nicht machen?

Zu den Autoren

Mag. Elisabeth Deistler

Kontakt: e.deistler@aon.at,
www.e-und-e.info

studierte Mathematik und Logistik. Neben ihrer Tätigkeit in verschiedenen Positionen in der IT-Branche studierte sie Psychologie und Pädagogik. Nach der Ausbildung zur Lebens- und Sozialberaterin und diversen Zusatzausbildungen (Biofeedback, Suggestopädie etc.) begann sie 1998 ihre selbständige Beratungstätigkeit. Als ehemalige Leistungssportlerin betreut sie auch Spitzensportler als Mentaltrainerin und ist Lektorin an der Fachhochschule für Wirtschaftsberatende Berufe in Wiener Neustadt. 2003 gründete sie das Beratungsunternehmen „E & E Entwicklung und Erfolg" in Wien.

Elisabeth Deistler ist/war unter anderem tätig bei: BP Austria, Bombardier Transportation, Felix Austria, Leica Geosystems Schweiz, Raiffeisenlandesbank, SAP Österreich, Siemens Österreich, TINA Vienna Transport Strategies.

Mag. Elisabeth Haberleitner

Kontakt: e.haberleitner@aon.at,
www.e-und-e.info

studierte Französisch und Geschichte (Lehramt) und absolvierte den Exportlehrgang an der Wirtschaftsuniversität Wien. Im Rahmen ihrer Führungstätigkeit in einem Textilunternehmen baute sie eine Filiale in Deutschland auf. Nach zahlreichen Ausbildungen (Systemisches Coaching, Organisationsberatung, Bioenergetische Körpertherapie etc.) sammelte sie Beratungserfahrung in einer deutschen Unternehmensberatung. Seit 1995 ist sie als selbständiger Wirtschaftscoach tätig, als Lektorin unterrichtet sie an der Fachhochschule für Wirtschaftsberatende Berufe in Wiener Neustadt. 2003 gründete sie das Beratungsunternehmen „E & E Entwicklung und Erfolg" in Wien.

Elisabeth Haberleitner ist/war unter anderem tätig bei: ABB, AE&E, Agrana, Allianz, Bene Büromöbel, Bombardier Transportation, Borealis, Orkla Foods Int., Raiffeisenlandesbank, Reuters, Roche, Siemens Österreich, TNT Express.

DI Robert Ungvari

Kontakt: robert@ungvari.com,
www.createmomentum.at

studierte Elektromedizin und sammelte Führungserfahrung im Zentralbüro der österreichischen Kabelindustrie. Nach diversen Ausbildungen (Coaching und Training, Spielemethodik, Outdoortraining, Whole Scale Change, NLP, Körpertherapien, Energiemanagement, Alternativmedizin,

Deeksha etc.) war er ab 1997 als selbständiger Coach am Coaching Institut für Führungskräfte in Wien tätig. Nach Gründung des Instituts für ganzheitliches Wirtschafts-Coaching im Jahre 2003, folgte 2006 die Gründung der create momentum Unternehmensentwicklung in Wien.

Robert Ungvari ist/war unter anderem tätig bei: Airest, Eskimo, Hewlett Packard, Iglo, Lafarge Perlmoser, Motorola, Raiffeisen Leasing, Sanova Pharma, SDS, Stora Enso Timber, T-Systems Austria, UC4 Software, Unilever.

Tätigkeitsschwerpunkte der Autoren:

- Führungskräfteentwicklung
- Ausbildungen zum Thema „Führen, Fördern, Coachen: Die Führungskraft als Coach"
- Unternehmens-, Visions- und Leitbildentwicklung
- Einzel- und Teamcoaching
- Selbst- und Konfliktmanagement, Mentaltraining
- Ausbildungen zum Einzel- und Teamcoach
- Supervision

Literaturliste

Birkenbihl, Vera F.: *Erfolgstraining*, 2001. Landsberg am Lech, mvg-Verlag
Christiani, Alexander: *Weck den Sieger in dir*, 2000. Wiesbaden, Gabler Verlag
Covey, Stephen R.: *The 7 Habits of Highly Effective People*, 1999. London, Simon & Schuster
Csikszentmihalyi, Mihali: *Flow: Das Geheimnis des Glücks*, 1999. Klett-Cotta Verlag
Czichos, Reiner: *Coaching – Leistung durch Führung*, 1991. München u.a., Reinhardt Verlag
De Shazer, Steve: *Der Dreh – Überraschende Wendungen und Lösungen in der Kurztherapie*, 2006. Heidelberg, Carl Auer Verlag
Donnert, Rudolf: *Coaching, die neue Form der Mitarbeiterentwicklung*, 1998. Würzburg, Lexika-Verlag
Fischer, Michael/Graf, Pedro: *Coaching. Ein Fernworkshop*, 1998. Alling, Sandmann Verlag
Gehm, Theo: *Kommunikation im Beruf*, 2006. Weinheim und Basel, Beltz Verlag
Gordon, Thomas: *Manager Konferenz*, 2005. München, Heyne Verlag
Hamann, Angelika/Huber, Johann J.: *Coaching. Der Vorgesetzte als Trainer*, 1997. Leonberg, Rosenberger Fachverlag
Innerhofer, Christian: *Leadership Coaching*, 1999. Neuwied u.a., Luchterhand Verlag
Kostka, Claudia: *Coachingtechniken*, 1998. München, Wien, Carl Hanser Verlag
Kratz, Hans-Jürgen: *Anerkennung und Kritik*, 1997. Wien, Ueberreuter Verlag
Landsberg, Max: *Das Tao des Coaching. Effizienz und Erfolg durch meisterhafte Führung*, 1998. Frankfurt am Main, New York, Campus Verlag
Lenz, Gerhard: *Vom Chef zum Coach*, 2000, Gabler Verlag
Meier, Rolf: *Coaching*, 2001. Regensburg, Fit for Business
Reddy, Michael: *Mitarbeiter beraten*, 1997. Weinheim und Basel, Beltz Verlag
Rosenstiel, Lutz von: *Motivation im Betrieb*, 1996. Leonberg, Rosenberger Fachverlag
Rückle, Horst: *Coaching*, 2000. Landsberg, Verlag moderne Industrie
Sabel, Herbert: *Sprechen Sie mit Ihren Mitarbeitern!*, 1993. Bamberg, Bayerische Verlagsanstalt
Saldern, Matthias: *Führen durch Gespräche*, 2002. Hohengehren, Schneider Verlag
Schmid, Peter F.: *Personale Begegnung*, 2001. Würzburg, Verlag Echter

Schmidt-Tanger, Martina: *Veränderungscoaching,* 2005. Paderborn, Junfermann Verlag
Seliger, Ruth: Wie systemisches Denken Lernen in Organisationen verändert, 1997. *Organisationsentwicklung,* Heft 1/97
Sonnenholzer, Dieter A.: *Mitarbeiter – Reanimation,* 2001. Frankfurt am Main u.a., Campus Verlag
Sprenger, Reinhard K.: *Mythos Motivation,* 2007. Frankfurt am Main, Campus Verlag
Stoffel, Wolfgang: *Geschickt fragen,* 1999. Regensburg, Fit for Business
Thomann, Christoph: *Klärungshilfe: Konflikte im Beruf,* 1998. Reinbek bei Hamburg, Rowohlt Verlag
Thomas, Angela M.: *Coaching in der Personalentwicklung,* 1998. Bern, Verlag Hans Huber
Ulrich, Hans/Probst, Gilbert, J.P.: *Anleitung zum ganzheitlichen Denken und Handeln,* 1991. Stuttgart, Haupt Verlag
Watzlawick, Paul: *Die erfundene Wirklichkeit,* 2006. München, Piper Verlag
Whitmore, John: *Coaching für die Praxis,* 1994. Frankfurt am Main, Campus Verlag